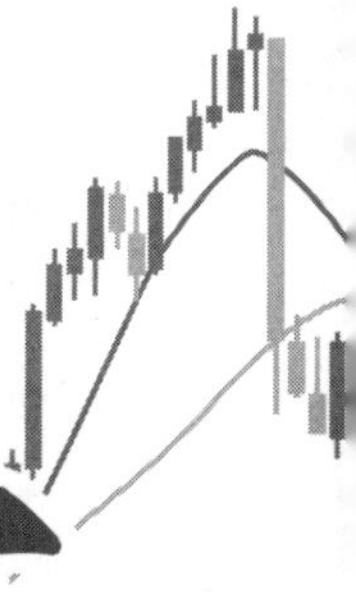

跟我学技术分析从入门到精通

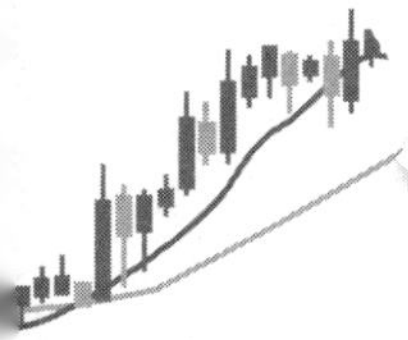

刘川 编著

電子工業出版社
Publishing House of Electronics Industry
北京 · BEIJING

内 容 简 介

无论是新股民还是老股民，都需要掌握盘口语言，而盘口语言的精髓，就是各种技术指标。经过多年的总结，炒股软件上的指标已有上百种。本书选择了最常见的 K 线、价格形态、波浪理论、移动平均线、趋势线、MACD、ROC、KD 等指标，对它们详细地进行了讲解。在讲解的过程中，本书不但介绍了其用法，还从思维的高度总结了这些指标的来龙去脉和使用场景，让读者从"道"的角度加深理解。

通过学习本书，读者可以快速步入技术分析的殿堂，掌握各种指标的原理及实战用法，提高短线实战技能。可以说，本书是为投资者量身定制的一本实用性书籍。

图书在版编目（CIP）数据

跟我学技术分析从入门到精通 / 刘川编著. 一北京：电子工业出版社，2019.9

ISBN 978-7-121-37025-0

Ⅰ. ①跟… Ⅱ. ①刘… Ⅲ. ①股票交易－基本知识Ⅳ. ①F830.91

中国版本图书馆 CIP 数据核字（2019）第 133450 号

责任编辑：张　毅　　特约编辑：田学清
印　　刷：三河市鑫金马印装有限公司
装　　订：三河市鑫金马印装有限公司
出版发行：电子工业出版社
　　　　　北京市海淀区万寿路 173 信箱　　邮编：100036
开　　本：720×1000　1/16　印张：15.25　字数：316 千字
版　　次：2019 年 9 月第 1 版
印　　次：2019 年 9 月第 1 次印刷
定　　价：55.00 元

凡所购买电子工业出版社图书有缺损问题，请向购买书店调换。若书店售缺，请与本社发行部联系，联系及邮购电话：（010）88254888，88258888。

质量投诉请发邮件至 zlts@phei.com.cn，盗版侵权举报请发邮件到 dbqq@phei.com.cn。

本书咨询联系方式：（010）57565890，meidipub@phei.com.cn。

前　言

笔者想引用罗振宇跨年演讲的最后一段话，作为本书的开始：

“什么是算法？它不是规律，它是你用一种不断迭代的机制，提高自己达成目标的概率的过程。人生的一切结果，都是概率问题，没有什么确定的事。所谓的人生算法，就是在漫长的过程当中，找到最初的起点。芒格说，在概率最高的时候下注，其他的时候什么都不要做。巴菲特的原话是，人生就是滚雪球，找很多很多很湿的雪，加上一道很长很长的坡，把最原初的算法，一直滚一直滚滚下去。人生成就=核心算法×大量重复动作。找到那种值得不断重复、永远重复下去的最基本的套路，这就是算法。坚持它、抓住它、重复它，不断地去滚动它，它最终会成为一个东西，一切美好自然呈现。”

拆解价格走势的元问题，它不过是顶、底分形的不同排列组合，一切价格形态、趋势、波浪理论，最终拆解后，得到的永远是顶、底分形的不同排列组合。而在这一问题之上，加上一个过滤器，它会指引方向。而一切的趋势性工具，如移动平均线、趋势线、技术指标等，都在用它们各自的办法，给出不同周期、不同级别的方向。价格走势只有这两个元问题。

由方向性元结构加上价格推进的元结构，即可构筑成任何一款适合个人的交易系统或方法论。任何一种已经成型的交易系统，拆解开来，得到的又都是这两个元结构。同样的砖可以建成不同形状的大厦，不同形状的大厦拆解后又是同样的砖。

人们需要做的就是找到自己的元结构，找到自己对于市场的算法，像滚雪球一样不断地滚下去，重复让自己盈利的最基本的动作，并且只专注于动作本身。那么，财富将自然呈现。

本书正是基于以上思想，围绕价格走势的元问题，从各个角度进行剖析，帮助读者构建自己的交易系统，从而实现稳定盈利。

这本书和其他技术分析图书不同，没有罗列各种指标参数或进行买卖点分析，而是对元问题进行拆解，让投资者站在哲学的高度，理解价格的运行规律。

最后，希望各位读者早日实现财务自由！

目 录

第1章 分析的基本思路

基本上很少有刚入门就从事基础分析的交易者，一张价格走势图表，再加上一些技巧，就可以让投资者开始赚钱，这就是为什么技术分析在交易者中更加走红的原因之一。基础分析要整合、分析各种数据，并且要从烟海一样的数据中，判断出价格的走向，这样的工作量，会让新手和懒惰的人望而生畏。

但真实的情况是，很多人虽然使用技术分析，却并没有一整套相对正确的理念作为支持，仅仅是有几个散招，出招生硬不会变通，更不知道何时才是恰当的使用时机。最根本的问题是许多人没弄明白交易的本质是什么，各种分析方法的底层逻辑是什么，它们遵循的规律又是什么。

因此，本书的第一要务，并不是教给读者一个套路让他去练习，那根本没有变化可言。任何事物都在变化中，笔者要做的是告诉读者在变化中如何判断、如何掌握技术分析大致的方向，进而找到最佳的切入点，一击而中。

1.1 不变的和可变的

著名的《尼布尔的祈祷文》是这样说的，“请赐我平静的心，去接受我无法改变的事；请赐我勇气去做我能改变的事；请赐我智慧，去分辨两者的不同。”

什么是不能改变的？事物（价格）运行的方向是不能改变的。人们能改变风向吗？人们能改变江河的流向吗？人们能改变地球自转的方向吗？不能，所以人们要接受它。

那什么是能改变的？人们可以扬起风帆，利用风帆的不同角度，带人们到自己想去的地方；人们可以顺流而下，如果流向与自己所去方向不同，人们最好不要下水；人们可以把窗子对准东方，迎接第一缕阳光，如果嫌这样太热了，也可以把窗子的朝向改为南方。上述这些是人们能改变的。

那么如何分辨两者的不同呢？价格运行的方向，也就是趋势的方向，人们无法改变，因此只能接受；但如何利用趋势的方向，是人们可以改变的。敌方的直拳打过来，这是无法改变的；但怎么防守，怎么反攻，是人们可以改变的。

因此，人们要做的事只有两个层面：去识别不能改变、只能接受的价格运行方向，以及去学习可以改变的、灵活应用的介入方法。

而这两个层面，就是技术分析能为人们所做的一切，哪怕再多一点，都是妄谈。因此，人们不要妄想去预测趋势的方向，方向是不可预测的，只能接受；不要妄想逆趋势方向而动，这是在违背不可改变的事实，愚蠢而又费力。

1.2 技术分析三大假设

如果想使用技术分析，必须要先了解技术分析的三大假设。技术分析的一切定义、推理和应用都建立在这三大假设之上，如果脱离三大假设，技术分析将无所适从，它的一切底层逻辑都将被抽空，就像釜底抽薪，再谈不上什么整套的方法论了。

那什么是技术分析的三大假设呢？

（1）市场行为包容消化一切。

（2）价格以趋势方式演变。

（3）历史会重演。

首先，市场行为包容消化一切是指市场中的任何消息都将会被价格所包容。譬如人们去市场买菜，茄子既好又便宜，但人们有必要了解茄子为什么便宜了吗？

或许是今年菜农大面积种植了茄子，供大于求导致了价格下跌；或许是本地政府对种茄子的菜农有所补贴；或许是种茄子的地方与菜市场之间修了一条快速公路，导致运费下降。

可能是某一个原因，也可能是几个原因，导致了茄子的降价，但人们有必要了解这些原因吗？人们只要接受茄子降价这个事实就足够了，这就是市场的力量，市场会将所有问题都反映到价格上，价格是最后一站，价格是人们交易的终端，因此人们只关心价格，并不关心原因。

或许有些人会说，如果人们只关注价格，等某些事件发生后，再传导至最后一环价格上的时候，已经晚了。那是因为他不了解价格的敏感性。

2016 年 2 月 1 日，国务院印发的《关于钢铁行业化解过剩产能实现脱困发展的意见》指出：将在近年来淘汰落后钢铁产能的基础上，从 2016 年开始，用 5 年时间再压减粗钢产能 1 亿～1.5 亿吨。接下来看一下期货市场上的铁矿指数与螺纹钢指数是怎么运行的。图 1-1 所示为铁矿指数 2015 年 11 月 23 日至 2016 年 5 月 20 日日线图。

图 1-1

图 1-2 所示为螺纹钢指数 2015 年 11 月 16 日至 2016 年 5 月 5 日日线图。

图 1-2

自从供给侧改革开始后，铁矿和螺纹钢的价格再也没有大幅下跌过，并且在初期便形成了井喷式的上涨走势。供给侧改革的消息已经被价格所消化，价格由下跌趋势转而成为上涨趋势。

其次，价格以趋势方式演变。什么是趋势？趋势即大方向。例如，长江、黄河的大方向是自西向东，即便在大方向中会出现与大方向不同的流向，但最终还是要回归到大方向中来。

因此，趋势具有趋势性，趋势的方向不会轻易发生改变。如果随时可变、随地可变，那就不是趋势了。

为什么会有趋势呢？因为资本逐利、产业泡沫和供需不平衡永远存在，使趋势一定存在。例如，2008 年金融危机后，我国加大基础设施建设的力度，钢铁产业因有利可图，便加大生产量，这就是资本逐利。直至产量大到一定程度，钢铁价格虚高，并不能真实反映其内在价值，这就是产业泡沫。再到产量逐年增加，供货量远远高于需求量，导致价格出现了长达 5 年的持续下跌。钢铁行业随后进行了供给侧改革，削减落后产能，预计将会出现产品供不应求及价格大幅上涨的局面，并且铁矿的精矿部分确实已经出现了供不应求的状况，这就是供需不平衡永远存在。

基于以上三点，趋势将会一直存在。有没有可能，某一天资本不再逐利，导致任何产业都不出现泡沫，供需长期达到某种程度的平衡呢？绝不可能。因为只要人性不变，这三点就永远会存在。《圣经》中说道："一代过去，一代又来，大地却永远长存。日头出来，日头落下，急归所出之地。风来南刮，又向北转，不停地旋转，而且返回转行原道。江河都往海里流，海却不满。江河从何处流，仍归何处。已有的事，后必再有。已行的事，后必再行。日光之下并无新事。"这说的就人性不变。

但《孙子兵法》也说过："兵无常势，水无常形。"这不是在说变化吗？是的，这确实是在谈永恒的变化。但是，它们分别说的是事物的两个阶段。没有任何两片树叶是相同的，这是变化；但树总是要长树叶的，这就是不变。

而本书开篇便说了，接受不能改变的，而去做自己能改变的。趋势永远会存在，那就接受它所指引的方向，在趋势之中，人们可以以各种方式来操作。

最后，历史会重演。价格在运行中，存在着某些永远不会发生改变的规律。例如，在上涨趋势中，价格永远呈 N 字形向上运行；在下跌趋势中，价格永远呈倒 N 字形向下运行。

并且在 N 字形的结构中，每一个节点，都会呈现这两种分形形态。这两种分形通过组合，构成规模更大的同构形态。

价格不论如何演变，它都会以 N 字形形态运行，而 N 字形形态的每个节点，都能通过同构分形构成，分毫不差，每一次都是，这就是历史会重演。

因此，要学习、利用技术分析，其后所有的方法论，都建议以此假设为基础。

综上所述，总结如下。

首先，人们只需要关注价格即可。

其次，价格的演变是有方向的，方向是不可改变的，只能接受。而且，价格的运行方向不会轻易发生改变（并不是不会改变）。

最后，每一次趋势的转向，或趋势内的运行，虽然细节不同，但基本相似、有迹可循，这就可以让人们在其中抽离规律，进而演化为具有完整体系的技术分析方法论。

第 2 章 穷举必要条件逼近真相

真相在某种意义上来说，只能无限逼近，但永远不可获得。趋势的方向，并不是客观的、绝对的，人们能做的只是找到趋势的特征：趋势持续的时候，它表现出什么特点；趋势反转的时候，它又表现出什么特点。

2.1 必要但不充分的条件

人们能否找到事件发生的充分条件，即有没有一种条件，能说明趋势正在持续中；或者有没有一种条件，能说明趋势已经反转？无法找到，因此人们只能用必要但不充分条件进行反推，找到的必要条件越多，也就越逼近趋势目前状态的真相。

2.1.1 什么是必要条件

充分必要条件（简称充要条件），是指从 A 能推导出 B，也能从 B 推导出 A，那么 A 和 B 互为充要条件。例如，三角形等边（A）可以推导出三角形等角（B），也能通过三角形等角（B）推导出三角形等边（A）。

必要条件是指，如果没有 A，则必然没有 B；但如果有 A 而未必有 B，则 A 就是 B 的必要条件。或者说，B 可以推导出 A，A 却不能推导出 B。例如，认识 26 个英文字母（A），不能推导出能看懂英文（B）；然而，能看懂英文（B），却能推导出认识 26 个英文字母（A）。

在交易中，最理想的状态是，人们能找到某种现象，推导出走势目前和后市的状态（向上、向下或震荡），也就是推导出走势的充要条件。但不幸的是，人们永远无法找到这个必要条件。那么能不能通过找到更多的必要条件，来逐渐逼近真相呢？

例如，他认识 26 个英文字母（A），他说英语（A），他来自以英语为母语的国家（A），这些都是他能看懂英文（B）的必要条件。人们试图找到更多类似的必要条件来分析市场的走势。但真实情况是，人们即便穷尽所有方法，都无法找到所有的必要条件。如果本例中，他是个盲人，那么即便他满足了三个必要条件，也无法看懂英文。或者他不识字，只会说不会写，也无法看懂英文。那人们唯一的出路就是，尽可能地找出更多、更精确的必要条件，无限地接近真相。

2.1.2 技术分析预测未来还是着眼现在

虽然技术分析名为“分析”，但技术分析中的“分析”意为分析目前的状态，并不包含预测的成分。现在的状态，并不代表未来的状态。古有“人有旦夕祸福”之说，什么是旦夕？一早一晚，转瞬之间而已，即会有福祸之变。因此，万不可用分析出来的现在的状态，来预测未来的状态。

下面用最简单的例子来说明这个问题，它也是因果问题。很多人逻辑不严密，大多是因果倒置所致。

5 日均线呈 45° 上扬。如果大家做过扔铅球一类的运动，就会知道扔铅球角度为 45° 角见高见远，低于 45° 不见高不见远，高于 45° 只见高不见远，因此 45° 是最合适的角度。那么 5 日均线呈现 45° 上扬后，很多人会认为，价格是因为 5 日均线的上扬而上涨。其实 5 日均线上扬只是价格上涨的果，而非因。

5 日均线是指最近 5 个交易日的收盘平均价。那么 5 日均线之所以可以呈现 45° 上扬，是因为价格已经开始上涨。因此，5 日均线只是表明现在价格的一种状态，它告诉了人们最近 5 个交易日内，价格正在上涨，但它并不能告诉人们第 6 个交易日的价格是上涨还是下跌。因此，人们不能因为 5 日均线的上扬，就断定价格一定会上涨。

任何一种技术分析方法，都只能分析价格目前的状态，而不能预测未来的走势。例如，均线斜率由负变正、趋势指标由零轴之下上穿零轴之上、震荡指标由超卖处出现金叉、头肩底、双重底、多重底等，告诉人们的都是价格目前正在上涨，而不是它会继续上涨。

一切技术分析方法，都关注的是现在，而非未来；一切技术分析方法，都是交易工具，而非预测工具；一切技术分析方法，都是实用工具，而非占卜工具。

2.1.3 穷举必要条件

如果技术分析方法只能看到现在，是不是说市场的走势会陷入不可知论？既然未来不可预测，那么，是否人们现在不论是做多还是做空都可以？是否人们不论说什么、做什么都不具备实际意义？

在《福尔摩斯探案集》中，福尔摩斯经常说：“排除一切不可能的，剩下的即使再不可能，那也是真相。”

福尔摩斯的基本演绎法，会在众多条件中，找出充要条件，或者穷举出所有的必要条件，反推充要条件。

例如，我家的马桶堵了，找人来疏通后，发现堵住马桶的是一个盖子。这是谁扔在马桶里的？如果有目击证人，或者有人承认是他扔在马桶里的，那么这就是找到了马桶被堵的充要条件：因为他扔了盖子，所以马桶堵住了；马桶堵住了，是因为他扔了盖子。可以正向推导，也可以反向推导。

如果没有目击证人，也没有人主动承认呢？那么，大家要先穷举所有必要条件，也就是反推条件。例如，“我”先排除“我”和“我”的妻子，因为两个成年人不会做这种不成熟的举动。这段时间我家中只有“我”、“我”的妻子和“我”的女儿（两岁半）三个人，也没有客人来，排除了外人“作案”的可能，另外，“我”也不相信凭空一个盖子会突然堵在“我”家的马桶里，因此扔盖子的人必定是“我”的女儿。后来问她，她也承认了。

因此，直接找到充要条件，或者穷举必要条件，都可以找出事件的真相。

在技术分析中，人们能不能使用这种方法呢？虽然人们不能预测价格的走势，但人们可以通过上述方法来大致判断价格要走向哪条路。

再进一步排除，价格的后市走势是向上还是向下，人们永远无法预测，并且人们对于走势反转还是持续的充要条件一无所知，因此人们永远也不可能通过寻找充要条件来预测价格走势。那么只剩下第二种方法，穷举各种必要条件，来反推价格将来可能出现的走势。

2.2 最小阻力方向

埃德温·勒菲弗（Edwin Lefevre）在《股票大作手回忆录》里经常说：“价格会按最小阻力方向运行。”那么，如果人们能判断最小阻力的方向是什么，问题就基本上解决了。如图 2-1 所示，大家能判断出价格的最小阻力方向吗？高点不断降低，因此人们不能说它的最小阻力方向是向上的；低点却在不断抬高，因此人们也不能说它的最小阻力方向是向下的。

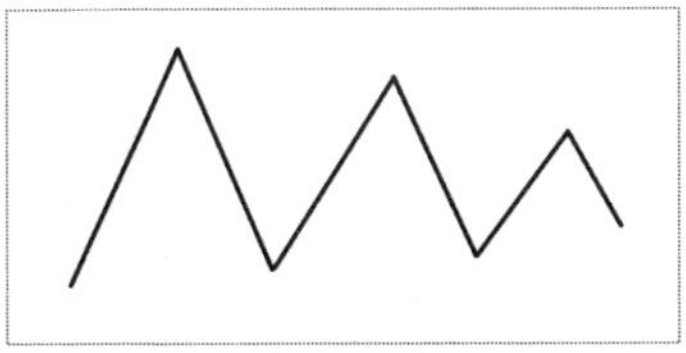

图 2-1

2.2.1　一些经典必要条件给出的方向

图 2-2 所示为移动平均线的排列，4 根移动平均线缠绕在一起，人们能判断出它的最小阻力方向吗？再如图 2-3 所示，人们能判断出 K 线走势图中的最小阻力方向吗？

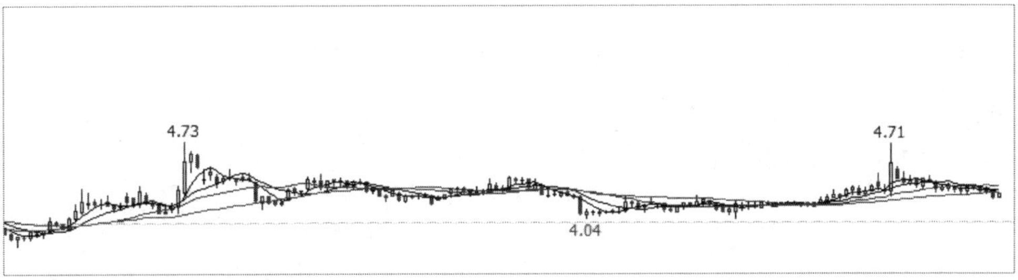

图 2-2

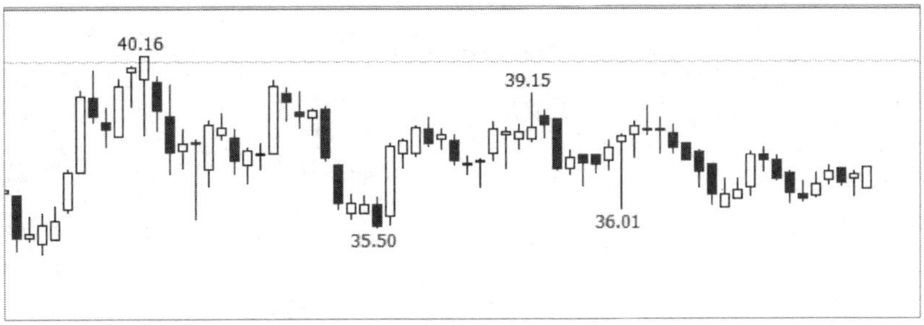

图 2-3

既然不能从单一层面来判断，那么人们就可以穷举各种必要条件来判断价格的走势。如图 2-4 所示，在无法判断最小阻力位的时候，它突破了前期高点，4 根移动平均线呈现了多头排列，此后的第二个交易日 MACD 的 DIFF 线上穿了零轴。有这三个条件，人们就可以判断它可能要上涨了。

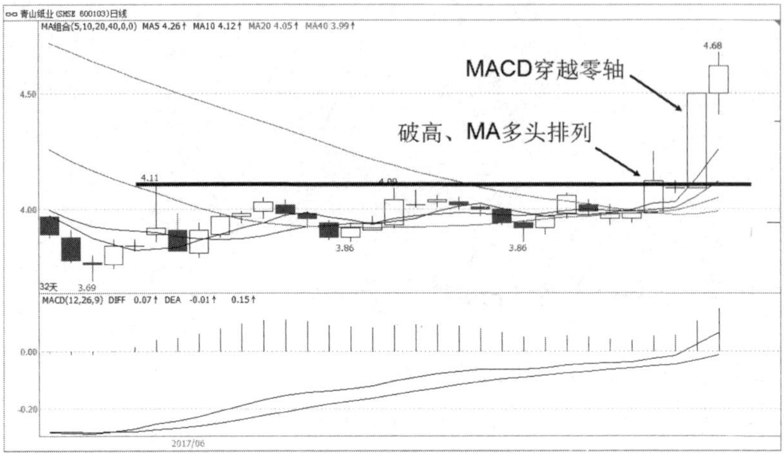

图 2-4

穷举必要条件后的走势如约上涨，如图 2-5 所示。那么这些必要条件是怎么起作用的呢?

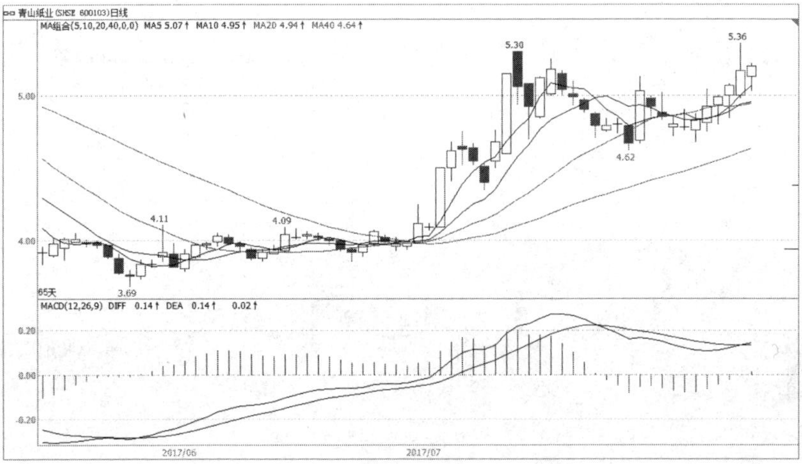

图 2-5

首先，价格突破了震荡区间。根据技术分析三大假设，价格呈趋势性演进。既然在震荡过后，它再次破高，重归了上涨走势，那么人们有理由根据三大假设之一，假设价格将延续上涨趋势。

其次，4 根移动平均线呈多头排列。这 4 根移动平均线分别为 5 日均线、10 日均线、20 日均线及 40 日均线。移动平均线的多头排列说明：近 5 个交易日的上涨速度，大于近 10 个交易日的上涨速度，大于近 20 个交易日的上涨速度，大于近 40 个交易日的上涨速度。越涨越快，越涨越多，人们有理由认为，目前，向上是价格的最小阻力方向。

最后，MACD 中的 DIFF 线上穿零轴。DIFF 线是 12 日加权移动平均线与 26 日加权移动平均线的差值，DIFF 线上穿零轴说明：12 日加权平均价格大于 26 日加权平均价格，这与移动平均线的理解相同，我们有理由认为，目前，向上是价格的最小阻力方向。

以上三点，是人们目前能找到的三个必要条件。反推回去，用以判断价格上涨的可能性。

2.2.2　无法穷举所有必要条件

因为人们能找到的都是判断价格走势的必要条件，也就是说，没有任何一个单独的必要条件是可以反推价格走势的，所以人们只能把理论上所有的必要条件全部穷举出来。但人们有可能穷举所有的必要条件吗？

不可能，因为总会存在“蝴蝶效应”。一件无法预料的事，就可能打破现有的秩序，因为人们无法预料所有事件，也就无法穷举所有必要条件，从而也就无法真正地判断价格的走势。

这就是人们无法预判价格走势的真正原因，总有我们意想不到的必要条件存在，那么人们在交易的时候，就可能会出现预判错误情况。如图 2-6 所示，人们所列举的三个必要条件（见 2.2.1 节），与上个例子基本一样，但结果却是相反的。因此，必定有必要条件被遗漏了。

图 2-6

这个被遗漏的必要条件，或许可以找到，只是人们观察的不仔细；或许永远也找不到，因为它可能是某种隐藏的原因，完全没有显示在图表上。

人们好不容易找到了一条捷径，然而市场很轻易地就把人们打败了，那么人们该怎么办？没有别的办法，因为这是一条科学的路径（科学指的是科学方法）。这种方法论本身就有缺陷，因为无法穷举所有必要条件，这是不可避免的原罪。而且，人们永远也不可能做到百分之百的判断。

那么，人们只能打一些补丁，把漏洞堵起来，能堵多少堵多少。

“截断亏损、让利润奔跑”，想必对大家来说，并不陌生。因此，当人们用穷举必要条件法来交易的时候，如果事实结果正如人们所预判的那样，那就一直持有，让利润最大化直到其中的一个必要条件反水；如果事实结果与人们所预判的情况不同，应立即止损。

人们都知道，趋势既已形成，后面的空间很多时候大到让人难以想象。因此，即使人们预判的成功率只有 50%，但盈利一次可以盈利 3 单位，止损一次才会亏损 1 单位。从长期来看，平均每交易两次，人们都会盈利 2 单位。

但如果成功率只有 33%的话，同样的盈亏比，长期来看，平均每交易 3 次，人们才会盈利 1 单位。

这就是用盈亏比来弥补准确率的漏洞。剩下的任务，不过是重复这个动作而已。

2.2.3 一个理念和一个方法论架构

从上一小节的论述，人们还能得到一个理念和一个方法论的架构。

一个理念：当人们寻找价格最小阻力方向时，在它没有出现破高（破低）、移动平均线多头发散（空判别发散）、指标上穿零轴（下穿零轴），或者其他必要条件之前，人们都不能判断当前价格的最小阻力方向是什么。只有等它真正走出了方向后，人们才能跟随。在价格未真正走出方向之前，价格阻力方向不可预测。

另外，人们穷举的必要条件越多，离真相越近。如果只找出一个必要条件，那么成功率会特别低。例如，地上湿了，有人说自己没往地上洒水，因此一定是下雨了。在这里此人只找到并列举了“自己没往地上洒水”这一个必要条件，但没有排除“张三有没有往地上洒水”这个必要条件，因此这个结论“下雨了”的成功率非常低。

一个方法论的架构：如果人们每交易一个品种，在每一个时段，都不停地寻找这些必要条件，是不是太麻烦了？因为每个品种在每个时段的情况都不一样。每种情况都要从头做起，没有效率，那么怎样才能提高效率呢？

如果有人去机场接一个从未见过面的客户，他要一个一个识别吗？这样是没有效率的。他应该问一下这个客户今天穿的是什么颜色的衣服，如果是白色的，那么他的目光只搜索穿白衣服的人就可以了；再问一下，这个客户是男性还是女性，如果是男性，那么他的目光只搜索穿白色衣服的男性就可以了；再问一下，这个客户是否戴眼镜（特指近视、远视、老视等，不是太阳镜），如果戴眼镜，那么他的目光只搜索穿白色衣服并且戴眼镜的男性就可以了。这样，效率是不是会有很大的提升呢？

因此，人们做交易时，不必对每个情况都进行分析。人们擅长用什么方法，就用什么方法去筛选，不是用各种不同的走势来重新定义工具，而是用定义好的工具来衡量走势。

例如，有人擅长用均线，那么他可以将判断走势情况的均线情况总结出来，把总结好的条件，套在不同的走势上，如果有符合他所定义的工具的走势，那他就可以直接套用了，如果不符合，那就放弃。当然，如果人们擅长用波浪理论、指标、形态等，也可以总结量化成自己独有的工具。

任何一种成型的交易系统，无一不是已经量化好的技术分析工具。例如，海龟交易法则核心理念认定，如果价格高于 50 个交易日的高点，价格走势将呈现上涨趋势。看似简单的法则包含了必要条件 1：突破近期高点，价格呈趋势性演进；必要条件 2：一般震荡期，都在 50 个交易日内，50 天破高后，可以过滤前期的震荡走势；必要条件 3：只筛选大级别上涨趋势，短期的没有交易意义，等等。海龟交易法则所包含的各种必要条件，都可以浓缩为这一个简单的规则——上破 50 个交易日的高点，做多。

因此，人们在做交易的时候，最省力、省时、稳定、不受情绪干扰的交易方法，就是形成交易系统，当然这套交易系统要经得起考验。只要人们按系统去做，就像计算机在按指令办事，没有人为因素的干扰，将主观影响降到最小，人们就会越来越逼近真相。再用准确率和盈亏比核算，只要能稳定盈利，人们将无往而不利。

2.3　必要条件有很多

实际上，传统的技术分析方法，都只不过是单一的必要条件而已。例如，蜡烛图、移动平均线、趋势性指标、摆动性指标和价格形态等，它们都只是在某一单独的层面来解释价格走势。即使解释得再完美，也是平面的、低维的。

因此，架构交易系统的第一步，就是要先了解摆在人们面前的一共有多少种方法，也就是有多少种必要条件。

2.3.1 三重滤网法中的穷举必要条件

三重滤网法的穷举必要条件反推法由三重滤网构成，并且环环相扣。第一重滤网，它需要用 EMA 线来判定方向。第二重滤网，在判定方向的基础上，找到小级别走势中的摆动指标，如果摆动指标处于超卖位置，则可以准备买入了。第三重滤网，如果前两个必要条件都完备了，再突破前一根 K 线的高点，即为入场点。

三重滤网法，从判定方向，到寻找建仓范围，再到建仓的具体价位，三个必要条件嵌套而成。必要条件越多，人们离真相越近。

三重滤网中的第一重滤网是用 EMA（指数移动平均线）来判定方向的。而 EMA 只不过是 MA（算术移动平均线）的一种变形，它的核心理念还是 MA。因此，三重滤网中的第一重滤网，只不过是 MA 的应用。

第二重滤网中，在确定趋势后，如果为上涨趋势，在小级别分时走势图中摆动指标出现在低位，并且随时准备形成金叉，则进入了买入范围。如果人们熟悉 KD 随机指标的话，就知道当趋势确定为上涨时，KD 又在 20 之下向上发散，并且形成金叉，上涨的概率会加大。因此，三重滤网中的第二重滤网，只不过是摆动指标的应用。

第三重滤网中，如果前两重滤网都已经符合，且当前 K 线突破了前一根 K 线的高点，则为具体买进价位。如果人们熟悉蜡烛图并将各种底部反转形态统一总结的话，疑似底部形态一旦出现，下一根 K 线若突破疑似底部形态的高点，则完成蜡烛图反转形态的验证，底部形态反转的成功率非常高。那么三重滤网中的第三重滤网，只不过是蜡烛图的应用。

综上所述，即使是非常繁复的三重滤网法，拆解开来后，也不过是人们耳熟能详的简单的技术分析方法，只不过是把它们组合起来了，形成了穷（三）举必要条件，这三个条件如果都达成的话，抓住上涨行情易如反掌。

如果人们只找到了两个必要条件呢？那么准确率将会降低。如果只有一个必要条件，成功率还会再降低。因此，找出的必要条件越多，准确率越高。但条件一旦苛刻起来，就像筛子的筛眼越小，留给人们的交易机会也就越少。反过来条件放得越宽，留给人们的交易机会就越多。但机会少，成功率会提高；机会多，成功率又会降低。这是一把双刃剑，全看人们怎么取舍。

构架交易系统，也就是在穷举必要条件的过程中进行取舍，哪些可以为己所用，哪些又不必添加，这些都是从交易的智慧中汲取而来的。别人的经验再厉害，也只是别人的取舍、别人的架构。如果人们能根据自己的交易习惯、交易理念取舍必要条件，从而架构一套自己的交易系统，即使是双刃剑，也会游刃有余了。

2.3.2　海龟交易法则中的必要条件

海龟交易法则的策略部分只有简单的两条。以长线交易系统为例：当价格高于 50 天内的最高点时，买进建仓；当价格低于 20 天内的最低点时，卖出平仓。反过来，当价格低于 50 天内的最低点时，卖出建仓；当价格高于 20 天内的最高点时，买进平仓。

策略部分囊括了很多隐藏的内容。例如，价格走势总是在震荡与趋势之间切换，也可以称为在一有一无中切换，震荡后是趋势，趋势后是震荡，就像太极图中的阴阳两极，也像硬币的两面。

海龟交易法则认为，长期的震荡不会超过 50 个交易日，那么在价格高于（低于）最近 50 个交易日的最高点时，说明震荡已经结束，开始新一波的上涨（下跌）趋势了。那么，海龟交易法则并不是在回调的低点处，或是反弹的高点处建仓，它是等价格破高或破低后，才开始介入建仓，也可以总结为“突破跟随”。

海龟交易法则只承认进行中的趋势，只在趋势进行中建仓，它不像三重滤网一样，等上涨趋势回调，或是下跌趋势的反弹，但它比三重滤网更激进。

另一个必要条件隐藏在海龟交易法则的资金管理中，海龟交易法则经过一系列计算（ATR），初始建仓时，只能允许亏损总资金的 1%。当价格再次上涨 1/2ATR 时，再加一次仓，再上涨 1/2ATR 时，再加一次仓，再上涨 1/2ATR 时，再加一次仓。连带初始建仓，共等量建仓 4 次。如果某一次建仓后并没有上涨到规定的程度（1/2ATR），则不再加仓。

在资金管理中，海龟交易法则认为，如果价格高于 50 个交易日的最高点，虽然处于上涨趋势中，但趋势也要行进，若是停顿，则不能说明上涨趋势还要持续。它的第一个必要条件选择了“正在行进中的趋势”，那么第二个必要条件就必须服从第一个必要条件，也就是“持续行进”。

当价格低于 20 个交易日的最低点时，海龟交易法则认为，它可能会陷入短期震荡走势中，或者可能出现反转行情，因此此时要全部平仓。

从这两条简单的必要条件中，能看出海龟交易法则更加注重的是时间，而不是简单的价格之间的相互关系。

人们在交易的过程中要找到适合自己的必要条件，选择合适的交易系统，以便在交易中取得成功。

2.3.3 反过来想想

工具并不是唯一的，而规律是唯一的。三重滤网与海龟交易法则，都在追求趋势，并且承认震荡与趋势交替行进，这是规律，是唯一的，也是不可改变的。那么能改变的是什么？三重滤网力求寻找上涨趋势中的回调低点和反弹高点，在停顿点建仓；海龟交易法则力求寻找正在行进中的趋势，“上车就能走”。

不能改变的达成共识，不能改变的尽量多变、灵活。老子说：“为学日益，为道日损。”就是让人们在认识规律中做减法，在方法上做加法。

还有很多成型的交易系统，如 Range Break 系统、双均线系统等，它们都在寻找恰当的必要条件。而每种方法又都仅适用于某一个市场阶段，没有一种交易系统可以全场通吃。

有些系统适用于跟踪趋势，那么在震荡与趋势反转时就会失效。有些系统适用于寻找短期拐点，那么它很可能会错过一大波趋势。这全看构架系统的必要条件的特点、特性，只能针对市场走势的某一方面。就像有人说某种药物什么病都能治，那它一定是假药。

那么架构的系统不适应市场走势时，怎么办？有两种情况：一种不会给出交易信号，那就一直等适合系统的交易信号出现；另一种是给出伪信号，导致亏损，因此在制定交易策略的基础上，还应当加入资金管理，在错误的时候，可以截断亏损。

剩下的问题只有两个，如何寻找必要条件，以及如何将找到的必要条件逻辑自洽地安插好。大家可以借用查理・芒格（Charlie Thomas Munger）的理念，反过来想。

以上涨趋势为例，怎样判断价格处于上涨趋势？反过来想，如果价格一直下跌，它是处于上涨趋势中吗？当然不是。但有人会说，上涨趋势中的回调属于上涨趋势，但它的走势是下跌的。那么，如果在某一阶段内，价格下跌的幅度、速度超过了上涨的幅度、速度，它还会处于上涨趋势中吗？当然不会。针对任何一波涨势的调整，都不能超过这一波的涨幅。如图 2-7 所示，下跌已经超越了前期涨势的起点，那么此处的下跌就不再是调整，而是某个级别的下跌趋势开始了。

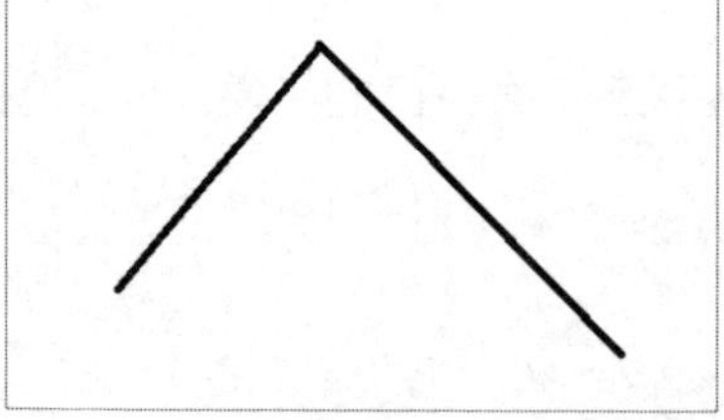

图 2-7

基于类似“反过来想”的提问，如果发现漏洞，再加以补足，则会找到人们想要的必要条件。并且人们反过来想得越多，找到的必要条件就越多。这样人们就解决了第一个问题，如何找到必要条件。

第二个问题，怎样才能把找到的必要条件，逻辑自洽地组合在一起呢？大家可以用三重滤网法来解决这个问题。

在三重滤网中，第一重滤网是判定方向，那么人们为判定方向找出的必要条件，就必须具有趋势性，所以人们只能在具备趋势性的必要条件里筛选。如果人们选择了有震荡性的摆动指标，逻辑就不自洽了。

第二重滤网是在上涨趋势中找回调低点，那么人们为回调找出的必要条件，就必须具有摆动性，这时候如果人们选择了趋势性指标，逻辑就不自洽了。

因此，人们要先有一套相对正确的理念。如三重滤网的理念，在上涨趋势的回调处建立多单，在下跌趋势的反弹处建立空单。或者像海龟交易法则一样，在上涨或下跌趋势的行进中建仓。

那么这里就出现了衍生问题，不论是三重滤网法还是海龟交易法则，都是以跟踪趋势、顺应趋势为前提的。为什么跟踪趋势是正确的理念，而反趋势就不是正确的理念呢？

基本上反趋势理论，都以乖离与超过了平衡为理论基础，这两者其实是一回事，乖离主要是针对移动平均线而言的，当价格上涨或下跌速度过快，离移动平均线的位置越来越远，反趋势理论者认为，它要回归到均线附近，或者是发生反转。同样因为上涨或下跌速度过快，它超越了之前价格运行的速率，反趋势理论者也会认为，它可能要发生反转。

可问题在于，乖离在什么范围内算是有效乖离？超过了多大的平衡算是有效超越？这些都没有统计数据作为支撑，大都只能凭个人感觉，可以说，理论并不牢固。

以一个人行走为例，若他朝一个方向以每秒 1 米的速度行走一段时间后，又以每秒 2.5 米的速度行走了一段时间，人们有什么理由来判断他一定会慢下来，或者调头往回走呢？他可不可以再以每秒 3 米的速度继续向前走呢？当他真的以每秒 3 米的速度继续向前走后，人们又有什么理由来判断它一定会慢下来，或者调头往回走呢？

人们不可能在大街上看到一个人越走越快之后，就断言他一定会慢下来（虽然从长远来看，他必然会慢下来），或者调转方向。越走越快的因，推导不出来一定会慢下来或调头的果，因果关系不正确，就会导致逻辑混乱。

第 3 章 抽取蜡烛图中的基本元素

K 线图分析，也称蜡烛图分析，是最为常见的一种分析方法，也应是初学者的第一堂课。因为投资者看不懂 K 线图，就看不懂走势图，看不懂走势图，那就失去了股市交易的前提。

3.1　没有趋势性、连续性的蜡烛图

如果人们单独使用蜡烛图分析方法进行分析，并指导交易的话，几乎不会有任何盈利，甚至有可能出现严重的亏损。当然，并不是说那些只看裸 K 线的人就不是高手。这里特指单纯使用蜡烛图的分析方法。

蜡烛图分为反转形态和持续形态，而反转形态的重要性远大于持续形态。因此，本书主要介绍反转形态，持续形态不做过多介绍。

如果单纯使用蜡烛图分析法，反转形态可能出现在任何地方，但一闪而过，并不会出现真正的反转。如图 3-1 所示，已经出现了看跌抱线形态，但是价格却向上破高，3 个交易日后出现了黄昏之星形态。虽然连续下跌了 6 个交易日，但跌幅并不大，甚至没有超出看跌抱线的范围，相对来说只是一个上涨中的调整而已，继而继续向上。

再来观察一下图 3-1 中框选的地方，前半部分为顶部岛型反转形态，但只跌了一个交易日后，低开高走大阳线，又变成了底部反转的看涨抱线。随后又是长上影线收阴，反复震荡后，再次下跌。这短短的十几个交易日中连续多转空，空转多，人们根本无所适从。

由此可以总结出蜡烛图的特性就是灵敏。它的优点是灵敏，而缺点同样是灵敏，不过缺点暴露出来的问题比优点更大。如果单线使用蜡烛图来交易，人们就会陷入一会儿多、一会儿空的窘境，丝毫不能展示出走势的趋势性和连续性。人们对市场进行分析，就是为了抓到趋势，如果一种分析方法丧失了趋势性，那它也就丧失了指导交易的意义。

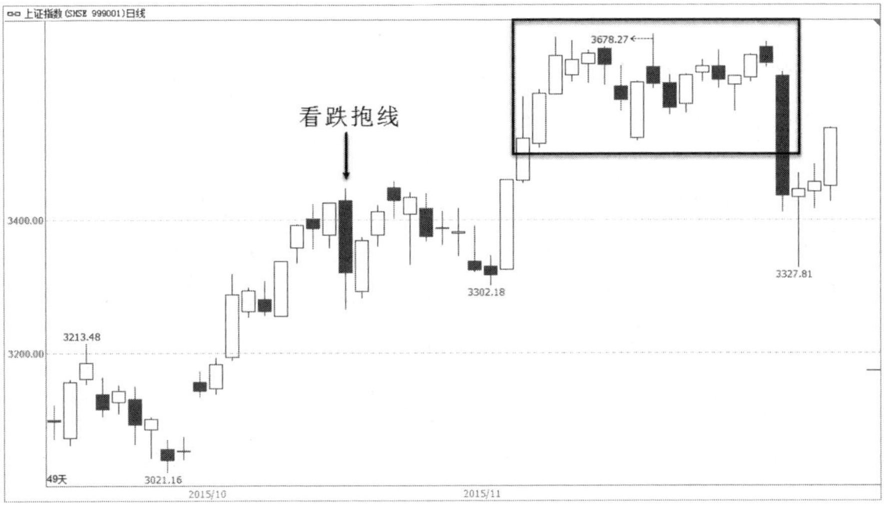

图 3-1

3.2　分形是蜡烛图的基本元素

蜡烛图有没有其他用处呢？有。蜡烛图标识出了某一个时段（一天、一小时、半小时、五分钟等）的四个基本价格：开盘价、最高价、最低价和收盘价，并且以最直观的方式展示给人们。甚至它的实体长度、影线长度，不用人们去实际测量，就能做出比较。

3.2.1　四种基本分形

正是因为蜡烛图有了“灵敏”这个特性，人们可以抛开它的缺点，而直接利用它的优点。如果大家认真仔细地观察过走势图的话，你就会看到在走势图中，只有四种走势，如图 3-2 所示。如果人们没想到这一步，那走势图在人们眼中永远如一团乱麻。

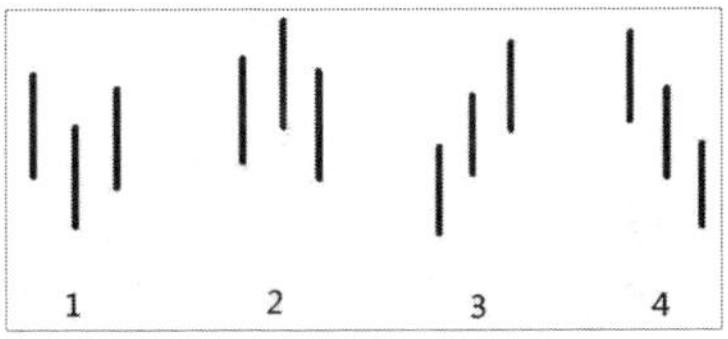

图 3-2

如果用最基本的术语，第 1 种走势称为波谷、第 2 种走势称为波峰、第 3 种走势称为持续上涨、第 4 种走势称为持续下跌。如果借用比尔·威廉斯（Bill Williams）的术语，第 1 种称为底分形，第 2 种称为顶分形，第 3 种称为上涨分形，第 4 种称为下跌分形。

其实比尔·威廉斯早就提出过分形的概念，只不过他的分形概念有些复杂，要添加一些条件，不如缠论的简洁。拉里·威廉斯（Larry Williams）也提出过四种基本走势，他的四种基本走势理念与缠论的相同但命名不同，他将第 1 种底分形称为短期低点，第 2 种顶分形称为短期高点。

在这四种基本走势中，第 3 种和第 4 种无关紧要，因为它们只是告诉人们现在是持续上涨，或是持续下跌而已。最重要的是第 1 种和第 2 种。

拉里·威廉斯为这两种基本走势下过严格的定义，这里引用他在《短线交易秘诀》中的内容：“如果任何一个交易日的最低价，前后交易日的低点都比它高，那么这就是短期的低点。我们这么判断是因为对市场行为的研究会告诉我们，价格在低点日下跌，之后未能创出新低，因而转向上升，最终使该低点成为短期低点。市场短期高点刚好相反。这里我们看到的是交易日两侧都有较低的最高价出现，这说明价格上升到中间交易日的顶点，然后回落，从而形成了短期高点。”

如果人们足够细心的话，会发现在其他走势图中有的第一个短期高点并不太符合本书中的定义，产生了蜡烛图中的孕线形态。举一反三，你也可能会想到，“是啊，孕线并不属于基本走势图中的任何一种；那么如果出现和孕线相反的抱线，也不属于基本走势的任何一种。”那么，笔者所说的“走势图中只有这四种基本走势”这句话是错误的。

3.2.2 蜡烛图持续形态是清除孕线后的上涨、下跌分形

这就又回到了笔者之前所说的内容，蜡烛图的反转形态要比持续形态更重要。蜡烛图中的持续形态有哪些？上升三法与下降三法、向上/向下跳空并列阴阳线、红三兵及三只乌鸦，如图 3-3～图 3-6 所示。

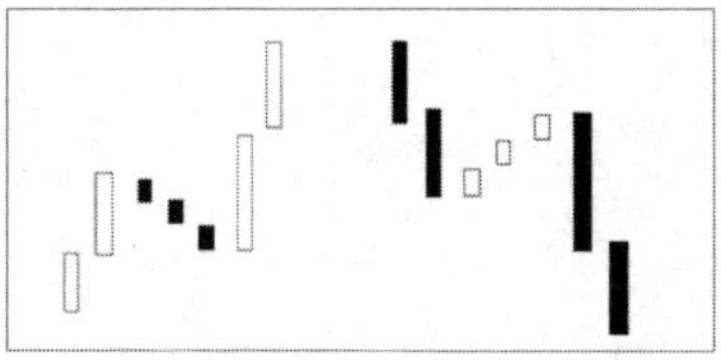

图 3-3

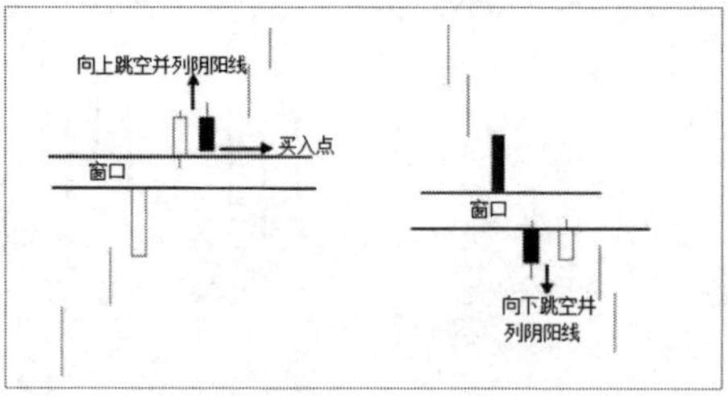

图 3-4

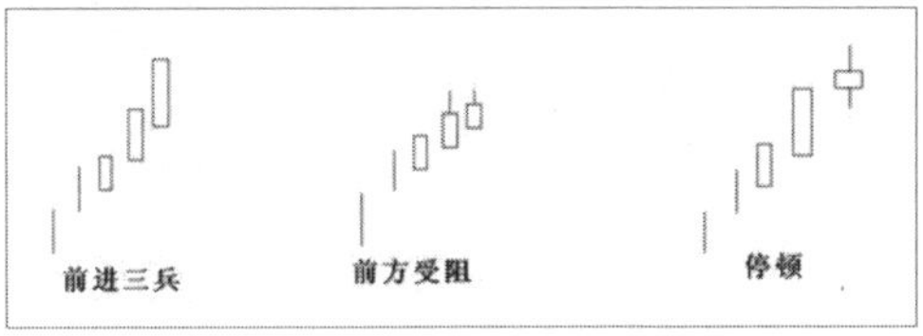

图 3-5

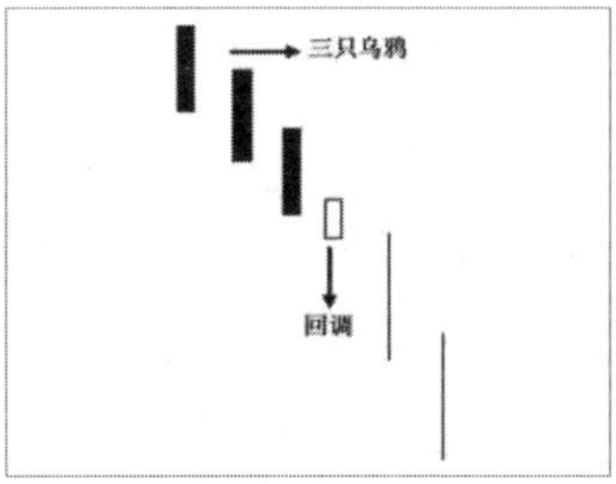

图 3-6

在上升三法与下降三法中，夹在两根长 K 线之间的三根（或若干根）小 K 线，皆为前一根长 K 线的孕线，如果将孕线从图表中去除，根本不影响它的指导意义，因此孕线在其中没有任何意义。在向上/向下跳空并列阴阳线中，并列的阴阳线只不过是第 3 种上升分形或第 4 种下降分形的基本走势。而红三兵形态与三只乌鸦形态，完全是上升分形和下降分形的基本走势，没有一点变化。

3.2.3　蜡烛图反转形态是顶、底分形

再看蜡烛图的反转形态，它们无一例外都是波峰和波谷（顶、底分形），如图 3-7～图 3-12 所示。

这几组蜡烛图的组合，去除无意义的孕线、反孕线后，它们都回归到了最基本的走势当中，无非是每种组合的力度不同而已。因此，人们学习蜡烛图到此即可，不必再深究下去。就像宫本武藏所说：“剑术只有两招，或为劈砍，或为直刺。所以给不同方向的劈砍分别命名，没有任何意义。归根结底，还是劈砍和直刺。”

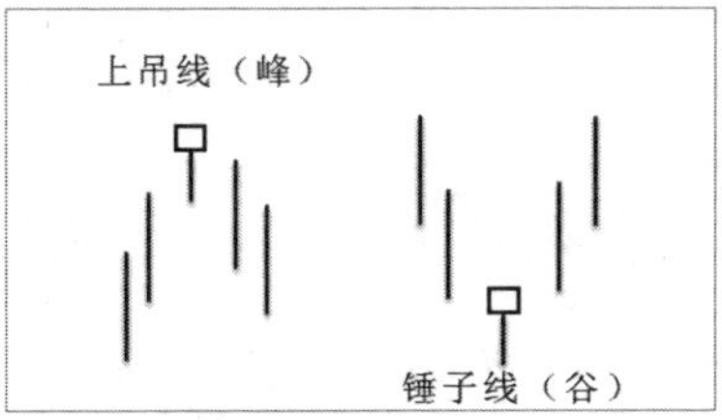

图 3-7

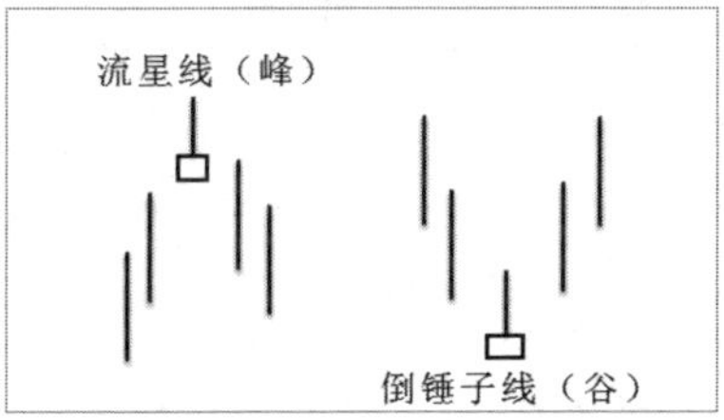

图 3-8

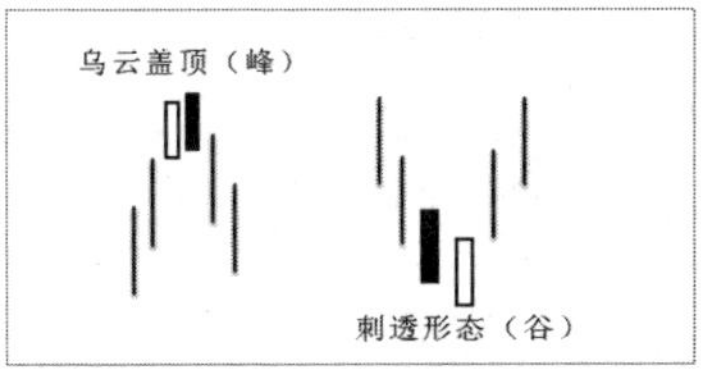

图 3-9

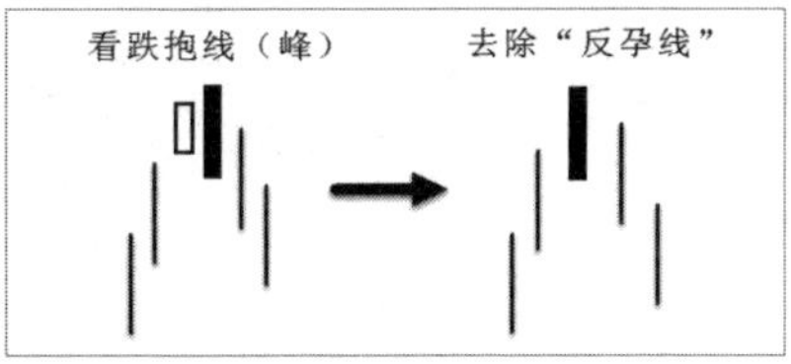

图 3-10

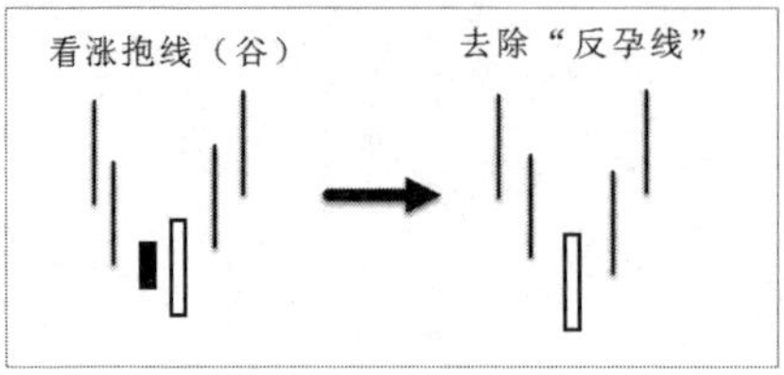

图 3-11

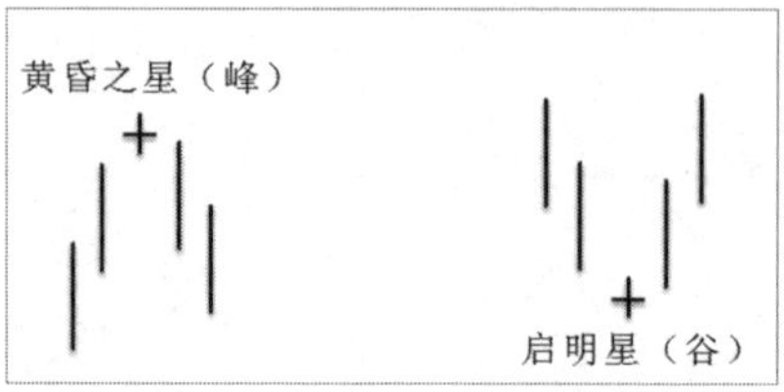

图 3-12

3.2.4 清除孕线与反孕线

本书为什么要介绍蜡烛图呢？因为人们看到的分析图表，大都是由蜡烛图构成的，只有将蜡烛图进行简单化处理后，才能更清晰地看到价格走势。因此，人们要将纷乱复杂的走势图进行处理，如果出现孕线，那就直接将孕线从图中去除。如果出现抱线，抱线前方的 K 线可以称为“反孕线”，将前方被包含的 K 线直接清除。下面以上证综指 1990 年 12 月至 2007 年 11 月月线走势图原图为例进行讲解，如图 3-13 所示。

原图看起来杂乱无章，对它进行简化处理，去除无意义的孕线与反孕线，如图 3-14 所示。

处理后的图，只有四种基本走势，非常清晰。将所有波峰、波谷连接起来，如图 3-15 所示。

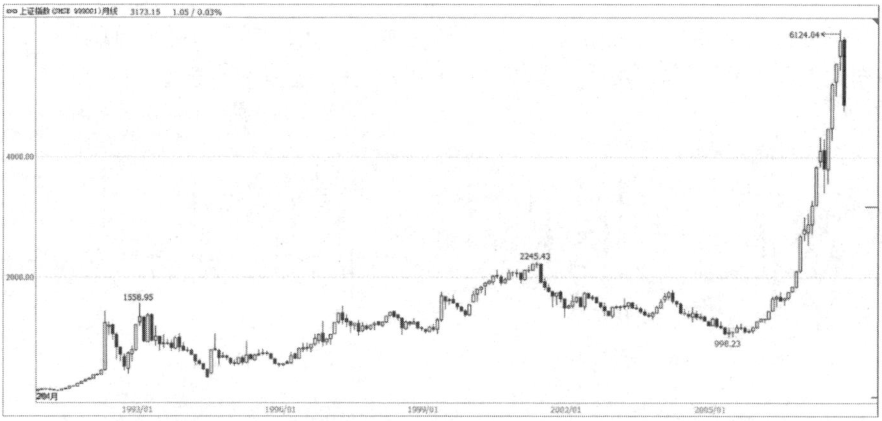

图 3-13

图 3-14

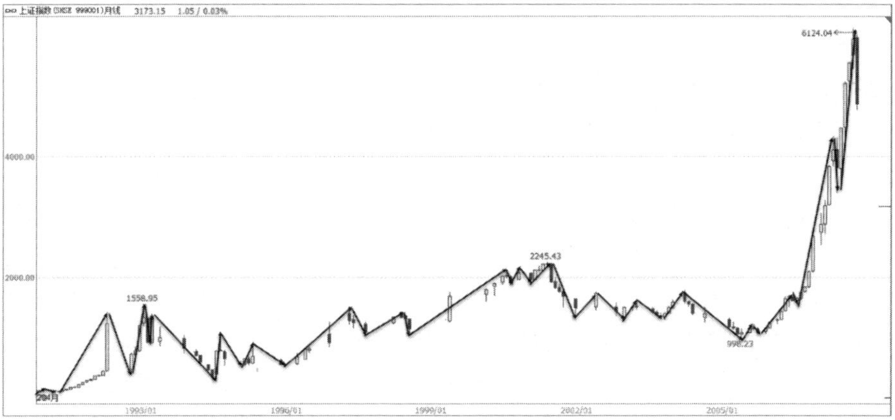

图 3-15

经过以上几个步骤的处理，K 线的走势在连成一段一段的线段后，呈现了唯一性。如果人们熟悉波浪理论的话，根据连线就可以很轻易地画出波浪的走向，例如，从 1990 年 12 月上市到 1993 年的上涨，内部是 5 浪结构，它必定为上涨 1 浪；1993—1994 年的下跌，又可见 3 条线段，为 2 浪的 abc 浪；1994—2005 年为 4 浪；2005—2007 年为 5 浪。如果大家不熟悉波浪理论，也没关系，后文还会根据波浪理论找出人们需要的必要条件。

当然，这里的 1～5 浪并没有遵循波浪理论的铁律，如 4 浪底不穿 1 浪顶。并且有时内部的子浪也不一定遵循波浪理论的规定，因此波浪理论作为一种理论来说无懈可击，但是欠缺可操作性。因为波浪理论过于量化了，而真实走势却千变万化，有一处违背了规则，就数不下去了。

例如，2005—2007 年的上涨，可见的走势只有 7 浪，它既不是普通的推进 5 浪结构，也不是延长 9 浪结构，但人们能不承认它是推进浪吗？因此，人们必须要找到其他方法来对波浪理论进行量化，而不能过于执着于只用波浪理论来指导交易。就像最后的推进浪是 7 浪，如果人们固执地认为下调后还会有再一次的上涨，那就永远也等不到了，因为直到 10 年后大盘指数也没有再突破 6124 点。

3.2.5 分形是最基本的市场构成元素

价格走势中的任何一次行进、变化，都是由四个最基本的走势构建而成的。它必须有波峰（顶分形、短期高点），以及波谷（底分形、短期低点），也必须有持续上涨与持续下跌的分形将峰谷边连接起来。

因此，当人们看见波峰或波谷时，就可以断定，在这张图中，最小级别的一次运行结束了。那么人们就可以按照波谷进行交易，遇见波谷便买进，遇见波峰便卖出，也不失为一种方法。

例如，用上证综合指数的周线进行回测，回测时间为 2007 年 10 月至 2017 年 12 月；交易策略（包含做空机制）为出现底分形买进开仓、卖出平仓；出现顶分形卖出开仓、买进平仓。

10 年间，共出现了 155 笔交易，总计盈利点数为 7772 点，平均每笔交易盈利为 50.14 点。盈利交易为 70 笔，亏损交易为 85 笔，准确率为 45.16%，盈亏比为 1.12。

从 2007 年 10 月最高点 6124 点，至 2017 年 12 月 8 日的 3290 点，总波动幅度为 2834 点，盈利的总幅度为下跌总幅度的 2.74 倍。

如果说，我们不考虑做空机制，以上证综指为样本，只能做多，数据将如下所示：10 年间，共出现 78 笔交易，总计盈利点数为 2597 点。盈利交易为 35 笔，亏损交易为 43 笔，准确率为 44.87%，盈亏比为 1.73。

在总跌幅为 2834 点的情况下，人们仅遇见底分形做多的话，也能大幅盈利。

那么，蜡烛图为人们提供了什么？蜡烛图所提供的，并不是各种所谓的“指导意义”，而是底分形、顶分形、上涨分形及下跌分形这四种基本模式。通过这四种基本模式，人们可以把杂乱无章的走势，绘成一条一条的线段。这些线段又可以产生出顶部和底部的拐点及持续走势。

有了拐点和持续走势，人们就可以有具体的决策：在哪里建仓、在哪里止损、在哪里止盈及在什么情况下持有不动。

了解了这一基本工具的底层逻辑，人们在构架交易系统大厦的时候，就相当于有了一个可靠的根基。

3.2.6　缠论是怎么处理分形的

关于蜡烛图的处理方法，人们也可以借鉴缠论的分形处理方法。缠论给出的解决方案是"合并 K 线"，将呈现包含状态的两根 K 线融合为一根，包含与反包含现象也得到了解决。合并 K 线分为向上处理法和向下处理法，不论是孕线还是抱线，前一根 K 线向上破高，采取向上处理法，前一根 K 线向下破低，采取向下处理法。

向上处理法：相邻两根线出现包含现象，并且前一根 K 线破高，取两根 K 线中最高的最高价为最高价，取两根 K 线中最高的最低价为最低价，如图 3-16 与图 3-17 所示。

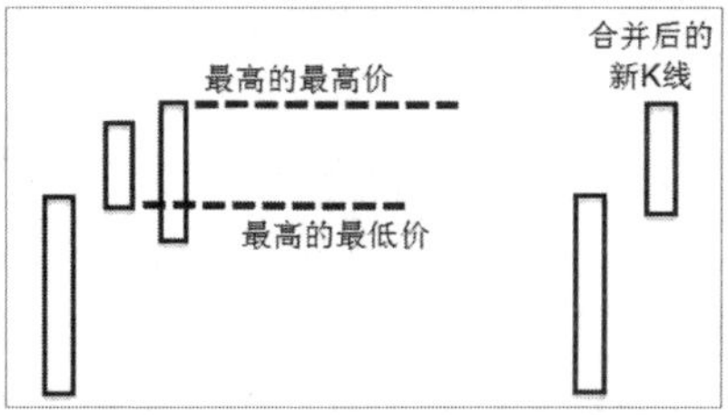

图 3-16

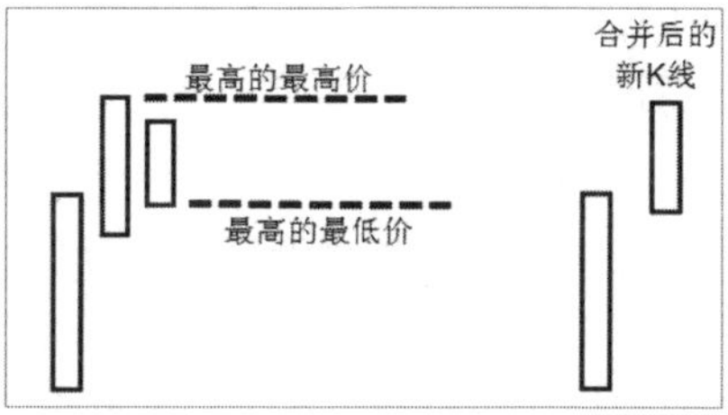

图 3-17

向下处理法：相邻两根线出现包含现象，并且前一根 K 线破低，取两根 K 线中最低的最低价为最低价，取两根 K 线中最低的最高价为最高价，如图 3-18 与图 3-19 所示。

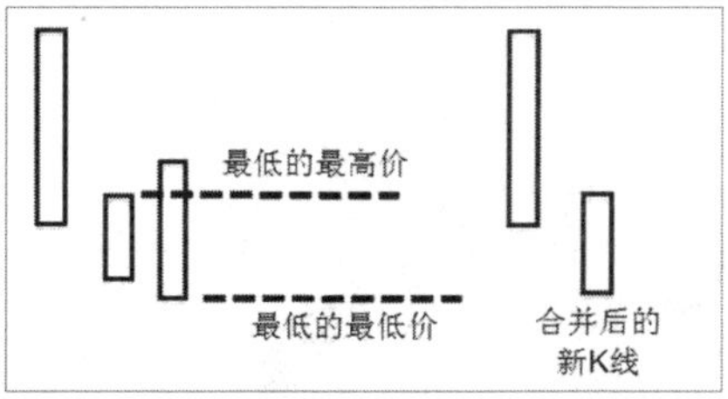

图 3-18

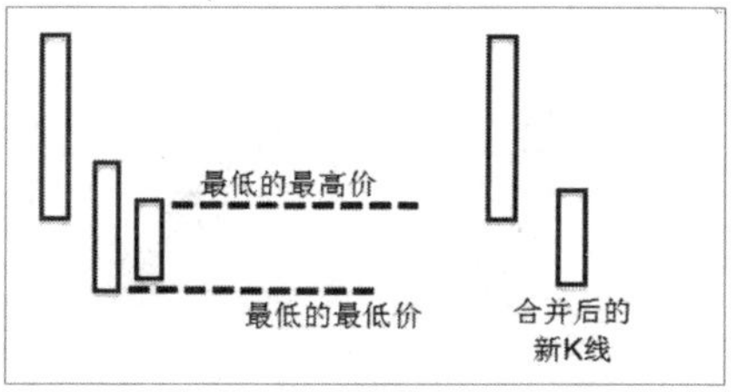

图 3-19

在相互包含关系非常多的情况下，缠论同时给出了一项规律——传递律。所谓的传递律，是指先处理前两根 K 线的包含关系，形成一根新 K 线，再处理新 K 线与其后出现的有包含关系的 K 线，直至最后一根，如图 3-20 与图 3-21 所示。

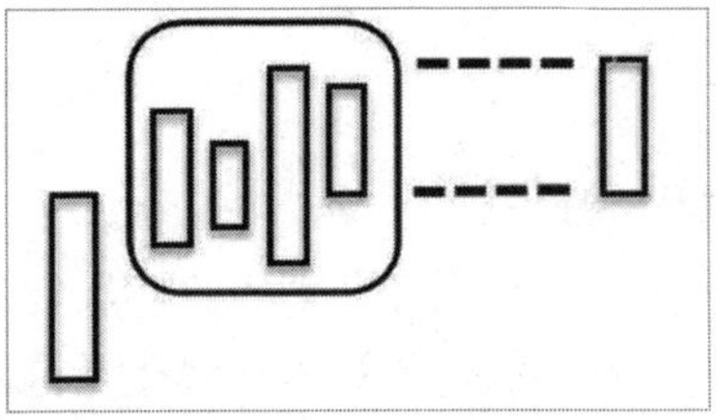

图 3-20

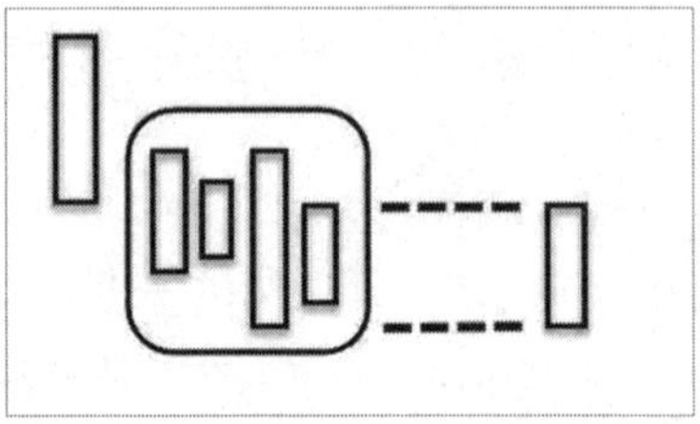

图 3-21

3.2.7 缠论分形的一些优化方式与反对意见

为了把蜡烛图的应用分析得更透彻一些，人们还要给自己提一些问题，以确认有哪些地方可以改进，有哪些地方可以升级。

如果人们为了加深理解，亲自打开图表来做回测的话，会发现，顶分形与底分形之间的距离过近。有时顶分形与底分形共用一根 K 线，也就是刚刚走出一个底分形，人们买进了，立刻就又走出了一个顶分形，让人们止损离场。如果再加上做空机制的话，还要继续建立空单。可顶分形刚走出来，又立刻出现一个底分形，导致人们在这段时间内反复止损，无所适从。怎么解决这个问题呢？

这种情况很难处理，因为人们在波谷处买进了，紧接着就是波峰出现，买完就卖，很容易亏损，并且陷入反复建仓、反复止损的境地。图 3-22 所示为浦发银行（600000）2017 年 3 月 6 日至 2017 年 4 月 21 日日线走势图原图。

图 3-22

将原图进行处理后，并且将峰谷连线后，如图 3-23 所示。在每次出现波谷时买进，但随后便有波峰出现，给出卖出信号。图中共出现了四次波谷买进，但这四次都以止损告终。虽然每次的亏损幅度都非常小，但次数多了，也会造成较大的损失，因此人们必须对这种方法进行补救。

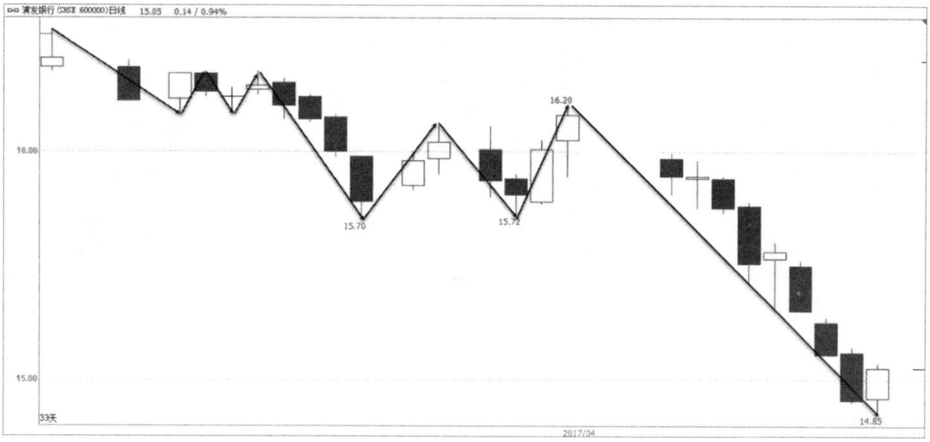

图 3-23

先来看一下缠论是怎么解决这个问题的。缠论以递归的方式向前推导，这就必然存在着未来函数。例如，想要确定 1，必须先确定 2；想要确定 2，必须先确定 3。那么，想要确定 *N*-1，就要先确定 *N*，但 *N* 永远处于最新的位置。虽然笔者不太能接受这样的推导过程，但缠论借鉴了很多其他方法的精髓，在缠论的基础定义方法上，有很多值得人们学习的地方。如缠论的结合律，虽然结合了拉里·威廉斯和比尔·威廉斯的分形方法，但更加简洁。

什么是结合律呢？也就是相邻的两个顶、底分形之间，必须至少存在一根单独的 K 线，它既不是前一个分形的一部分，也不是后一个分形的一部分，顶、底分形之间的 K 线不一定是一根，可以是两根、三根、无数根，只要中间的 K 线不构成任何顶、底分形即可，如图 3-24 所示。

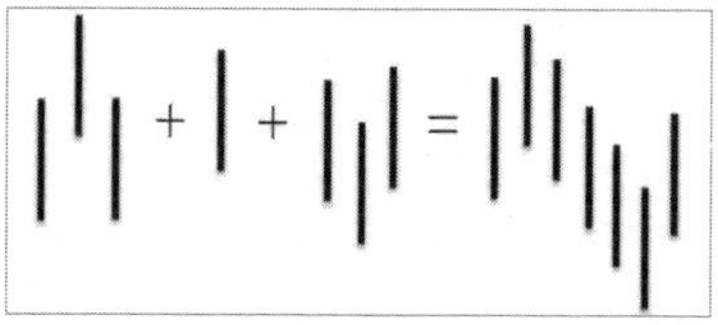

图 3-24

加入了结合律后，大家再回头看浦发银行（600 000）的走势，几次的峰谷都存在共用 K 线的情况，因此这些峰谷若按缠论的结合律的规定，它们都不是峰谷。那么浦发银行（600 000）的走势应该是直线下跌，根本没有买入机会，如图 3-25 所示。

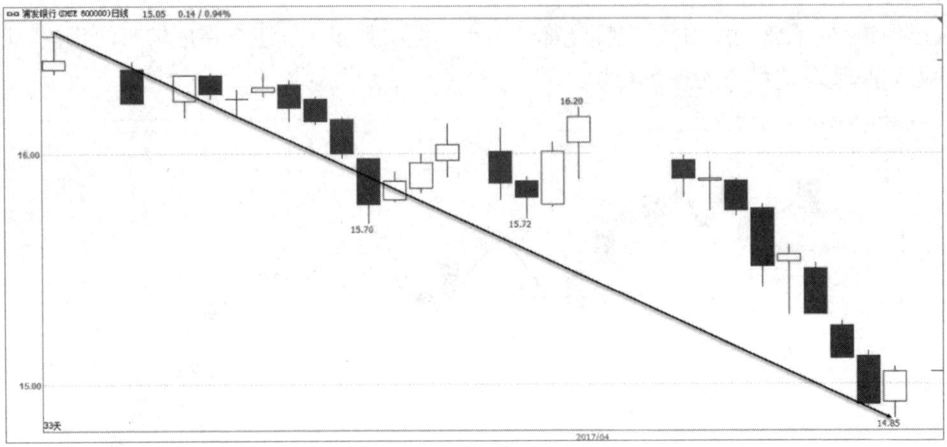

图 3-25

用这种方法看历史图表很实用，但是这其中存在着未来函数，所以笔者觉得缠论有些地方并不合理。当走势走到一半的时候，人们是无法判断其后来的分形是否存在着共用 K 线的可能的。这句话理解起来有些麻烦，因此必须用图示来说明，如图 3-26 所示。

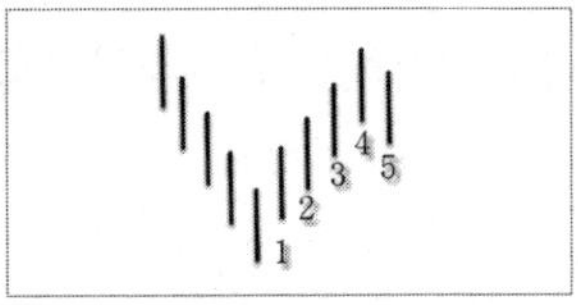

图 3-26

根据结合律的规定，顶分形与底分形之间，必须存在着至少一根不属于顶、底分形的 K 线。那么在图 3-26 中第 1 根 K 线出现时，并不能判断底分形是否已经形成，因为价格很可能继续上涨，那么第 1 根 K 线就是另一个顶分形的一部分，也就是说顶、底分形同时使用了第 1 根 K 线。同理，出现第 2 根 K 线的时候，也不能判断底分形成立。第 3 根 K 线出现时，若价格在第 4 根 K 线下跌，虽然顶、底分形没有共用的 K 线，但是它们之间缺少一根独立的 K 线，因此此时也不能判断底分形成立。只有在第 4 根 K 线出现时，第 5 根 K 线不论是上涨还是下跌，都能判断底分形已经成立了。

即便人们可以在第 4 根 K 线判断底分形成立了，但价格的反弹过多，已经连续上涨、连续破高了 4 天，也丧失了最好的介入点。把图翻转过来，顶分形也需要在连续下跌、连续破低 4 天后，才能判断是否成立，因而也丧失了最好的卖出机会。

因此，如果人们利用缠论的结合律，只能分析历史图表，而无法指导正在进行的交易。人们学习各种技术分析方法，并不是只用它来进行分析，而是要用于真正的交易，那么人们不得不再去考虑一下，在实盘中，自己到底应该怎么做。

我们再回头来看一下图 3-22，在不知道后续走势是什么情况的时候，只能是出现波峰或是波谷就采取行动，哪怕最后的结果是错误的，也不失于灵活。不断进取的人们对于这种解决方法并不满意，因此必须再找到其他方法。

如果一个问题无论用缠论还是蜡烛图都解决不了，则这个问题在现有层级内，很可能是无解的。既然想不到解决方案，那也没关系，因为交易系统并不是某一种单一的技术分析的终极优化，它必然要结合多种方法，也就是本书所说的穷举必要条件。

蜡烛图给出了四种分形，但作为基础工具，它也不过是各种必要条件之中的一种，没有必要强求它把所有问题都解决了。遗留的问题，可以交给其他的必要条件来解决。交易系统就像一部全部由齿轮咬合而成的机器，必须互相配合才能使机器运转起来。因此，需要继续寻找其他必要条件。

第 4 章 由分形构成的价格形态

如果把价格形态拆分开，会是什么样子？以头肩顶形态为例，以高点对称，左右拆开，左侧是上涨趋势，右侧是下跌趋势。任何一个反转形态都是由上涨趋势与下跌趋势或下跌趋势与上涨趋势相结合而构成的。将持续形态拆开，它是由上涨趋势与上涨趋势或下跌趋势与下跌趋势相结合而构成的。

价格形态是分段趋势的连接器，它就像是连接不同位置水管的转接管。再向下继续解构，价格形态是由趋势构成的，那么趋势是由什么构成的呢？不断抬高的顶、底分形为上涨趋势，不断降低的顶、底分形为下跌趋势。由此可见，趋势是由顶、底分形的不同有序排列构成的，所以价格形态也是由四种基本分形构成的，因此四种基本分形是构成价格形态最基本的元素。

4.1 以最方便快捷的方式找到价格形态

有了蜡烛图组合所构成的分形，人们可以轻松地找出价格形态。很多人盯着图看，一小时也找不出一个价格形态。因为蜡烛图的排列参差不齐，抱线与孕线间杂，颇具迷惑性。但人们将蜡烛图组合清理过后，变成清晰可见的顶、底分形和涨、跌分形，就可以把价格的每一波运动，都变成一条一条的线段，而线段呈现的是唯一性、确定性。价格形态中的“W”、“M”、“头肩”或“多重”，都是由这些最基本的线段构成的。

如图 4-1 所示，头肩顶是由三个顶分形与两个底分形构成的，如果人们带着这样的条件去找头肩顶，是不是更方便、更容易呢？

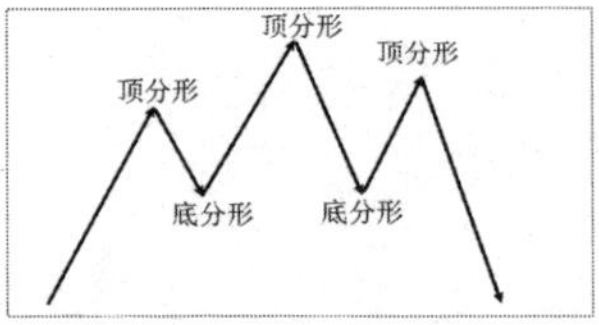

图 4-1

图 4-2～图 4-4 所示为互粕指数原图、互粕指数清理 K 线图和互粕指数连接顶、底分形图，非常清楚明确。如果有人习惯于使用价格形态，而苦于找不到呈现确定性、唯一性的价格形态，这种方法则是最便捷、最稳定的。

图 4-2

图 4-3

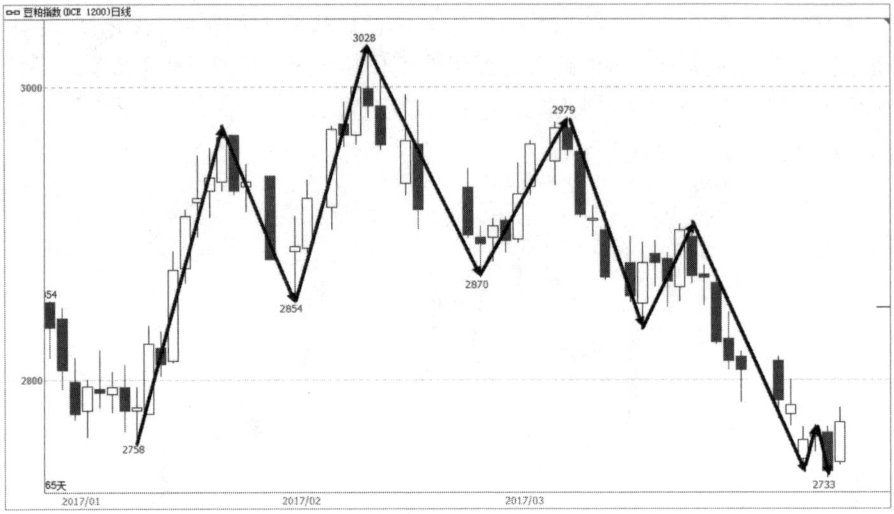

图 4-4

图 4-5 所示为头肩底的形态，由三个底分形与两个顶分形构成。而图 4-6～图 4-8 所示为豆油指数原图，豆油指数清理 K 线图，豆油指数连接顶、底分形图。

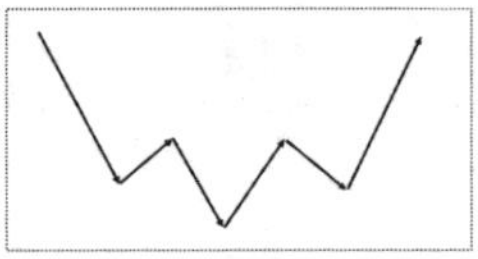

图 4-5

图 4-6

图 4-7

图 4-8

所有人们能想到的价格形态，都是由一个个顶、底分形构成的。图 4-9～图 4-13 所示价格形态分别为双重底、双重顶、三重顶、三重底和三角形。

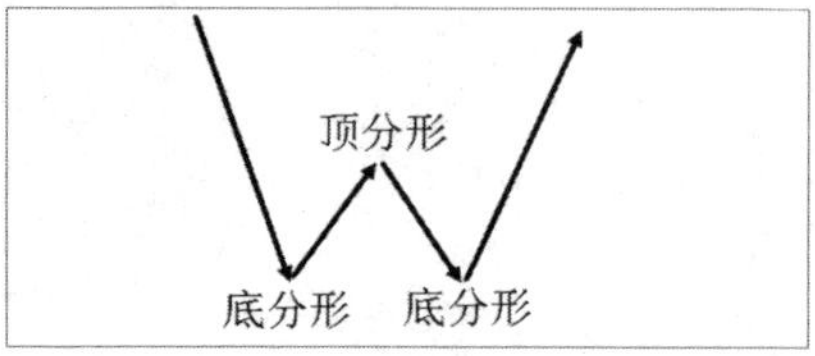

图 4-9

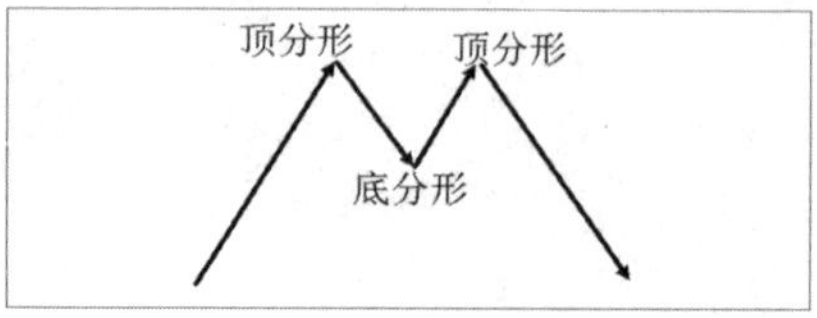

图 4-10

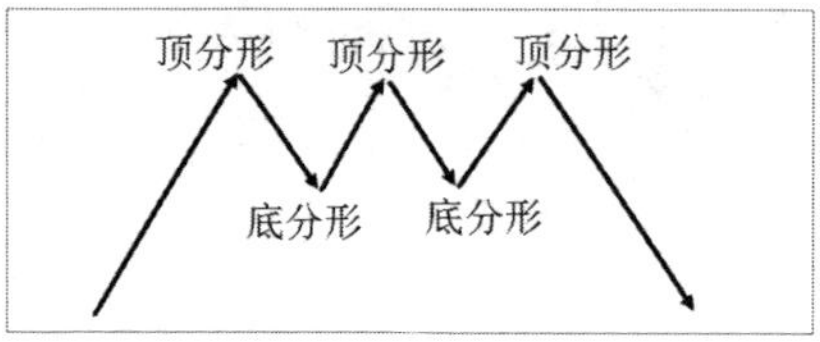

图 4-11

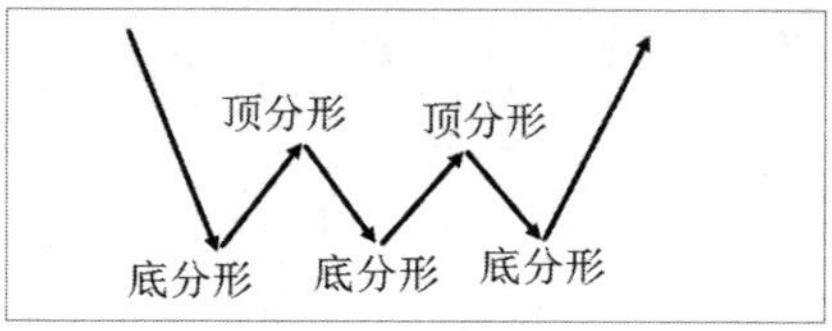

图 4-12

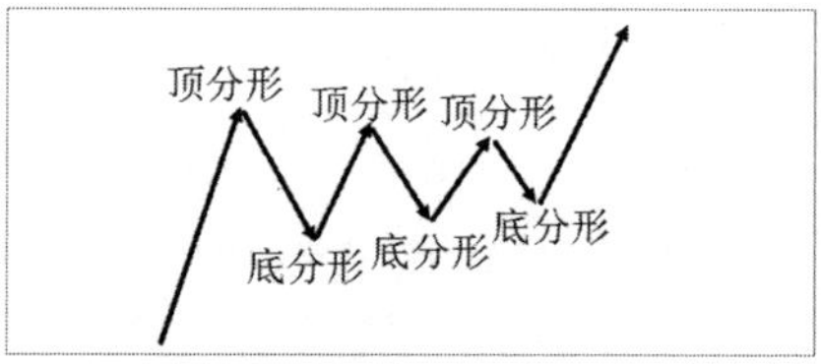

图 4-13

值得注意的是，分形结构对于价格形态来说，仅仅是描述，而非解释。如果要更详细、彻底地解释价格形态，还需要辅以另外的手段，因此本书必须在解释价格形态之前，插入另外的内容。

4.2 四种基本分形构成趋势

趋势的原始定义：依次抬高的峰谷为上涨趋势，依次降低的峰谷为下跌趋势，但这种说法并不确切。因为峰谷约定俗成的意思是某个较高的高点或某个较低的低点，而趋势中的顶、底分形包含了较高的高点与较低的低点的说法。如图 4-14 所示，某趋势中的 B 点，它可以被当作峰，但它不是顶分形，这就是其中的区别。

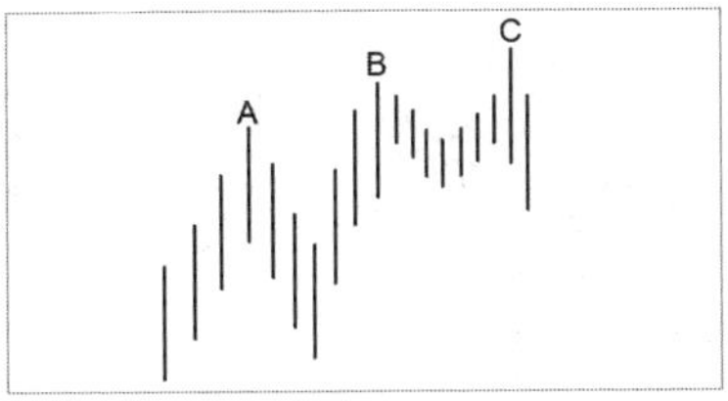

图 4-14

4.2.1　上楼梯是上涨趋势、下楼梯是下跌趋势

技术分析三大假设之一——价格的演进具有趋势性。那什么是趋势呢？以上、下楼梯为例，如果说下楼是下跌趋势，那么上楼就是上涨趋势了。楼梯可以完美演绎出趋势的概念，在给趋势下定义之前，大家先看看楼梯是什么样的，如图 4-15 所示。

图 4-15

上楼的时候，每一个台阶都比前一个台阶更高。下楼的时候，每一个台阶都比前一个台阶更低。那么趋势的概念就可以直接给出：顶分形与底分形依次上升为上涨趋势、顶分形与底分形依次下降为下跌趋势，如图 4-16 所示。

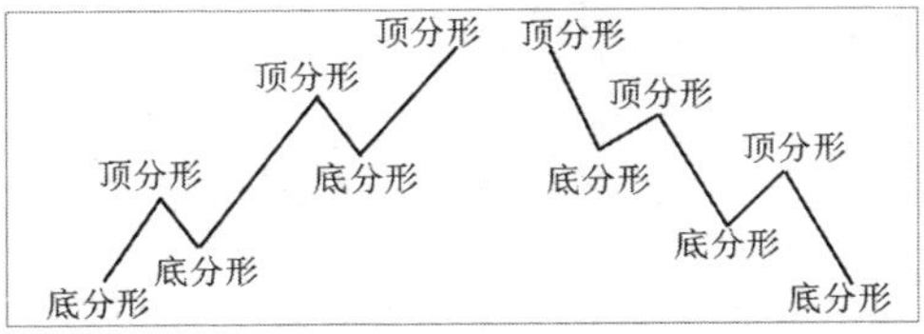

图 4-16

根据趋势的定义，它必然存在着两对顶、底分形，才能判断出分形是依次升高的还是依次下降的。如果仅有一对顶、底分形，则无法比较。那么怎样才算存在两对顶、底分形呢？如图 4-17 所示。

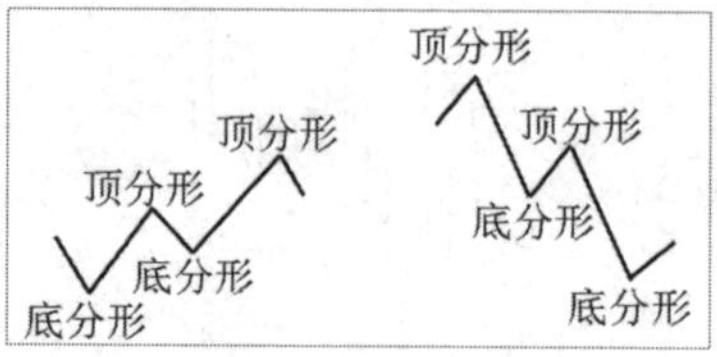

图 4-17

人们也可以理解为，连接分形后，它必须要走出至少一个 N 字结构或者倒 N 字结构来，才可以说趋势或许会形成。

4.2.2 趋势构成价格形态

那么是否可以说，趋势是由顶、底分形构成的？可以，但不确切。应该说，趋势是由不同排列方式的顶、底分形构成的。因此，市场上一切价格走势的最基本的元素，便是分形。有了趋势的概念，大家再来推演一遍价格形态，并再来看一遍头肩底形态，如图 4-18 所示。

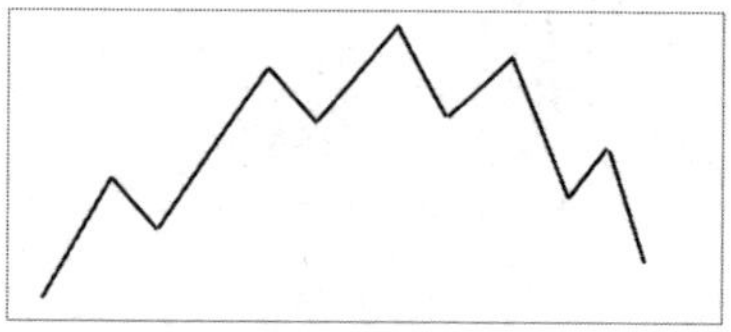

图 4-18

最基本的、成功率最高的、最容易辨识的价格形态，非头肩顶形态莫属。那么如此经典的头肩顶形态，有什么玄妙之处吗？如果将它拆解开来，人们会发现，原来它是由最基本的元素组成的，如图 4-19 所示。

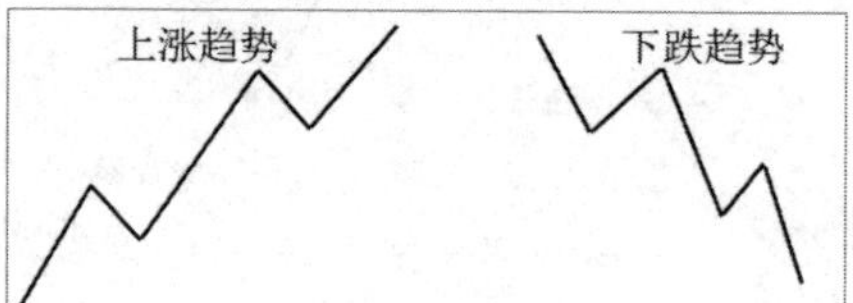

图 4-19

如果从中间将头肩顶形态一剖为二，左侧为上涨趋势，右侧为下跌趋势。没什么头肩顶，也没什么一头二肩，只不过是两种相反的趋势组合而已。如果继续向下问，上涨趋势和下跌趋势是由什么构成的？是由顶、底分形的不同排列组成的。这样就把头肩顶形态完全解构了。

同样，头肩底形态也可以如此拆分，如图 4-20 所示。

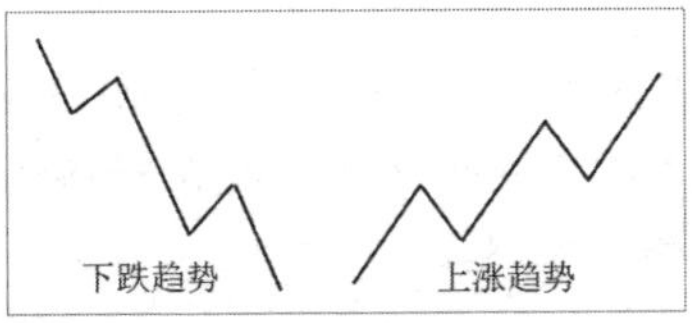

图 4-20

还有更简单的双重顶形态，因为双重形态的两个头部不确定哪一个更高，所以第二个头部有时归左边，有时归右边，如图 4-21 与图 4-22 所示。

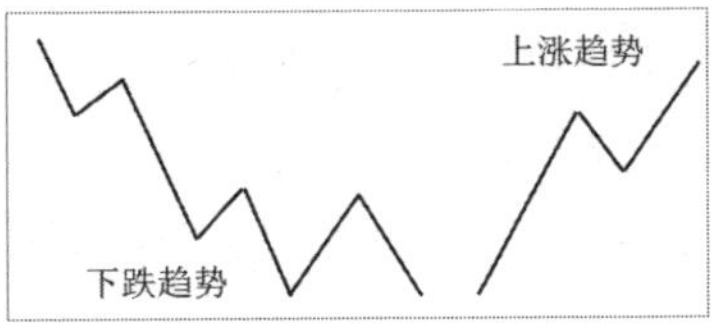

图 4-21

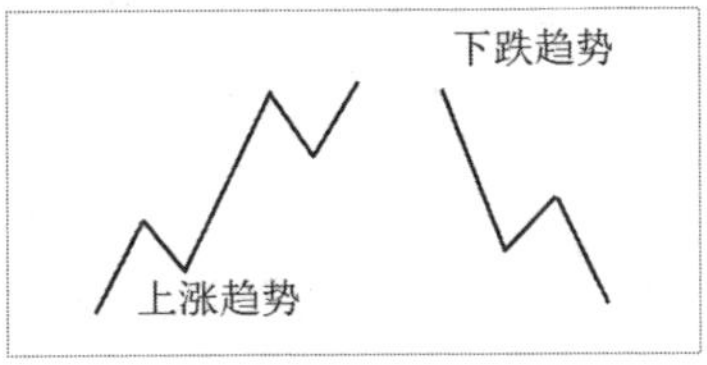

图 4-22

4.3 更复杂的趋势

如果要拆分三重顶或多重顶，还需要再进一步理解趋势。趋势不仅仅是简单的顶、底分形的上移，那只不过是趋势中最小的一种变化而已，而更为复杂的趋势是"你中有我，我中有你"，这种迷惑性之大，让人们"只在此山中，云深不知处"。

4.3.1 如何解释上涨趋势中的下跌趋势

如果在上涨趋势的内部，出现一对峰、谷依次下降的走势，人们该如何解释这种情况？如图 4-23 所示。

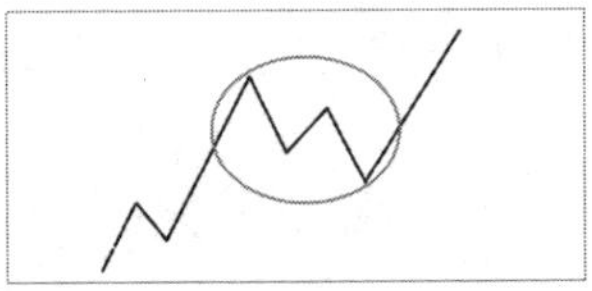

图 4-23

图 4-23 中，如果看大方向的话，它确凿无疑是上涨趋势。但是中间顶、底分形

又在依次下降，明显不符合趋势的定义。是趋势的定义出现了问题吗？并不是。问题在于趋势的概念还要再扩展。

因此，才出现了技术分析的鼻祖、基石——道氏理论。道氏理论称，趋势分为三种类型：主要趋势、次要趋势和短暂趋势，这就为趋势划分了级别。主要趋势中包含次要趋势，次要趋势中包含短暂趋势。

但要注意的是，主要趋势、次要趋势和短暂趋势，并不是固定指某三个级别的趋势。就像洋葱可以一层一层剥，有很多层。每三层都可以定义成主要趋势、次要趋势、短暂趋势，如 1、2、3 层可以是，2、3、4 层可以是，3、4、5 层也可以是，全看人们想用哪一层和哪一级的。

在图 4-23 中最大的级别是主要趋势，主要方向是上涨，而其中的向下依次降低的顶、底分形为次要趋势，主要趋势中包含次要趋势。价格走势不可能总是简单的上行、下行。它的复杂性就在于“你中有我、我中有你”。在上涨中还存在着下跌，在下跌中还包含着上涨。让人们无法分辨现在的上涨是主要趋势，还是仅仅只是一次短暂的反弹次要趋势。

如果价格走势走出来了，人们直接就可以判断出结果，但还没走出之前呢？人们又如何判断？如何临场决断？人们现在可以说，这是主要上涨趋势中的次要下跌趋势，可是当走势走到一半的时候人们又如何判断呢？如图 4-24 所示。

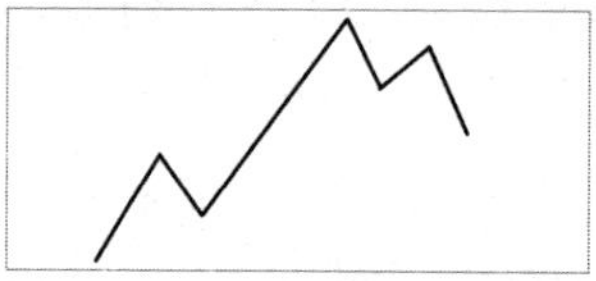

图 4-24

本书开篇便说了，一切技术分析方法，都关注的是现在，而非未来。一切技术分析方法，都是交易工具，而非预测工具。一切技术分析方法都是实用工具，而非占卜工具。那么走势当下表现出来的是什么，它就是什么，无法预测它到底会反转为下跌趋势，还是仅仅只是一次回调。

那它表现出来的是什么呢？依次降低的顶、底分形，符合下跌趋势的定义，因此后半部分的下跌，便是承接前期上涨趋势的下跌趋势，如图 4-25 所示。

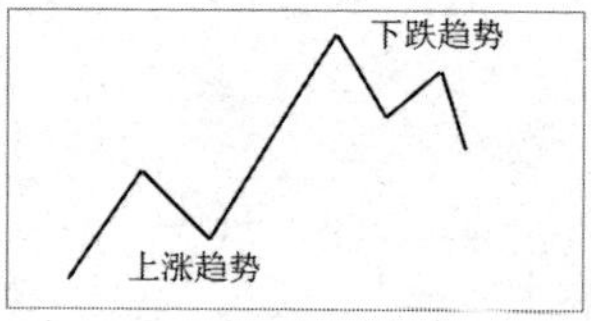

图 4-25

大家为什么不去预测一下呢？或者根据它的相对强度，或者根据它的下跌角度、速度。因为未来不可预知，它既可能转变成上涨趋势，也可能转变成下跌趋势，如图 4-26 与图 4-27 所示。

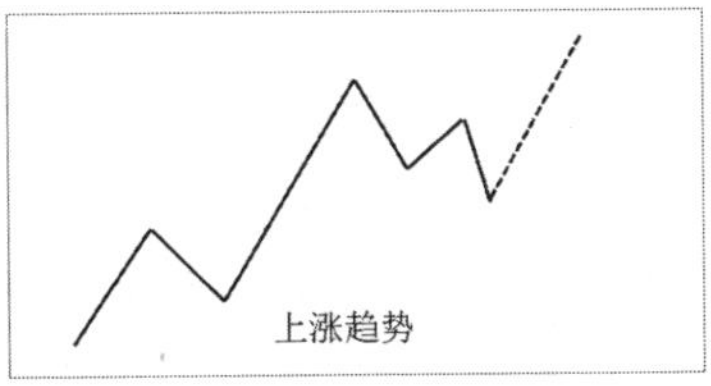

图 4-26

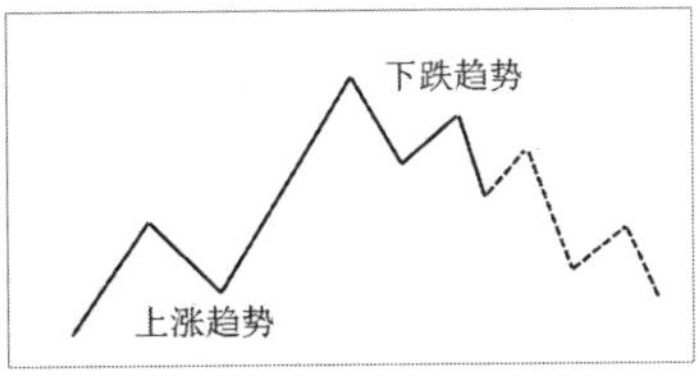

图 4-27

既可涨，又可跌，人们能预测对的概率只有 50%，或者说人们“瞎蒙”对的概率只有 50%。如果交易靠着“瞎蒙”，也就不用扩展出这么多流派的技术分析了，本书也不必再读下去了。如果趋势转化为下跌，并且表现出来的也是下跌趋势，所谓求仁得仁，这就是下跌趋势，确凿无疑。如果它转化为上涨趋势，并且向上突破前期高点，则它又回归了上涨趋势。为什么？因为它又符合了上涨趋势的定义，出现了依次抬高的顶、底分形，如图 4-28 所示。

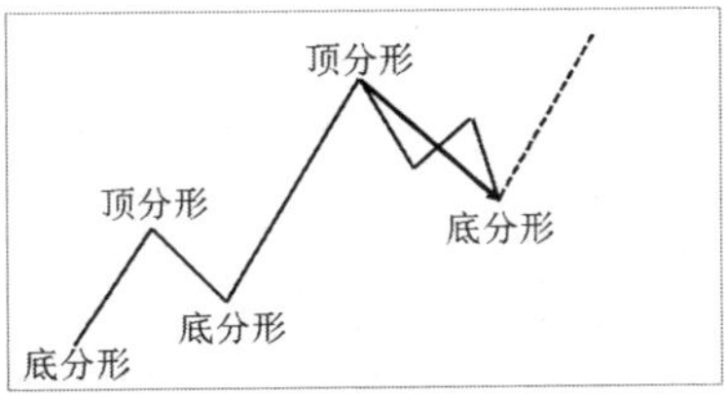

图 4-28

现在可以看出在主要上涨趋势中，出现了一次与主流方向相反的下跌走势，这不过是一次插曲，它是次要趋势。

4.3.2　从更大的视角再看一次

有人可能还不理解，毕竟中间出现了依次降低的顶、底分形，为什么就可以合并成一个大的顶、底分形了呢？中间的就忽略不计了吗？是怎么忽略的？有合理的解释吗？有！并且非常简单，只不过是将这样的线段，再次返回 K 线形态而已。人们可以试着把图 4-28 中的走势，全部用 K 线来表示，如图 4-29 所示。

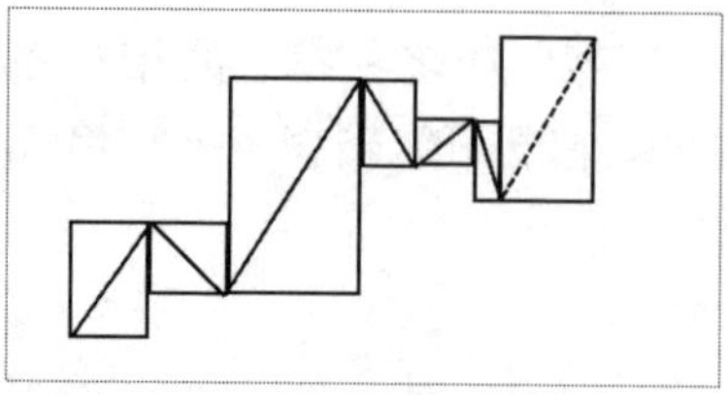

图 4-29

将每一波走势，用方框框起来，每一个方框看作一根没有影线的 K 线，其中经过了两次加工。首先将走势内部的 K 线用清理 K 线的方法清理掉，再连成顶、底分形，将走势图变成一根一根的折线，然后再将折线连成更大的 K 线。

若去掉中间走势折线，则变成了纯粹 K 线的走势图，如图 4-30 所示。

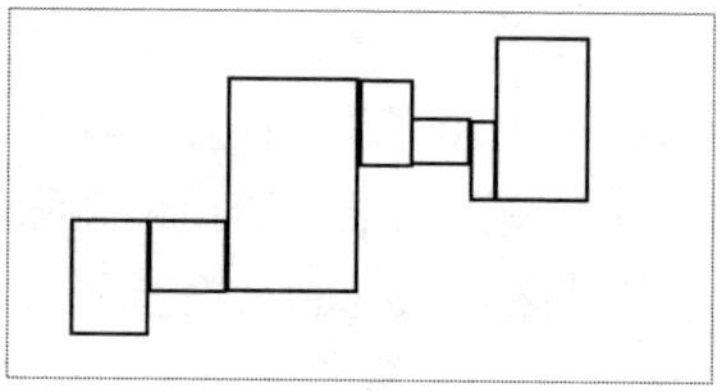

图 4-30

遇到 K 线组合就要清理，还记得清理 K 线的方法吗？遇到孕线与反孕线，全部清理，清理后的走势图如图 4-31 所示。

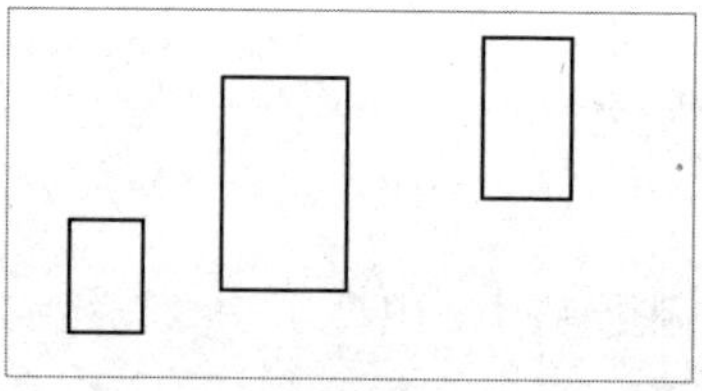

图 4-31

清理后的走势图中只有三根巨大的连续上涨的 K 线，这属于四种基本分形中的上涨分形，因此不论从哪个层次来看，它都是上涨趋势。如果从折线的角度来看，它是依次上升的顶、底分形，之间的次要趋势合并成一组分形，为上涨趋势。将折线去掉，变成更大级别的 K 线，清理 K 线后，变成一组巨大的上升分形，既然是上升分形，那它还是上涨趋势。

下面通过一个实例再来演示一遍。图 4-32 所示为上证综合指数 2017 年 8 月 20 日至 10 月 10 日日线走势图原图。

图 4-32

第一步清理 K 线，如图 4-33 所示。

图 4-33

第二步，连接顶、底分形，如图 4-34 所示。主要趋势为上涨趋势，但在其中夹杂着依次下降的顶、底分形，但这只是一次次要趋势，在进一步处理之后，它将变为主要上涨趋势中的一次次要趋势，在更大级别中，它将忽略不计。

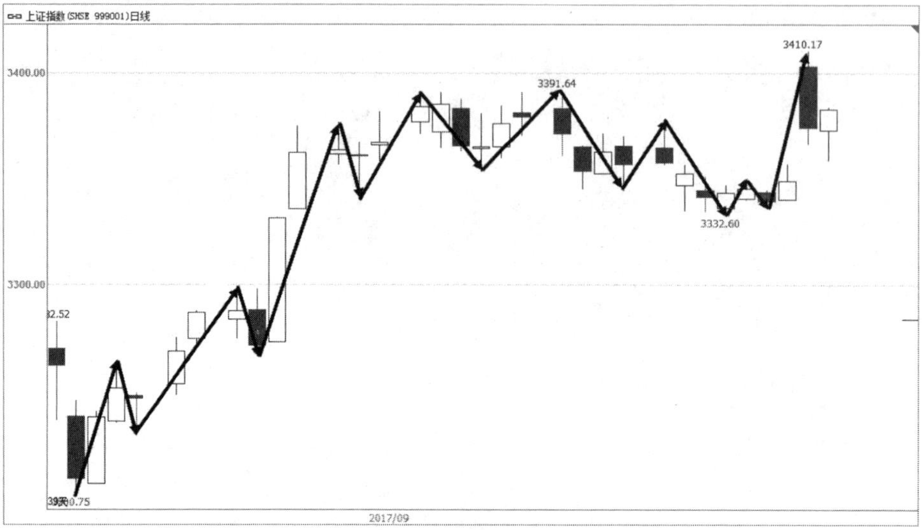

图 4-34

第三步，赋予每一波走势一根 K 线，如图 4-35 所示。

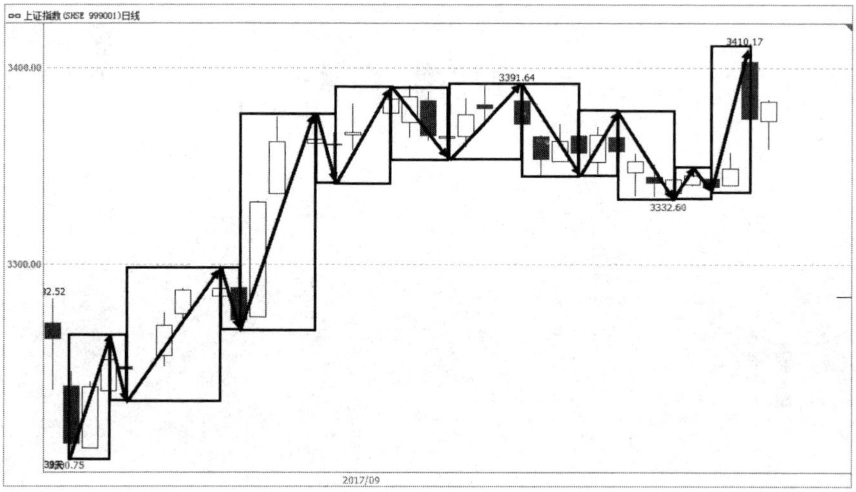

图 4-35

第四步，去掉折线与孕线、反孕线，形成一张干净的只有主要走势的巨大 K 线图，如图 4-36 所示。

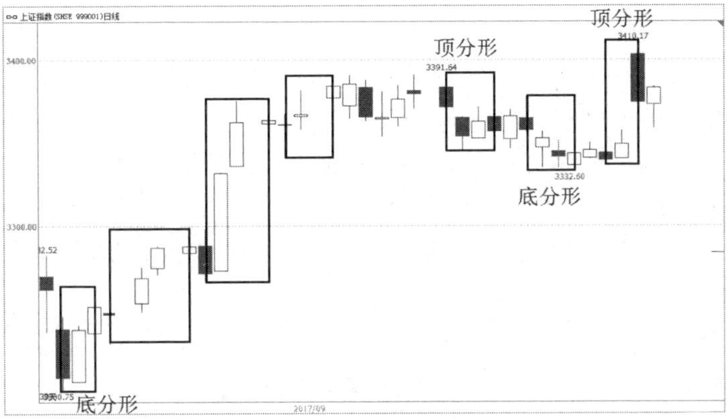

图 4-36

做完最后的清理后，人们会发现两对顶、底分形，呈现依次抬高的排列，因此本次走势为上涨趋势。其间复杂的调整，从更大的级别来看，只不过是一次简单的回调而已。级别不同，看到的价格表现方式也不一样，这就是趋势定义的外延——趋势的级别。

这段复杂的走势，如果能如此化繁为简、化简为了，价格走势基本上就没有什么秘密可言了。除此之外，之后要讲到的指标、均线等各种方法，都是由最基本的元素组成的，透过现象来看本质，最终的结果就是分形。

4.3.3　为学日益、为道日损

寻找最基本的元素，并不是一味地追求最基本、最原始的东西，这只是架构交易系统的一部分。如果只是一味求简，例如，只给人们木头，不做任何加工，人们能把它当桌子、椅子用吗？只给人们硅，不做任何加工，人们能把它当芯片用吗？求简只是第一步，是为了求得规律及结构。当求简的工作都完成后，下一步就架构交易系统了，道理用简、方法用繁。

老子说："为学日益，为道日损，损之又损，以至于无为。无为而无不为。取天下常以无事，及其有事，不足以取天下。"说的就是寻找最根本的东西，虽然如此，也不能有所偏废。后面的话全部都在说"为道日损"，并没有用更多的内容阐述"为学日益"，好像老子更偏重于"道损"，而轻视"学益"，其实不然。

有人将这段文字翻译为"求学的人，其知识要逐渐地增加，而求真理的人，就要逐渐减少自己的主观意识、思维见解。"如果是这样来理解老子的这段话，就完全错了。

如果这样理解，那就是一部分求学，一部分求真理，是这样吗？那大家是不是逢人就要问一句："你是求学还是求真理？"求学不是求真理吗？求真理不是求学吗？

其实这两个从未分开过。

若你求学，好，做加法；若你求理，好，做减法。但这绝对不是《道德经》的真正含义。1993 年出土了郭店楚简本的《道德经》，找到了通行本的一处衍文。通行本《道德经》为“万物生于有，有生于无。”而郭店楚简本为“万物生于有，生于无。”对比这两句话，通行本多了一个“有”字。

多一个字有什么了不起吗？真的了不起，多了这个字，《道德经》就是在强调“无”和“损”的作用。而没有这个字，《道德经》就是在说“有”和“无”、“益”和“损”同等重要。那哪个是对的呢？对于这种经典，一般是越久远的版本越可靠。郭店楚简本比通行本要久远，因此人们应当以郭店楚简本为主。

另外，从逻辑上也可以论证，老子说：“无名，天地之始；有名，万物之母。”这就表明的了“有”与“无”同等重要。如果不重要，只说无名即可，不必再阐述有名了。

那么按照这个逻辑来解释，“为学日益”和“为道日损”也同等重要。求学就是求真理，求真理就是求学。加法和减法，“日益”和“日损”，是同时、同步的。在知识点上不断地做加法，就能在本质上，不断地做减法。

在不断做加法求学的时候，找到事物共通的底层逻辑，再做减法。加法做得越多，越能有效地做减法。人们了解得越多，越能发现更多的共性，寻找到的底层逻辑，才会更加坚实。

4.3.4 解构含有复杂趋势的价格形态

蜡烛图可以通过顶、底分形的连接，变成折线形式的一段一段的走势；再通过重新赋予折线形式的走势蜡烛图的形态，走势就会变成更简单的、更高层次的顶、底分形。这样人们就又多了一个工具，有了这个工具，就可以拆解比较复杂的价格形态，如三重顶形态和三重底形态。

先来看三重顶形态，如图 4-37 所示，它的顶部是由三个顶分形与两个底分形构成的。人们能看到是左侧结构清晰的依次抬高的顶、底分形，而右侧的顶、底分形杂错相间，不易分类。但有了上文所述的工具，便可轻易将它拆分开。

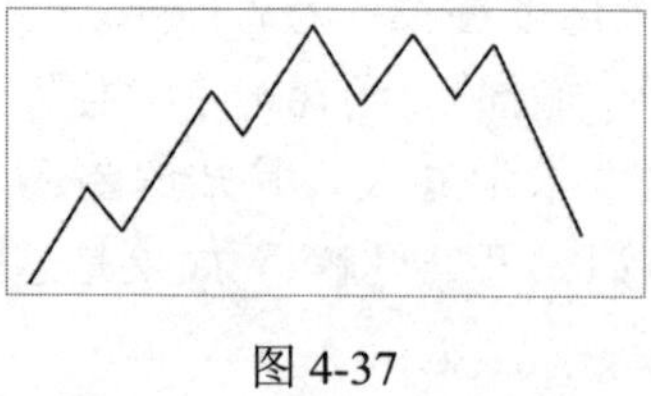

图 4-37

右侧杂错的顶、底分形，可以合并成一对顶、底分形，如图 4-38 所示。

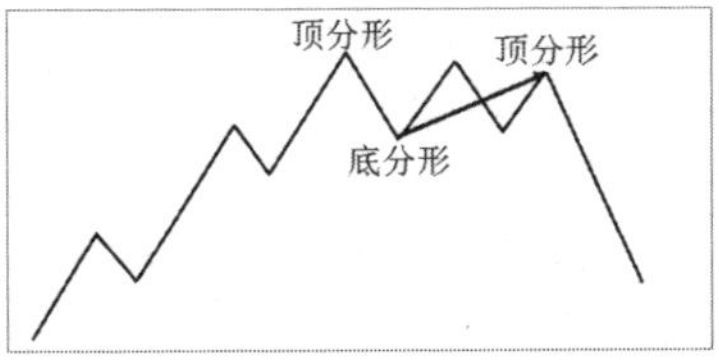

图 4-38

将三重顶形态拆分开，左侧将变成上涨趋势，右侧将变成下跌趋势，如图 4-37 所示。同样的方法也可以用来拆分三重底形态，如图 4-39 与图 4-40 所示。

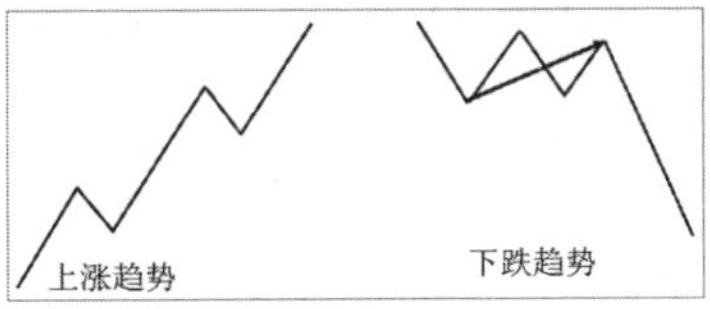

图 4-39

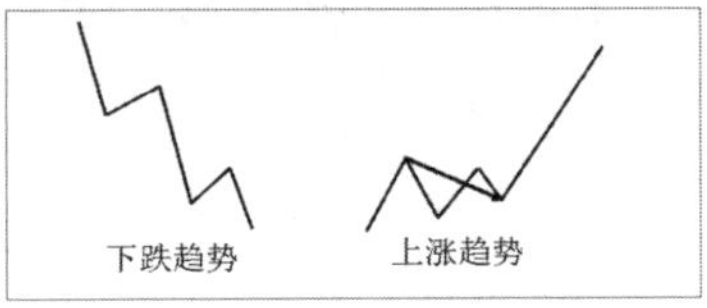

图 4-40

任何一种形态都是由趋势构成的，任何一种趋势都是由分形构成的，不论它有多么复杂。不但反转形态如此，持续形态也是如此。只不过反转形态是由上涨趋势加下跌趋势或下跌趋势加上涨趋势组成的，而持续形态是由上涨趋势加上涨趋势或下跌趋势加下跌趋势组成的。

4.3.5　解构持续形态

持续形态中最著名的三角形形态，如图 4-41 所示。它是由三个顶分形与三个底分形构成的，如果将其间错杂的顶、底分形合而为一，变成一对顶、底分形，那么三角形形态就变成了简单的上涨趋势，如图 4-42 所示。

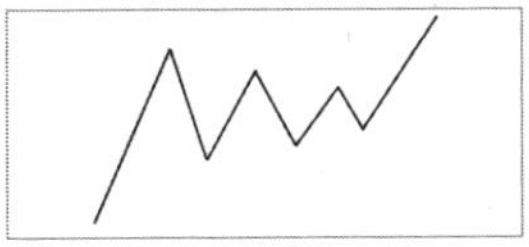

图 4-41

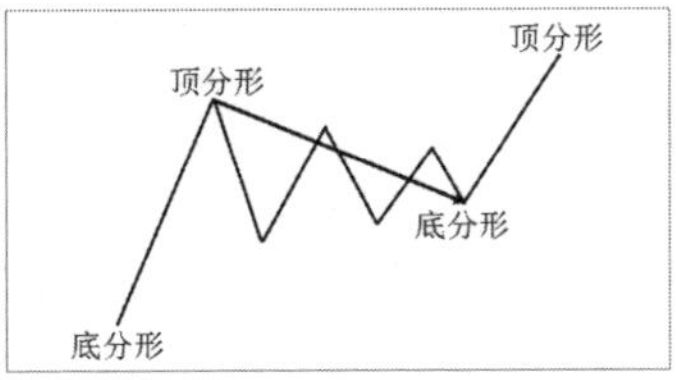

图 4-42

它又是怎么样合并的呢？还是为每波走势都赋予一根 K 线，再清理掉孕线与反孕线，如图 4-43 与图 4-44 所示。清理 K 线后，仅剩余了两根巨大的 K 线，也就是刚刚说到的上涨趋势，即上涨趋势与上涨趋势的组合。之间的一切震荡都是浮云。如果仔细观察，图 4-43 中的蜡烛图组合其实还是上升三法。将走势缩小，复杂的调整，变成了上升三法。如果将上升三法放大了看，它就是复杂的走势，一而二，二而一。

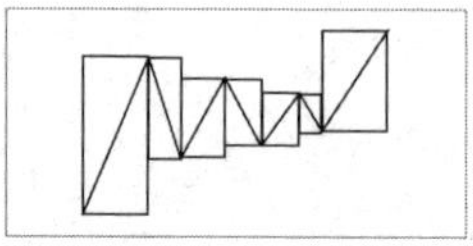

图 4-43

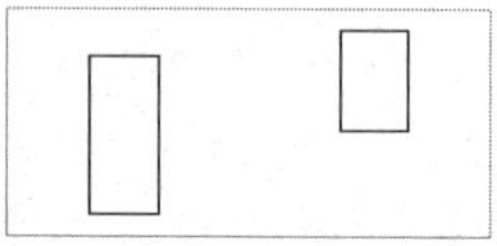

图 4-44

用同样的方法，也可以处理旗形形态、矩形形态或各种奇怪的持续形态。接下来看一个实例，图 4-45 所示为白糖指数 2016 年 5 月 20 日至 11 月 1 日日线走势图原图。

图 4-45

清理 K 线，如图 4-46 所示。

图 4-46

再将顶、底分形连接起来，并为每段走势赋予一根 K 线，如图 4-47 所示。

图 4-47

再次清理掉孕线、反孕线，如图 4-48 所示，只余两段上涨走势，其间杂乱无章的震荡走势全部被过滤了。如此，不论人们看什么样的 K 线图，自己的眼中只有解构，只有最基本的元素，一切干扰因素都被排除了。

图 4-48

4.3.6 目无全牛

可能有人会质疑，笔者用了这么大的篇幅，难道仅仅是将 K 线线段化，再将线段 K 线化吗？这样操作有什么意义呢？

不知大家是否听过庖丁解牛的故事。庖丁说："臣之所好者，道也，进乎技矣。始臣解牛之时，所见无非牛者。三年之后，未尝见全牛也。方今之时，臣以神遇而不以目视，官知止而神欲行。"

人们在交易时，至少要做到两点，即查看过去的走势和确认当前的状态。因为走势是具有连续性的，过去的走势与当前状态相连，现在与过去，都是整体的一部分。那么在查看过去的走势时，人们便可如庖丁一样"目无全牛"。人们看到的不再是纷繁无序的 K 线变化，而是一段一段的分区，其切入点，就是庖丁所说的关节之间的间隙，即人们所说的顶、底分形。每一对分形之间便是一波走势，而每一波走势，又包含另外一波走势或被包含于另外一波走势之中。如此，每一波走势是推进还是调整，便一目了然了。

如图 4-48 所示，当价格开始震荡时，不论如何繁复，每一波走势都被包含于前一波上涨走势之中，并未突破前期上涨的低点。如此便可判断这些杂乱的走势不过是针对前期上涨的调整，前期多单并未受到任何影响。直到白糖指数再次向上突破前期上涨的高点，再次回到了上涨的主要趋势当中。这时，图 4-48 中所余仅为两段上涨趋势而已，其他的全部可以忽略，这就是所谓的"目无全牛"。"以神遇而非以目视"，庖丁说的就是这个道理。

接着人们还要确定当前的状态。如果将时间回溯，回到图 4-48 中第二根巨大阳线将要突破前期高点时，若白糖指数突破了前期上涨的高点，便可认定它重归了上涨趋势，那么此时便可继续介入多单。技术分析三大假设之一为价格以趋势性演进，那么既然白糖指数重归了上涨趋势，则后期走势可以预期得到一段大幅度的上涨，多单介入的理由也更加充分。若白糖指数并未突破前期高点，则它还是被包含在前期上涨走势当中，从 K 线的角度理解，它就是孕线，孕线并不具备操作的指导意义，那么当前状态确认为震荡，人们应按兵不动，继续等待。

因此，不论是查看过去的走势，还是确定当前的状态，都需要人们将无序的全图（牛）解构，回到最基本的元素中去，这也是老子所说的"化而欲作，吾将镇之以无名之朴。""无名之朴"是什么？就是基本元素。

4.4 提取基本元素的总结与补充

提取基本元素的总结如下。

(1) 根据蜡烛图组合，可以推导出四种基本分形，分形概念由比尔·威廉斯与拉里·威廉斯提出。人们可以综合两位大师的分形概念，变成自己的分形，手段是清理孕线与反孕线，并以缠论的分形做补充。

(2) 四种基本分形一经线段连接，便可轻松判断出属于何种价格形态，不论是反转形态，还是持续形态。

(3) 价格形态拆分后由单一级别或不同级别的趋势构成，反转形态由上涨趋势与下跌趋势或下跌趋势与上涨趋势构成，持续形态由上涨趋势与上涨趋势或下跌趋势与下跌趋势构成，趋势由四种基本分形构成，而四种分形则由蜡烛图组合推导而出。

(4) 复杂的价格形态，如三重形态、多重形态、持续形态，是由更为复杂的趋势组合而成的。

(5) 复杂的趋势引申出趋势的级别概念，将线段化的走势再归结为更大级别的蜡烛图组合后，人们可以更深刻地理解主要趋势与次要趋势的概念。

(6) 最后，所有价格走势的变化，看似杂乱无章，其实不过是四种分形的不同排列组合而已。

除此之外，还有一个衍生问题需要补充，也就是在两段趋势之间的震荡走势是否有意义，如图 4-49 所示。

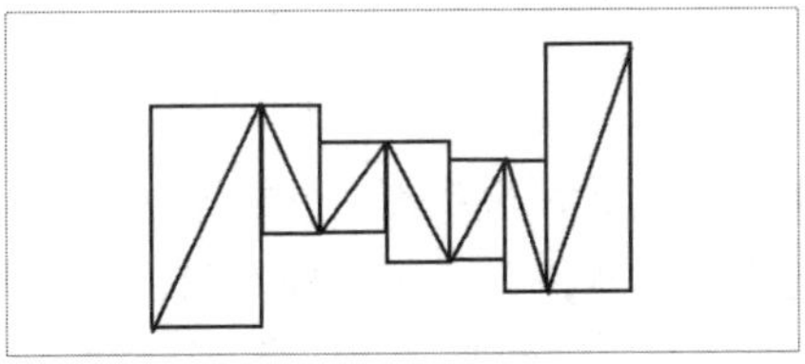

图 4-49

如果我们将中间的 K 线按照清理 K 线的模式清理掉，在图 4-49 中将仅剩两段上涨走势，中间的震荡走势毫无意义。

但是根据三重滤网理论或价格行为（Price Action）理论，如果条件符合的话，这两种方法都要在震荡的低点处建立多单。但这两种理论为什么这么笃定地坚信在前一波上涨之后的震荡低点，可以安心地做多呢？因为它们赌趋势具有趋势性，趋势不会轻易发生改变。因此，在趋势没有明显反转之前，它们更愿意相信还会继续走出上涨趋势。

如果这样理解的话，三重滤网理论与价格行为理论不是与赌博无异了吗？其实不然，这两种方法首先占了天时，因为趋势具有趋势性是技术分析三大假设之一，如果连这一点都不敢承认，也就不必做技术分析了。其次，这两种方法占了地利，它们有严格的止损位和盈亏比作为保障。即便有时准确率会低一点，但盈亏比总会把准确率带来的劣势扳回。最后，这两种方法占了人和，上涨趋势中会有回调、下跌趋势中会有反弹，这是交易心理层面的问题，在柯蒂斯·费思（Curtis Faith）的《海龟交易法则》中有相关论述。既然一定会出现回调、反弹，为何不把它们利用上呢？

如果抛开方法论，重新审视这段震荡走势的话，它确实毫无意义，因为它既未向下突破前期上涨的最低点，也未向上突破前期上涨的最高点，它的存在只是多空双方拉锯、对峙的体现，既不能预示后势价格即将上涨，也不能预示后势价格必然下破。

只有当价格真正向上突破时，尘埃落定，趋势延续。或者只有当价格真正向下突破时，“靴子落地”，趋势已然反转。这就是所谓的“价格形态的转换”。

在图 4-49 中，如果后面的走势未向上突破，那么它有两种可能：一种向上、一种向下，如图 4-50 所示。如果向上突破，为旗形调整形态；如果向下突破，为三重顶反转形态。在未向上与未向下突破之前，两种状态叠加在一起，都有可能。一旦方向朝着某一方向突破，两种叠加的状态便会坍缩成薛定谔形态。

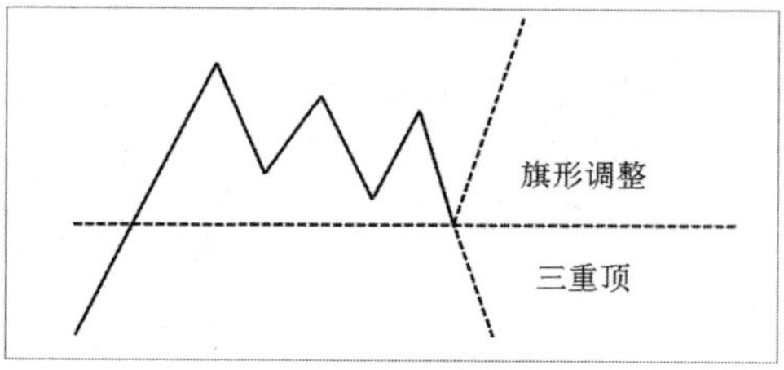

图 4-50

因此，在这种既要量化，又要形成系统的分析方法中，只有能给出方向和转折点的走势，才是有意义的走势。而被包含于某一段走势之内，既无法上破，又无法下破的走势，一律称为无意义的走势。这也是为什么笔者会把孕线与反孕线称为无意义的 K 线。

第 5 章 集各级元素大成的波浪理论

前文已经推导出了价格走势的基本元素——四种分形。趋势是由分形构成的，趋势的级别是由分形的不同排列构成的，而价格形态是由趋势构成的，所以价格形态也就是由分形构成的。因此，一切价格形态的“底层建筑”，都是分形。

分形是基本元素，趋势又是更高一级的基本元素，不同级别的趋势是再高一级的基本元素。世上有没有一种方法可以将这些元素全部结合起来，并且逻辑自洽呢？有，集元素大成者，就是拉尔夫 • 纳尔逊 • 艾略特（Ralph Nelson Eliott）的波浪理论。

5.1 关于如何正确理解波浪理论的清单

波浪理论是怎样把各级基本元素组合在一起的呢？先来看一份清单，笔者会按照这份清单逐一阐述。

(1) 波浪理论是对道氏理论的量化：①它以推进浪指代与主要趋势方向相同的运动，以调整浪指代与主要趋势方向相反的次要趋势的运动；②它严格量化了推进浪和调整浪的内部结构；③它以“其大无外、其小无内”的分形结构，解决了道氏理论中语焉不详的级别问题。

(2) 波浪理论有“三不”，是波浪理论的基本功：①任何形式的回调，都不能超过起点；②推进 3 浪幅度不能为最短；③4 浪回调不能插入 1 浪内部。

(3) 推进浪的变化：①推进浪延长，分为 1 浪延长、3 浪延长、5 浪延长和无界定延长；②失败 5 浪；③楔形形态 5 浪。

(4) 调整浪的变化：①锯齿型调整；②平台型调整；③不规则型调整，包括扩张型和内敛型，以上三种的内部结构为 535 或 335；④持续型价格形态调整，包括三角形调整、矩形调整、旗形调整等，其内部结构为 11111 或 33333 或 53535；⑤双三型调整和三三型调整，每一个 3 浪调整中以 1 个或 2 个 X 浪连接。

（5）波浪理论遵循简单和复杂间隔出现的交替原则：①2 浪和 4 浪的调整，简单与复杂交替，如果 2 浪简单则 4 浪复杂，如果 4 浪简单则 2 浪复杂；②同一调整浪之间的内部子浪，简单与复杂交替。

（6）牛市双回撤原则：如果推进 5 浪出现延长，则第一波回调，通常在 5 浪延长的起点停止。

（7）通道原则：同一级别的推进浪，通常处于同一价格通道中，并且以钟摆理论作为价格间或突破价格通道的补充理论。

（8）波浪理论以非波纳契数列为数学原理，非波纳契数列蕴含着黄金分割理论。因此，各浪之间的幅度、时间，通常遵循黄金分割比例。

（9）波浪理论的过度量化，导致了在实际应用场景中，真实走势与理论之间无法整合的尴尬局面：①4 浪不能下穿 1 浪的底层逻辑是在主要趋势运行中波谷（峰）不能穿越波峰（谷），但在真实场景中，这样的案例俯拾即是，无法完全量化；②各浪的幅度比例关系，也很少有遵循黄金比率的案例出现；③调整浪的变化过于复杂，在行情没有变化完全之前，无法判断此时运行的到底是推进浪还是调整浪，导致在操作中出现“双兔傍地走，安能辨我是雄雌”的局面。

（10）总结波浪理论的操作中的弊端：波浪理论对于道氏理论的量化过于严苛，实际走势无法直接套用波浪理论；波浪理论中的浪形变化过多，使实际走势无法在实际交易中为决策呈现出唯一性、确定性。此处的唯一性、确定性是相对于决策中高准确率的判断而言的。

（11）尽管波浪理论有如此弊端，但人们还是要学习它。因为它为人们解决了级别问题，也补充说明了道氏理论中未能涉及的空白区域。通过波浪理论对价格走势的论述，人们可以把走势理解成两部分：推进浪为单边市，调整浪为震荡市。

（12）单边市的特点是峰谷有序排列；震荡市的特点是峰谷乱序排列。人们在交易中，需要识别峰谷的排列是有序的还是乱序的，以此来判断当前价格是处于单边市中还是震荡市中。当峰谷有序排列时，建仓、持仓；当峰谷乱序排列时，平仓、观望。

（13）要理解波浪理论的底层逻辑，而不是使用波浪理论的表现形式。用“表现形式”，难免会陷入“郑人买履”的尴尬境地；理解底层逻辑，可以演化出一套以峰谷排列特征为判断方式的交易系统，这是一种可以解释市场所有走势、具有逻辑闭环、量化后简洁明确的决策系统，而非分析系统。

5.2　以四种基本分形的角度看待波浪理论

波浪由什么构成？是由一段一段的走势所构成。走势由什么构成？是由不同级别的上涨趋势和下跌趋势所构成。上涨趋势和下跌趋势又是怎样构成的？是由四种基本分形所构成。

从四种基本分形的角度来看待波浪理论，它并没有那么复杂神秘。而且波浪理论值得我们学习的只有两条：当顶、底分形以有序的状态排列时，为推进浪，为主要趋势；当顶、底分形以乱序的状态排列时，为调整浪，为次要趋势。

5.2.1　波浪理论的核心内容

波浪理论是道氏理论的量化版。道氏理论定义：依次抬高的顶、底分形为上涨趋势，依次降低的顶、底分形为下跌趋势。波浪理论定义：上涨趋势通常分为 5 浪上涨，也就是出现三个依次抬高的顶分形和三个依次抬高的底分形；下跌趋势通常为 3 浪下跌，也就是出现两个依次降低的顶分形和两个依次降低的底分形，如图 5-1 所示。这就给每个级别的上涨趋势都定量了，即上涨分为 5 浪，下跌分为 3 浪。

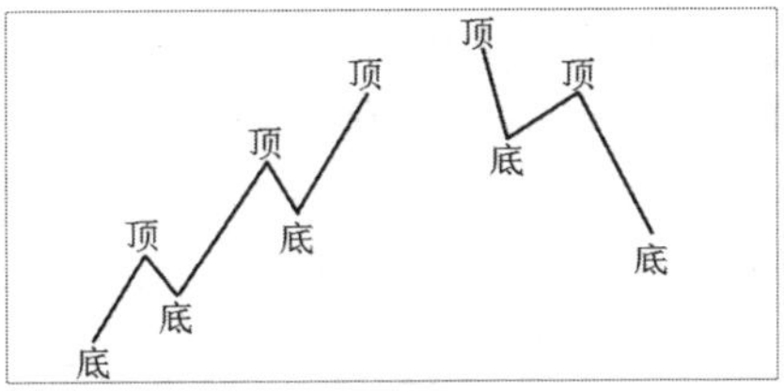

图 5-1

我们依次把它们命名为 1 浪、2 浪、3 浪、4 浪、5 浪、A 浪、B 浪和 C 浪。并且将由 5 浪结构构成的走势称为推进浪，将由 3 浪结构构成的走势称为调整浪。完整的 8 浪结构如图 5-2 所示。

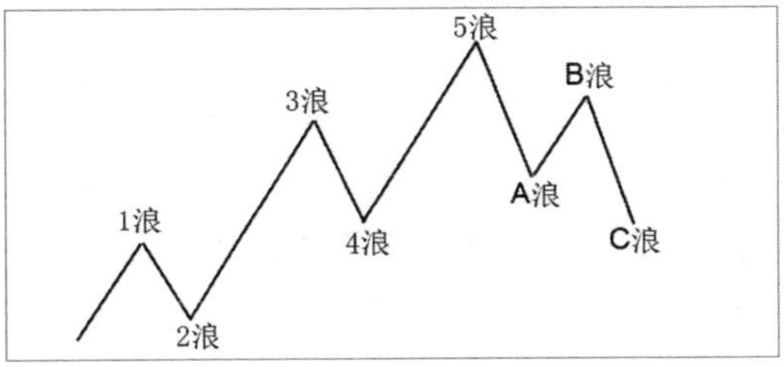

图 5-2

不但如此，波浪理论还解决了道氏理论很难讲清楚的级别问题。如此的上涨 5 浪与下跌 3 浪（上五下三）是波浪理论的基本元素，它们还可以构成更大级别的上涨 5 浪与下跌 3 浪，如图 5-3 所示。

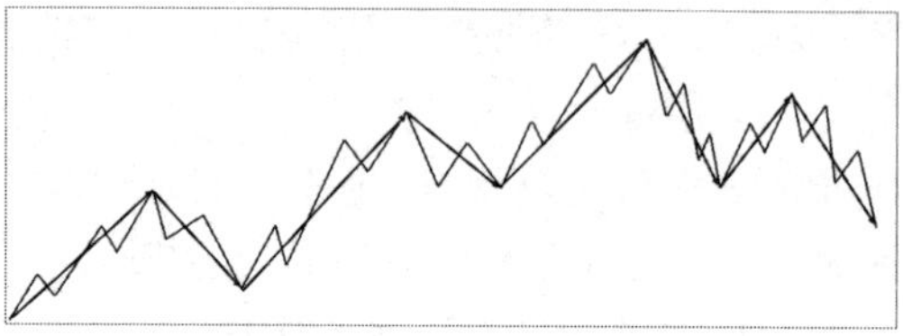

图 5-3

更小级别的“上五下三”，可以组成更大级别的“上五下三”，并且都是自同构分形。由相同元素构成的走势，可以清楚地分出级别。而人们也可以用赋予每一段走势一根巨大 K 线的方法，来解释级别的问题。

当然，不仅限于这两个级别，人们可以无限扩大它的级别，级别由大到无限大，永远也画不完；人们也可以无限缩小它的级别，级别由小到无限小，永远也画不完。

这就是《八筹》中所说的：“是道也，其来无今，其往无古，其高无盖，其低无载，其大无外，其小无内，其外无物，其内无人，其近无我，其远无彼。不可析，不可合，不可喻，不可思。唯其浑沦，所以为道。”

其实左侧的推进浪便是上涨分形，右侧的调整浪便是下跌分形，如图 5-4 所示。其中赋予 2 浪、4 浪、B 浪的巨大 K 线，已经被当成孕线或反孕线清理掉了。如此观察浪形，则更加清晰。此时，人们的眼中已没有波浪，只有分形。

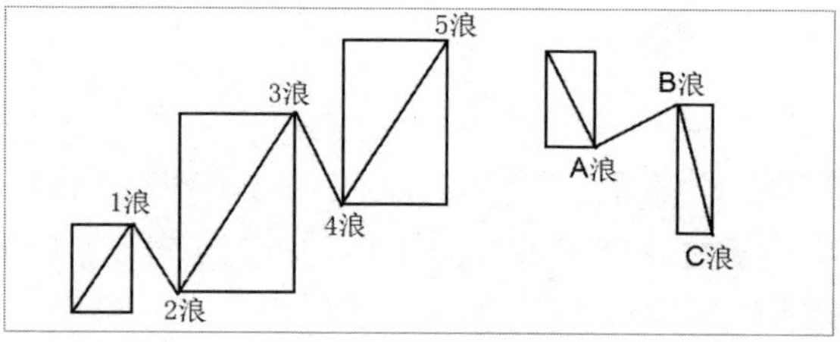

图 5-4

级别更高的完整 8 浪，也可以看成是由简单的分形构成的。先为每一波走势都赋予一根 K 线，如图 5-5 所示；再清理掉孕线与反孕线，如图 5-6 所示。在图 5-6 中高点左侧，是依次抬高的顶、底分形，为上涨趋势；高点右侧，是依次降低的顶、底分形，为下跌趋势。复杂的走势，变得更加简明直观了。还是那句话，眼中没有波浪，只有分形的不同排列。

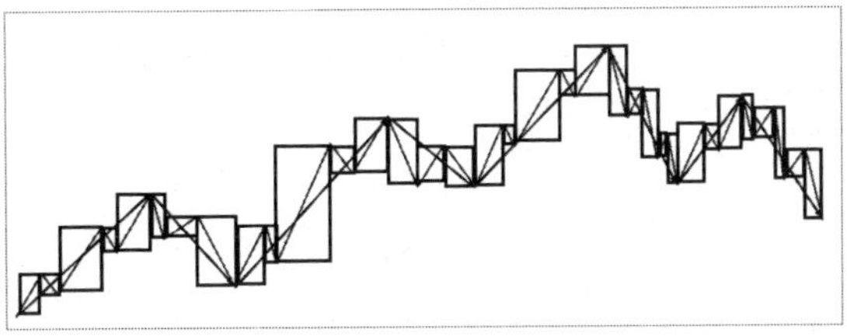

图 5-5

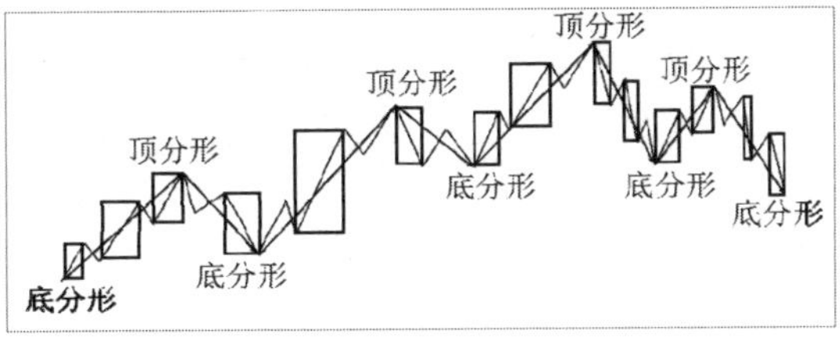

图 5-6

所谓“三不”，即调整不能超过起点，3 浪不能最短，4 浪不能插入 1 浪内部。这是波浪理论对道氏理论更进一步的量化，不但规定了共有几段上涨走势、几段下跌走势，还规定了每段走势之间的关系。

如调整走势不能超过起点，如果调整走势超过了起点，那就不能称之为调整。从趋势定义来说，它已经违背了依次抬高（降低）的顶、分形的定义了，如图 5-7 所示。虽然顶分形是依次升高的，但底分形却是依次降低的，它既不是上涨趋势也不是下跌趋势，它只能是无趋势。

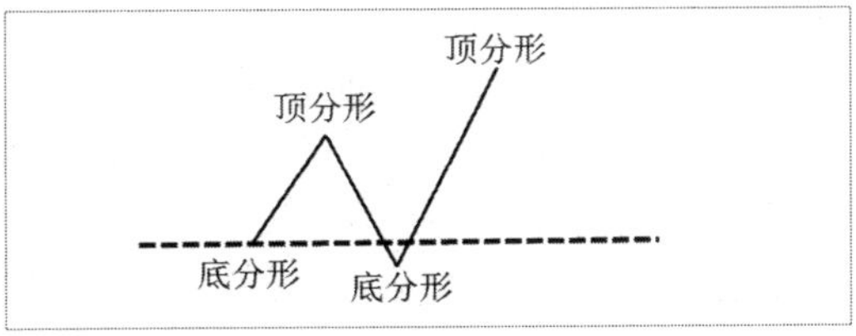

图 5-7

另外，3 浪的幅度虽然可以不为最长，但也不能为最短。约翰·墨菲（John Murphy）在《期货市场技术分析》中说：“大趋势通常包括三个阶段。第一阶段又称积累阶段。以熊市末尾牛市开端为例，此时所有经济方面的所谓坏消息已经最终被市场包容消化，于是那些机敏的投资者开始逐步买进。第二阶段，商业新闻趋暖还阳，绝大多数技术性地顺应趋势的投资者开始跟进买入，从而价格快步上扬。第三阶段，即最后一个阶段，报纸上好消息连篇累牍，经济新闻捷报频传，大众投资者积极入市，活跃的买卖使投机性交易量日益增长。正是在最后一个阶段，从市面上来看好像谁也不想卖出，但是那些当初在熊市底部在别人谁也不愿买进时乘机积累、逐步买进的投资者，开始消散，逐步抛出平仓。”

文中所说的上涨第二阶段，也就是上涨第3浪，在一切向好的市场氛围中，它的幅度虽然可能比最后一个阶段（上涨第5浪）要短，但也不会是最短，不仅达不到日照中天的阶段，反倒比从熊市底部刚刚起步时更弱。

最后，4浪不能插入1浪的内部，也就是第二次调整与第一次调整不能有重合的部分，如图5-8所示。

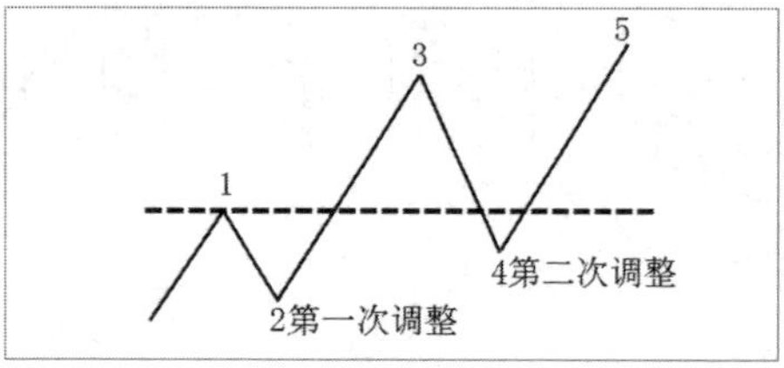

图5-8

用更通俗的话来讲，在上涨趋势中，每一次回调的低点不能低于前期高点；在下跌趋势中，每一次反弹的高点不能高于前期低点。

5.2.2 没有操作性的波浪理论

虽然波浪理论对道氏理论进行了量化，给了人们一些所谓的标准，但过度量化，却是波浪理论为人所诟病的地方。因为不是所有的走势，都符合波浪理论的过度量化。

波浪理论虽好，但在实际操作中，人们很难用波浪理论把每个走势的浪形都确定下来，并且呈现唯一性。更多的时候，只能说，这一阶段可能走的是哪一浪，但这样的波浪理论可操作性很低。因为对于某些分析人员来说，怎么说都有道理，所以人们称这些人为“嘴盘”。而在实际操作中，如果没有确定性和唯一性，人们就无法做出交易决策。

波浪理论中也说，针对个股，最好不要去数浪，而应在连续走势或是指数类走势中数浪。例如，有人问笔者万科A现在是什么浪，笔者也不知道，它时而停牌，时而复牌，几十年间反复多次，多次进行了转配送股和现金分红，这些还要进行复权处理。并且个股受经济背景、经济政策的影响非常大，一只股票太单薄，没有力度中和这种经济大背景带来的影响，因此只能在平均指数或是成分指数上来应用波浪理论。

另外，期货交易中，当前主力合约交割后，如果它想再变成主力合约，就要等到下一年，这中间的走势会出现长时期的空档，因此在很大程度上，波浪理论并不适用于期货。

但即便是指数这种综合性的、连续性的走势，人们也很难用波浪理论来确定，如上证综合指数，如图 5-9 所示。对于 1993 年、2001 年和 2007 年的三次上涨，人们很容易将它们定义为主升浪的 1 浪、3 浪和 5 浪。但是这其中又违反了波浪理论的铁律——4 浪底不能下穿 1 浪顶。但是如果不这么划分，人们又无所适从。

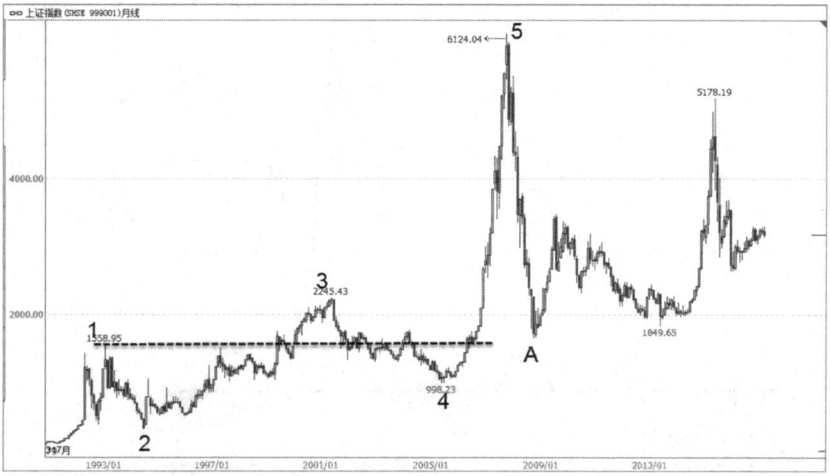

图 5-9

因此，如果想用波浪理论来解释上证综合指数的走势，人们就必须想尽一切办法，来消除这些不能自洽的地方。例如，将纵坐标换成对数坐标，如图 5-10 所示。可惜效果并不好，这一条路走不通。

图 5-10

同时，还要继续考虑，会不会因为上证指数是综合指数，发行新股过多，从而在某一时段拖累大盘。如果会，那么综合指数再好，也不能选用。人们可以用深证成分指数来试一试，如图 5-11 所示，虽然没能解决实际问题，但是情况比选择上证综合指数时要好。

图 5-11

虽然情况好多了，但问题还摆在那儿，因此有一位朋友给出了这样的解决方法，以每次牛市时的国家领导人来命名。言外之意，就是不管了，谁让那是我国股市刚刚成立的时候呢？应该容许在走势图中犯一点错误。这个问题暂且翻过去。

如果只是按照趋势的定义，依次抬高的顶、底分形为上涨趋势，那么不论回调的低点有多低，只要不超过前一波上涨的低点，便可以接受。而波浪理论则行不通，如果回调之中有重叠的部分，就不是上涨型推进浪了。当然，波浪理论不可能说上涨有问题，只能说目前可能是另一种情况，只不过没走出来，现在还无法判定。如此一来，波浪理论在操作层面上的劣势便尽展无遗了。

以上便是波浪理论的全部核心内容，其后关于推进浪的变化、调整浪的变化、牛市双回撤、交替原则、价格通道，不过是给波浪理论打补丁，或是设置更多的量化细节而已。

5.3　推进浪的大补丁

推进浪是波浪理论的核心内容之一，它可能出现三种情况：推进浪可能不满足于

5 浪结构上涨，有时会演变成 9 浪结构；5 浪有可能会失败，低于 3 浪高点；5 浪也有可能以楔形形态出现，但以此种形态出现时，会违反波浪理论的铁律。

5.3.1　延长浪

虽然波浪理论声称上涨不过 5 浪，但实际情况却是时常会出现比 5 浪更多的走势，因此波浪理论就此问题给了补丁。就像一个大家庭中，有父亲、母亲和儿子，这是一个基本结构的三口之家。但儿子成家后，又有了妻子和子女，这又是另一个基本结构的三口之家。在一个三口之家中，其元素之一也有一个三口之家。

转换到波浪理论中，5 浪结构可能在 1 浪中出现，也可能在 3 浪或 5 浪中衍生。如图 5-12～图 5-14 所示。

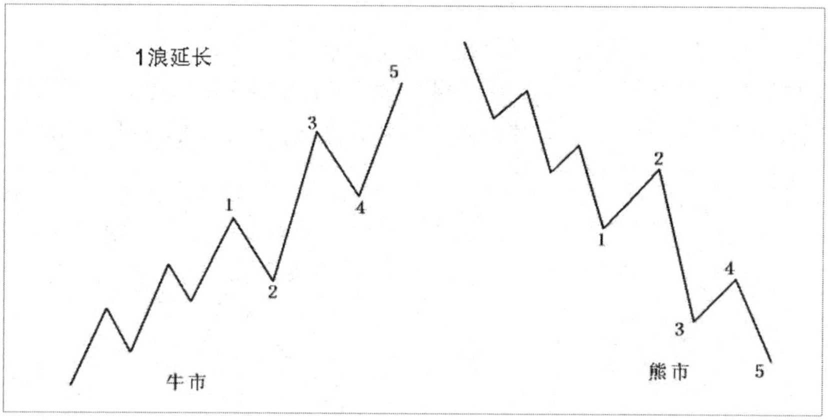

图 5-12

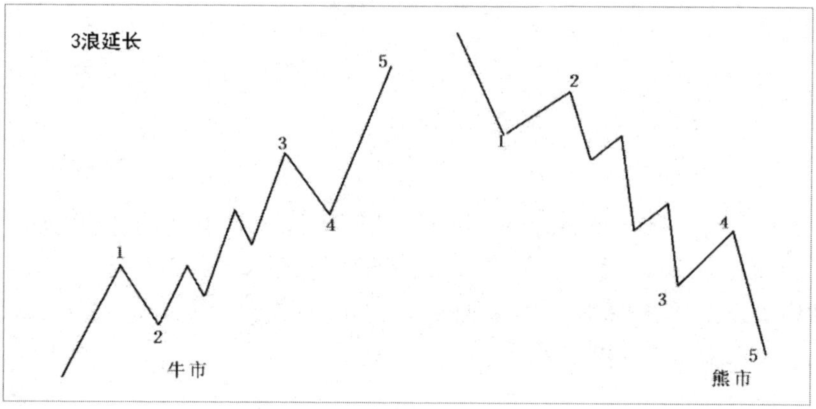

图 5-13

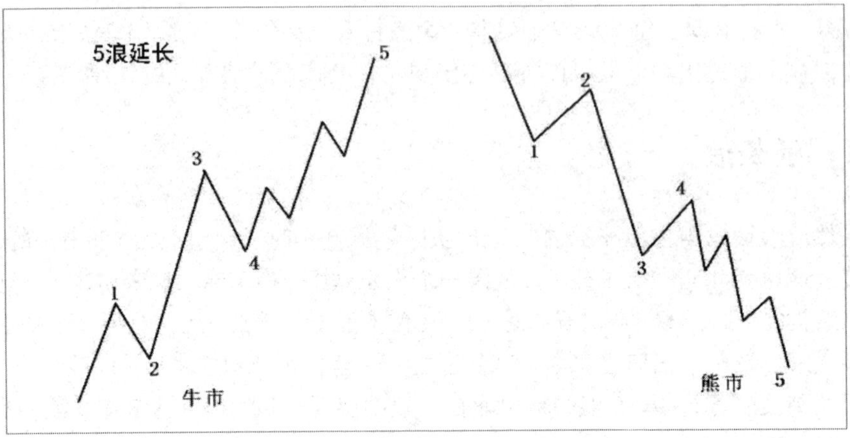

图 5-14

当然，如果人们分不清楚它到底是 1 浪延长、3 浪延长还是 5 浪延长，也没关系。因为，即使把它区别开了，也没有更多的实际意义。在操作层面上，人们只要知道它出现了延长浪即可，根本没有必要去纠结到底是谁在延长，如图 5-15 所示。

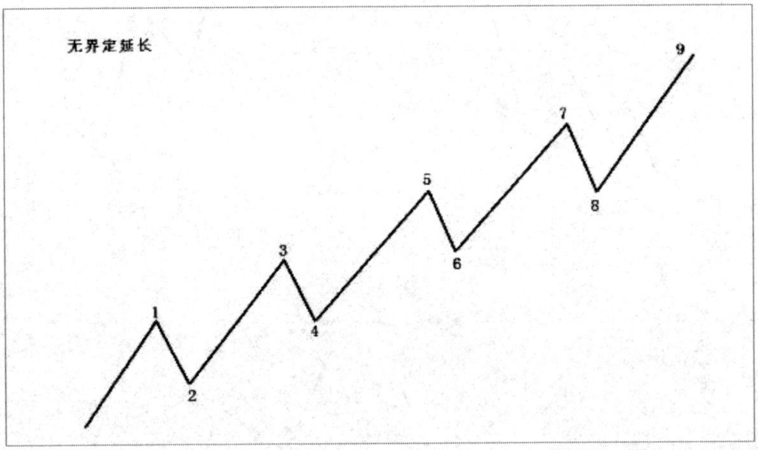

图 5-15

不论怎样，它都属于上涨分形，如图 5-16 所示。以化繁为简的角度来看待它，不论是 1 浪延长、3 浪延长还是 5 浪延长，都可以化简为无界定延长。即使是无界定延长，也不过是由依次抬高的顶、底分形形成的上涨趋势。而上涨趋势，从更大的视角来看，也不过是一连串的上涨分形。

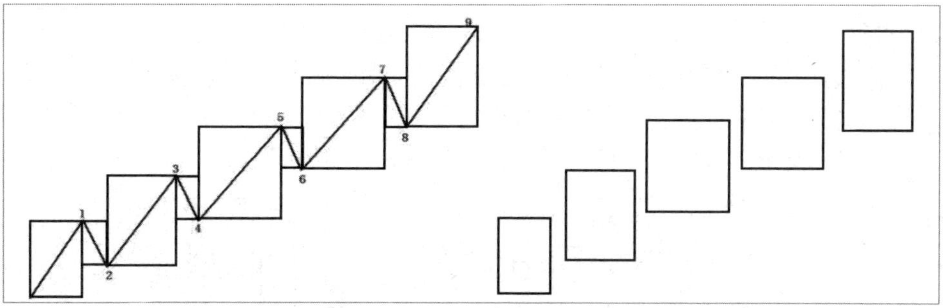

图 5-16

5.3.2 失败 5 浪

推进浪的另外一个补丁是失败 5 浪。通常情况下 5 浪都要比 3 浪高，但若是市场氛围并不乐观，第三阶段（第 5 浪）的上涨便会显出颓势，5 浪的高度会低于 3 浪的高度，如图 5-17 所示，波浪理论称之为失败 5 浪。

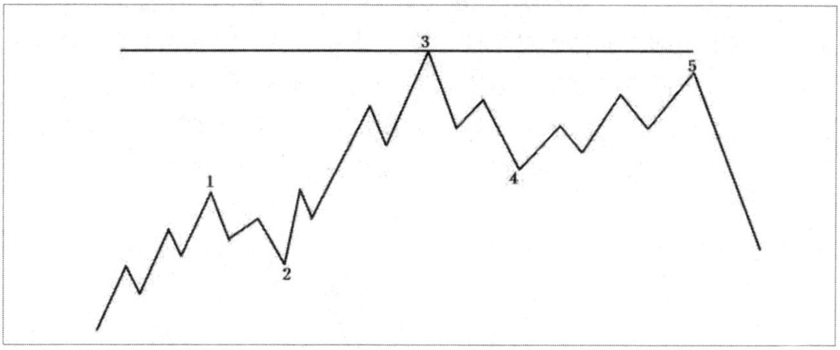

图 5-17

这也是波浪理论备受诟病的部分，即说成功就成功，说失败就失败。不是说上涨一定要形成 5 浪结构吗？怎么 3 浪就结束了？结束了就说是失败 5 浪吗？这不是打哪儿指哪儿吗？就好像波浪理论有了所谓的“最终解释权”一样，怎么说都是波浪理论的道理。

其实不然，波浪理论明确规定了推进浪的内部结构必须是 5 浪结构。即便是大级别的 5 浪高点低于 3 浪高点，但从 5 浪内部来看，它还是 5 浪结构。这一点便是波浪理论的逻辑自洽。根据内部结构便可判断，如果它是 5 浪结构，那么便是失败 5 浪。如果是 3 浪结构，那么便是某级别的调整浪。

然而，人们并不必担心这些。化繁为简，是本书的理念，只要把它简化了，5 浪失败与否都没关系，如图 5-18 所示。失败 5 浪不过是一段上涨趋势中并未继续破高的“余音”。如果它继续破高，则回归上涨趋势。如果它向下形成顶分形，再下破前低，则形成下跌趋势。总之，全看它如何变化，是向上，还是向下。因为，真正的切入点是分形，是上破或下破，而不是波浪的划分。

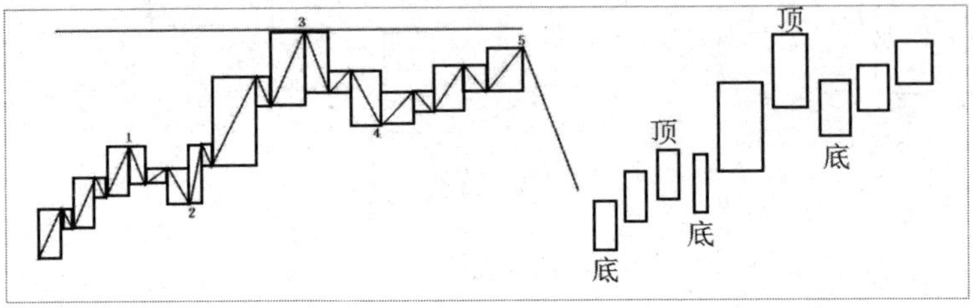

图 5-18

5.3.3 楔形 5 浪

推进浪的最后一个补丁是楔形 5 浪。因为波浪理论声称，在推进浪中，4 浪不能与 1 浪重合，也就是两次回调走势不能出现重叠的部分。但是在最后一浪的上涨中，市场中坚持上涨的氛围有些动摇，以窄幅震荡并且不断向上破高的形式完成了最后的上涨，从而出现两次回调走势很大一部分重叠的情况。又因其震荡幅度不断收窄，若画出两条边线，则犹如楔形一般，所以称为楔形 5 浪，如图 5-19 所示。

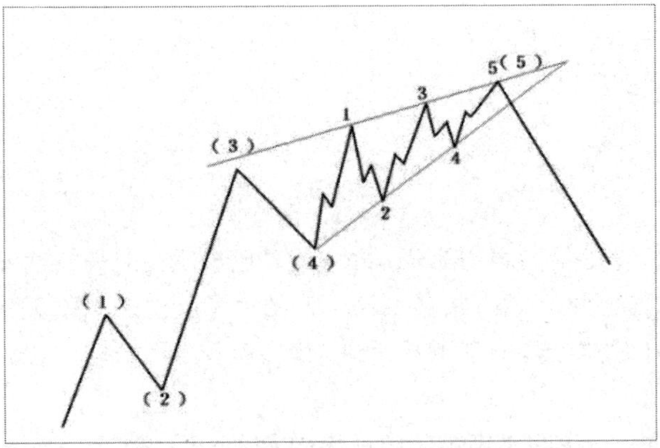

图 5-19

其实楔形 5 浪，便是 5 浪延长，但内部构造又不一样，内部的 5 浪 1、5 浪 3 和 5 浪 5，又允许它以 3 浪结构的形式出现，这算得上是对波浪理论核心内容力度最大的一次优化升级。

如果你擅长做形态，那么以楔形形态充当底部或顶部是最合适不过的反转形态。例如，在白糖 1801 合约 2017 年 8 月 24 日至 11 月 17 日的走势中，楔形形态出现在底部，如图 5-20 所示。楔形 5 浪形成后，反破上边线，一波涨势从而形成。

图 5-20

再如，在焦煤 1801 合约 2017 年 9 月 20 日至 12 月 4 日的走势中，内部出现更加简洁的 5 浪结构，形成楔形 5 浪，反破上边线后形成一大波涨势，如图 5-21 所示。

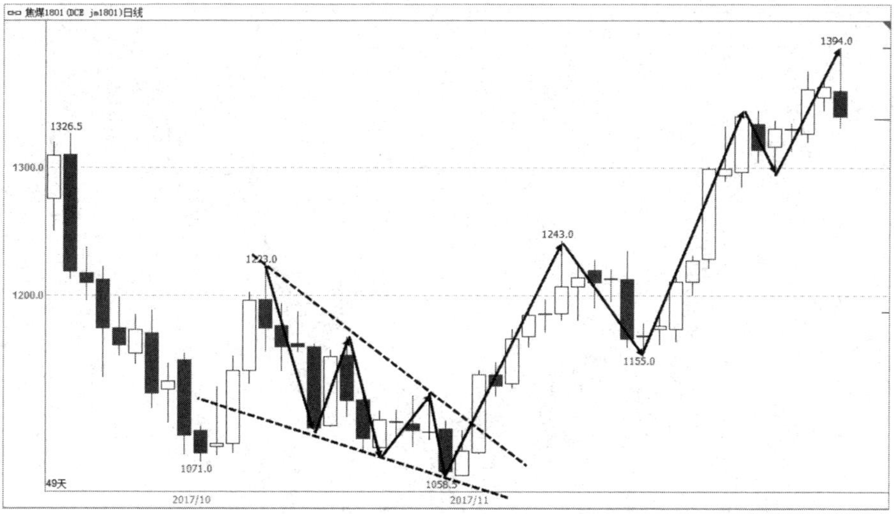

图 5-21

为什么会有这样强烈反差的效果？因为既然称为楔形 5 浪，那么只要它出现，大概率下行情会走到第 5 浪，而根据波浪理论，不论什么级别的 5 浪，都是这一次推进的最后阶段，后面阻拦的必然是某种程度的反转。

5.3.4 寻找楔形 5 浪的切入点

即便是因为刚刚突破楔形 5 浪的上边线，大家不敢介入，那也没关系，我们还是化繁为简，以分形作为切入点，寻找建仓机会。先将楔形 5 浪化为分形，如图 5-22 所示。前期一如既往地形成了上涨分形，直至楔形 5 浪完全形成后，在楔形之外形成顶分形。顶分形形成的一瞬间，也就是卖点所在。将这张图翻转过来，便可找到买点。

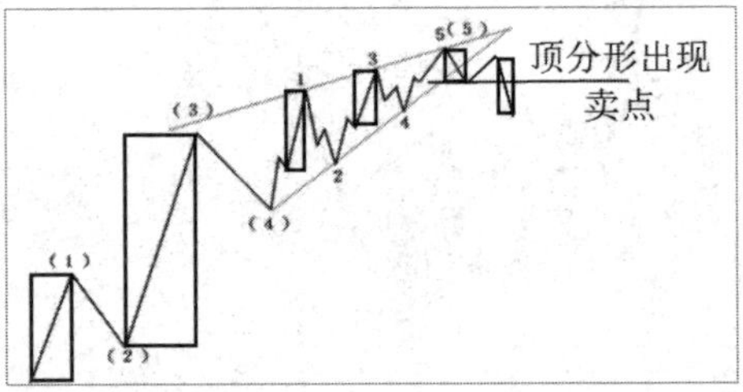

图 5-22

大家按照这种方法，再来看一下白糖 1801 合约和焦煤 1801 合约按照分形的买点在何处，如图 5-23 与图 5-24 所示。

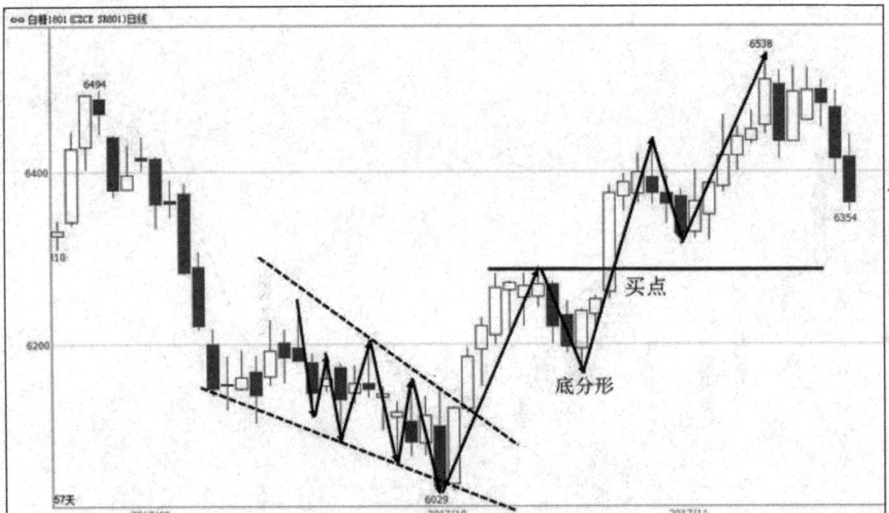

图 5-23

图 5-24

5.4　变化多端的调整浪

调整浪也是波浪理论的核心内容之一。调整浪是针对推进浪而言的，所谓“上五下三”，推进浪指的就是“上五”，调整浪指的就是“下三”。本章开头的清单（3）是对“上五”的打补丁升级，清单（4）穷举了调整可能出现的各种情况。

因为调整浪总是被划分为 3 浪结构，所以三根线段怎样摆放，会出现什么样的变化，用指数也能呈现出来。调整形态大致可分为：锯齿型、内敛型、扩张型、价格形态型、双三型调整浪和三三型等。

5.4.1　锯齿型调整浪

图 5-25 所示为锯齿型调整浪，它的幅度较深，a 浪速度极快、幅度很大，b 浪反弹幅度相对较低，c 浪绵延不绝、耗时很久，并且 abc 调整浪的内部结构通常为 535 结构，有时也会出现 335 的结构。

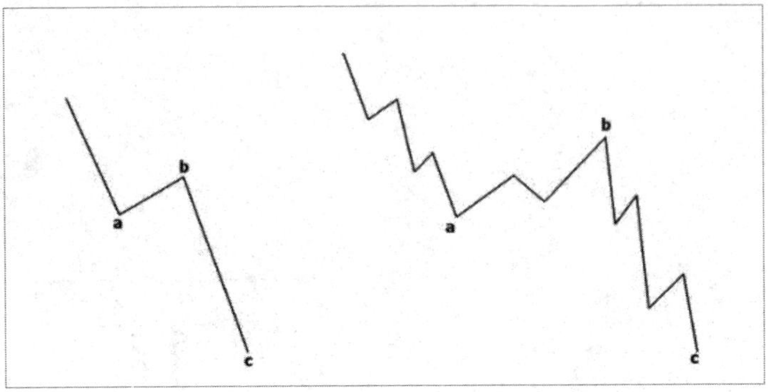

图 5-25

图 5-25 中左侧为简单的锯齿型调整浪，右侧则略显复杂，但如果人们在日线图中看到的是左侧的简单调整浪，那么在低一个级别的小时图中，也能找到类似右侧的调整浪。深入到更低的级别中，就能看到更多的细节。

如何区分现在是推进浪还是调整浪呢？要分为两步：首先区分过去走势的推进浪与调整浪，其次确定现在的推进浪与调整浪。前文说过，价格走势是一个整体，如果要确定现在，必须要了解过去。既然是推进浪，那它必然有趋势。根据趋势的定义，依次抬高的顶、底分形为上涨趋势、依次降低的顶、底分形为下跌趋势。人们将“依次”定义为“有序”，一旦打乱了这种“有序”，趋势便被破坏，所有非“有序”的排列，一概称为“乱序”。

5.4.2 有序与乱序之分

根据“有序”与“乱序”的定义，就可以判断出，只要顶、底分形是有序排列的，不论是向上还是向下，那它必定为推进浪。只要顶、底分形是乱序排列的，不论是向上还是向下，那它必定为调整浪，如图 5-26 所示。

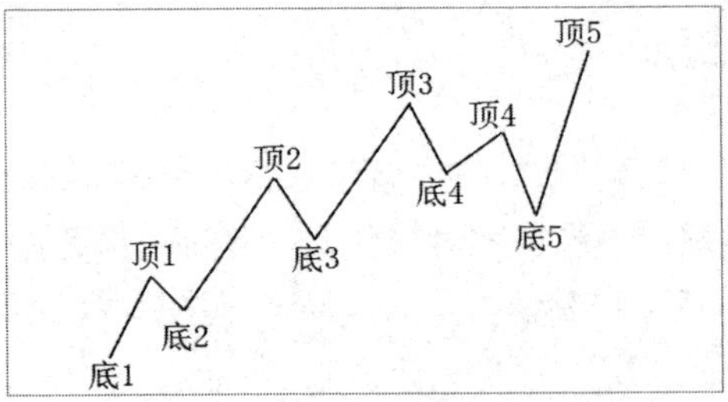

图 5-26

从底 1 至底 4，都是顶、底分形依次抬高的有序排列，正常情况下，顶 4 应该超过顶 3 高点，继续有序下去。但顶 4 没有高于顶 3，因此顶 4 破坏了上升趋势中顶、底分形应该依次抬高的上涨趋势定义，那么底 1 到顶 3 的上涨趋势便告一段落，或者说某级别的推进浪到此结束。

其后包括顶 4 和底 5，也没有继续依次向上，直到顶 5 突破了顶 3 的高点，才重归了上涨趋势，此时从大的级别来看，底 1、底 2、底 3 和底 5，依次抬高。顶 1、顶 2、顶 3 和顶 5 依次抬高，顶 4 和底 4 已被合并（前文已述），乱序重归为有序。

如果从整体来看，在底 1 至顶 5 整体的上涨趋势中，底 1 至顶 3 为推进浪，底 5 至顶 5 为推进浪，顶 3 至底 5 为调整浪。有序为推进，乱序为调整。

如果分开来看，底 1 至顶 3 为上涨推进浪，顶 3 至底 5 为下跌推进浪，底 5 至顶 5 为上涨推进浪。只看结构的话，会分为三段顶、底分形的有序排列，次序是上、下、上。但是因为顶 5 是当前最高价格，所以从底 1 至顶 5 来看，它确实是上涨的。因此，底 1 至顶 5 为主要趋势，顶 3 至底 5 只不过是主要趋势中的一次次要趋势。

那么顶 3 至底 5，在不同时期，有不同的称呼。如果顶 5 还没上破顶 3，那么顶 3 至底 5 就是有序的向下排列，是下跌趋势。因为从底 1 开始的上涨，至顶 3 便终结了，与后面的走势没有关系，这是相对独立的。如果顶 5 已经突破了顶 3，形成了新的高点，那么底 1 至顶 5 的上涨是一段整体的上涨，顶 3 至底 5 便成了主要上涨趋势中的一段插曲，相对于主要趋势中依次升高的有序排列，它便是短暂降低的乱序排列了。

因此，学习波浪理论要学其神，而不是只学其形。波浪理论最重要的是推进浪与调整浪的转换，而不是人们能精准地数出它现在是在第几浪。以上证综指见顶的图表为例，图 5-27 所示为上证综指 2015 年 2 月 2 日至 7 月 14 日的日线走势图原图。

图 5-27

将图 5-27 清除 K 线后，再连接顶、底分形，便出现了两次卖点，如图 5-28 所示。在图 5-28 中圆圈框取的地方，有一段顶、底分形向下排列，在后续走势没有出现之前，它符合下跌趋势的定义，因此，在形成顶、底分形向下排列之时，便是第一次卖点产生之时。人们不能预测后面的趋势是涨还是跌，只能跟随当时的状态，当前状态提示目前已经处于下跌趋势中了，那便是下跌趋势，无须多想。

在回调了一段时间之后，指数再次向上破高（4572.39 点），那么从总体来看，它还是一波大级别的上涨趋势，而之前的下跌走势，则可看作上涨趋势中的一次回调。相对于主要趋势中的顶、底分形有序向上排列，它是方向相反的乱序排列，在破高之前为有序排列，在破高之后为乱序排列，因为时势不同，它的身份便要转换。

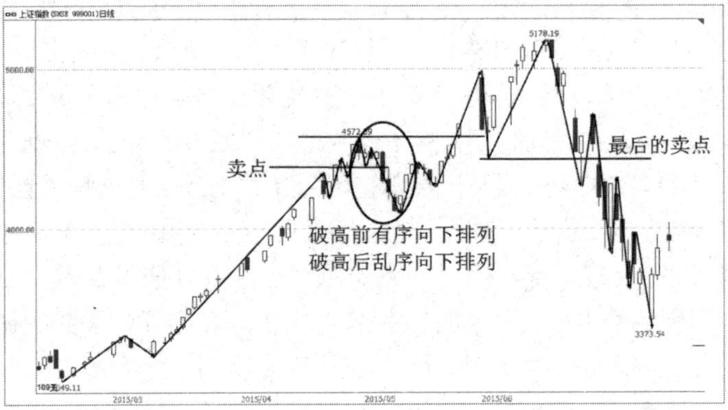

图 5-28

指数继续上涨，便又出现了继续有序向上排列的顶、底分形。本应继续抬高的底分形，下破了前面的底分形，原本的有序排列，变成了乱序排列，推进浪再一次结束。此时它可能继续上涨，也可能就此下跌，还是本着不预测的原则，既然给出卖点了，人们就应立即卖出，不可心存侥幸。

本例中出现了两次将有序变为乱序的情况。第一次是回调，第二次为反转。有序时，只能或为上涨有序，或为下跌有序。在有序转为乱序之后，它可能继续回归原有趋势，也有可能反转。有序的唯一性转换为乱序的唯二性，乱序的唯二性再坍缩成有序的唯一性。一变二，二变一，一变二，二变一。走势就是趋势、震荡之间反复的转换。也可以理解为一有一无之间的相互转换，有趋势裂变为可上可下的无趋势，无趋势坍缩成或上或下的有趋势。

5.4.3 目前的情况与未来的应对

再来看看上证走势目前的状态，图 5-29 所示为上证综合指数 2016 年 1 月至 2017

年 12 月的周线走势图。从 2016 年 1 月的低点 2638 点至 2017 年 11 月的高点 3450 点，上证综合指数一直处于上涨趋势中，之间复杂的回调，都可以合并成简单的顶、底分形。直到指数下破了前期底分形的低点，有序的顶、底分形排列变成乱序排列。

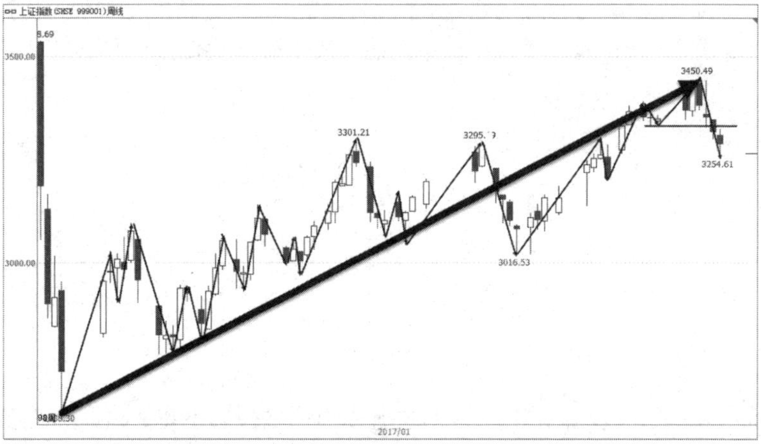

图 5-29

上涨趋势至少目前来看告一段落。但后市会怎么样呢？人们无法预测，但人们可以穷举几种可能性，如图 5-30 所示。可能性 1：直接再次破高，重归上涨趋势，顶、底分形再次有序向上排列。可能性 2：反弹后，继续下破，形成向下有序排列的顶、底分形，形成下跌趋势。可能性 3：复杂的调整结束后，再次向上形成上涨趋势。

不论上证综指将如何演变，总共只有两条路，要么向上回归上涨趋势，要么向下发展出下跌趋势，只要人们根据趋势的定义，了解了向上、向下不过是顶、底分形的排列，任何一种情况就都能从容应对：回归上涨趋势买进，变为下跌趋势观望即可。

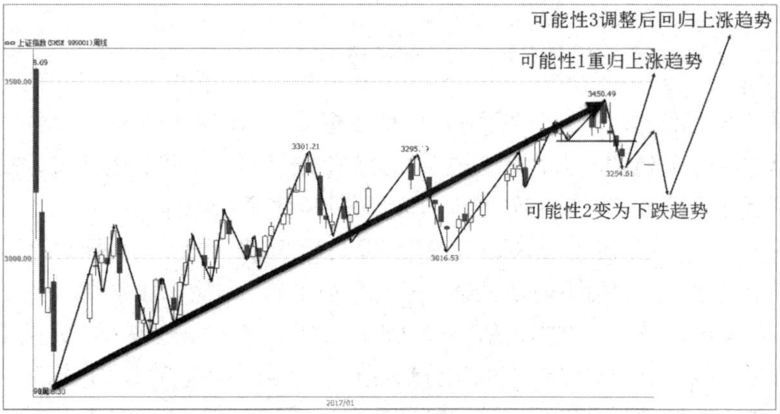

图 5-30

5.4.4 利用分形在锯齿型调整浪中寻找切入点

再回到锯齿型调整，不论它是不是调整浪，都会将原本的有序变为乱序。只要是有序排列，人们便顺着它的方向建仓，一旦出现了乱序，便平仓观望，等待新的有序排列出现。若是简单的锯齿型调整，那么在c浪下破a浪低点时便是卖点，如图5-31所示。

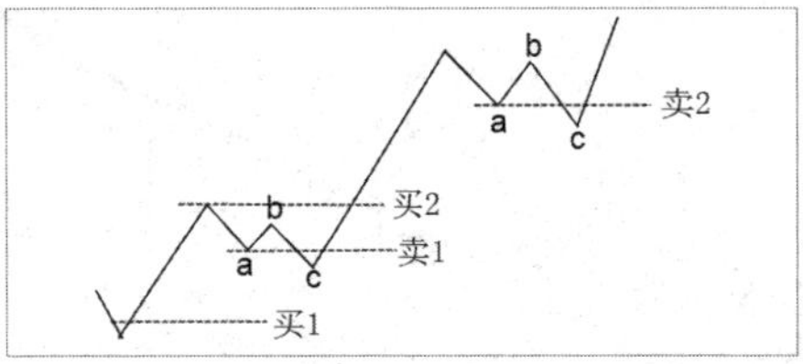

图 5-31

当c浪下破了a浪的低点时，原本的上涨趋势便被向下排列的顶、底分形破坏了，因为向下排列的顶、底分形根据趋势的定义为下跌趋势。上涨趋势转为下跌趋势，不论它是什么级别的，都要先平仓出来看看，没问题了，再次破高时继续买进（买2）。

当然，如果人们还要更小心一点的话，也不必等到c浪下破了a浪低点时再卖出，完全可以在b浪处刚形成顶分形时便卖出，如图5-32所示。

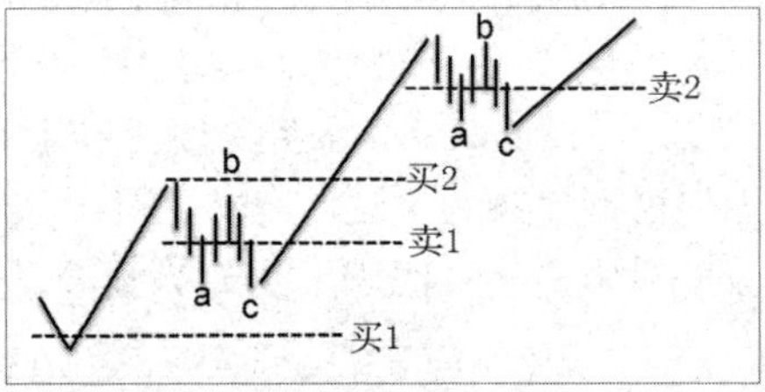

图 5-32

如果继续上涨的话，b处的顶分形应该在超过了前期上涨的高点后再形成。而实际情况是它在低于前期高点时就形成了顶分形，破坏了上涨趋势的定义。由于此时已经形成了乱序，因此可以在b处刚刚形成顶分形时立即卖出。

图5-33所示为上证综指2016年9月20日至2017年1月10日的日线走势图。第一处卖点的形成，是由于前期底分形的低点被下破，本应有序抬高的底分形形成了乱序，破位卖出。当上证综指重新上破高点时，重归了上涨趋势，再次买进。第二次卖点的形成，并不是下破了前期的底分形低点，而是在前高3301.21点以下形成了顶分形。如果它会继续上涨的话，这次的顶分形本应在3301.21点之上形成，若在其下形成，则有序上升的顶分形变为乱序。有序建仓持有，乱序平仓，因此顶分形刚刚形

成的时候，便是第二处卖点形成的时候。

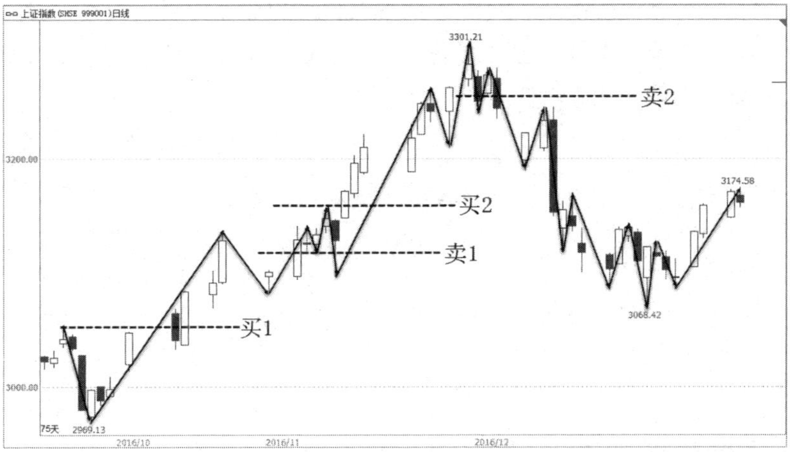

图 5-33

5.4.5　对走势没有影响的内敛型调整浪

利用分形在锯齿型调整浪中寻找切入点，虽然有时能找到更好的卖出点，但若遇到内敛型调整浪，则会出现平仓过早的问题。内敛型调整浪如图 5-34 所示。

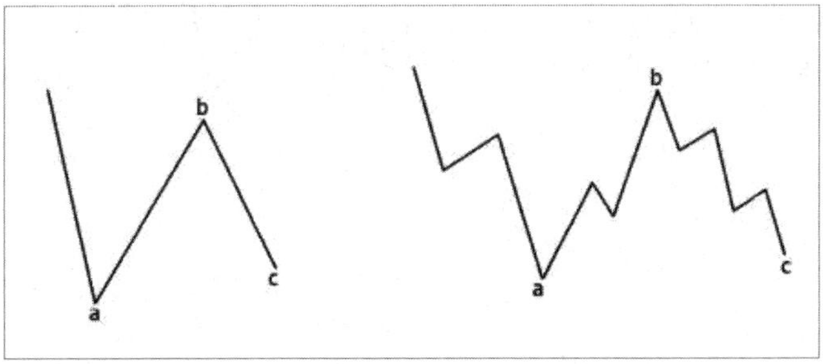

图 5-34

内敛型调整浪是平台型调整浪中的一种，它与锯齿型调整浪的区别在于，b 浪反弹的高点非常高，甚至与 a 浪的高点持平，而 c 浪下探的幅度却非常小，高于 a 浪的低点。

也就是说，遇到内敛型调整浪，从调整浪一开始到结束，它仅仅表现出了顶、底分形的乱序排列，并没有形成向下有序排序的顶、底分形从而构成下跌趋势。因此，内敛型调整浪完成后，价格走势继续向上突破，由于没有形成下跌趋势，人们之前所建的多单，根本没有平仓的必要，只是跟着它震荡了一段时间。等到再次上破前高，又给出新的买点时，便会损失掉卖点与新买点之间的部分利润，如图 5-35 所示。见顶分形就卖的好处是能在最早的时间发现有序排列变为乱序排列；坏处是神经过敏，损失了一部分利润且增加了一次交易成本。

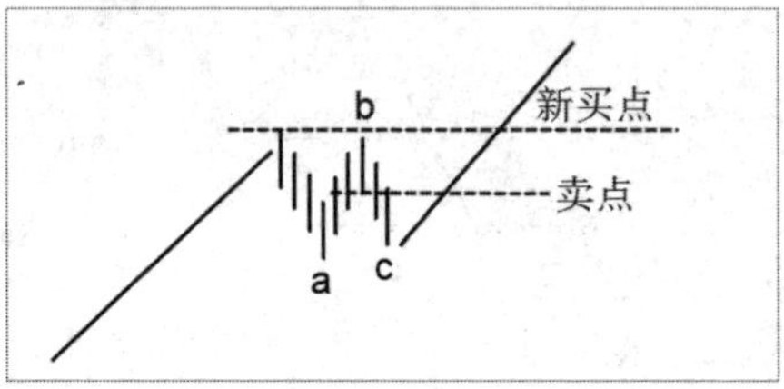

图 5-35

5.4.6 噩梦般的扩张型调整浪

内敛型调整浪尚在可承受的范围之内，如果遇到扩张型调整浪，那人们就束手无策了，如图 5-36 所示。

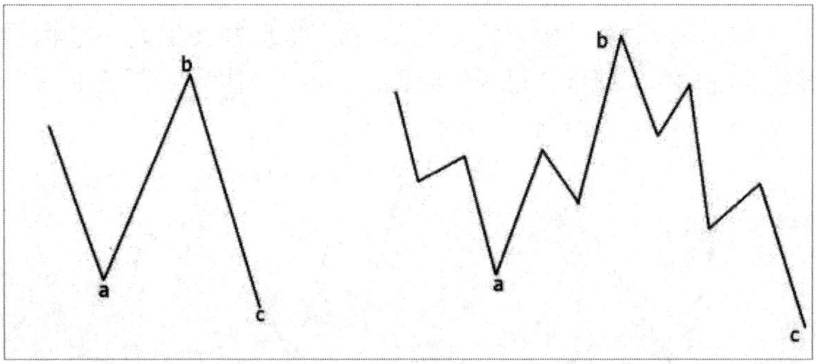

图 5-36

扩张型调整浪的特点是，b 浪的反弹高点要高于 a 浪的高点，c 浪的下探低点要低于 a 浪的低点，向上突破后，再向下突破。通过人们对走势的深入解读，得出的定义是依次抬高的顶、底分形是上涨趋势，每对顶、底分形之间连接的是上涨分形。如果价格持续上涨，那它必然是以上涨分形的形态出现的，也就是需要在不破前低的情况下，不断地上破前高。而扩张型调整浪的特点却是上破之后下破，下破之后上破。反复向两个方向突破，反复地告诉人们“我要上涨了，我又要下跌了”。那么人们在跟随趋势的时候，只能受它的愚弄，不断跟随，不断止损。

如果把前面的走势也加进来的话，它就类似于价格形态中的喇叭形态，如图 5-37

所示。不论是扩张型调整浪还是喇叭型调整浪，都是趋势追踪者的噩梦，所幸这种走势并不多见。

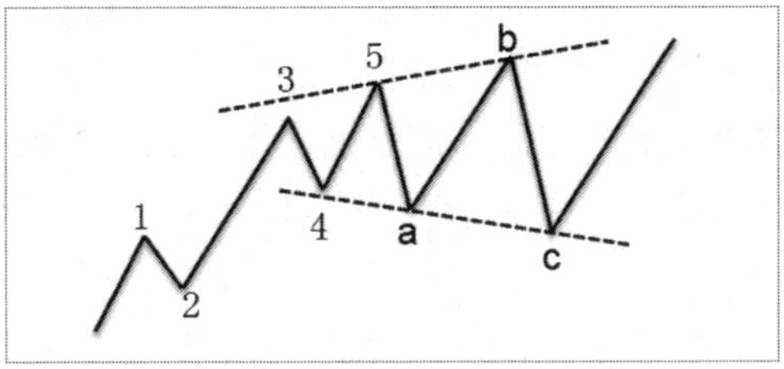

图 5-37

图 5-38 所示为沥青指数 2017 年 6 月 15 日至 9 月 1 日日线走势图。如果按照人们现在的理解，上破做多，下破平仓，再做空，则必然要将在前期趋势中赚到的大部分利润都交回去。但现在只是在提取元素的过程中不断地试探着构架交易系统，遇到这种问题当然是要着手解决的。在后文中，本书会涉及以级别为基础的过滤器和趋势线，当遇到喇叭形态的调整浪时，因为过滤器的存在，人们亏损也只是单边亏损，不会做多、做空都亏损。还因为有趋势线的存在，人们不必等到破位再止损。因此，喇叭形态虽然可怕，但也不是什么大不了的问题。

图 5-38

5.4.7 价格形态型调整浪

价格形态型调整浪，在前文介绍价格形态基本元素时已经讲过了，在此不再赘述。价格形态有很多种，笔者列举几种作为调整浪的价格形态示意图，图 5-39～图 5-42 所示分别为三角形调整浪、上升三角形调整浪、下降三角形调整浪及喇叭型调整浪。

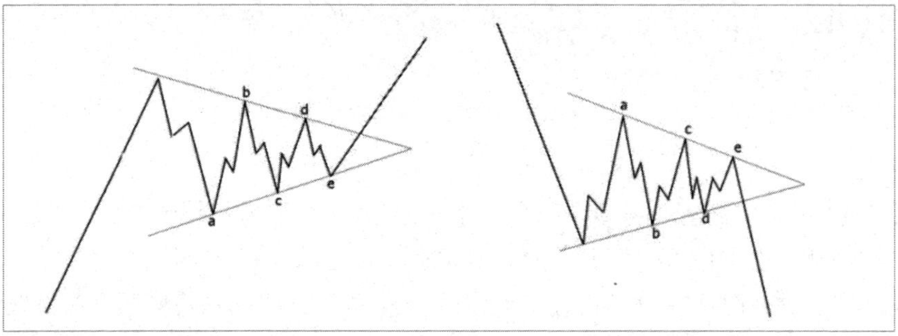

图 5-39

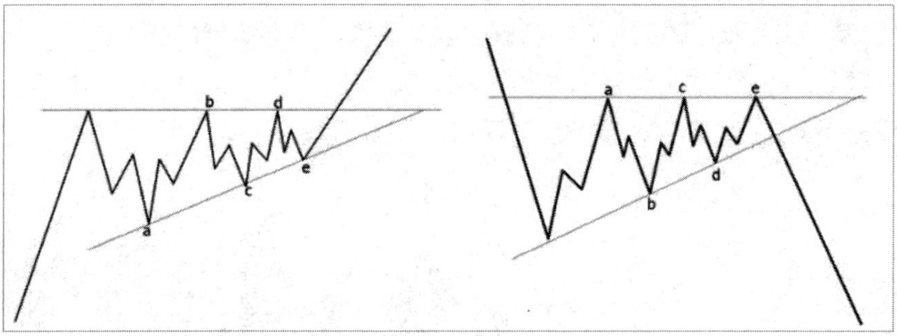

图 5-40

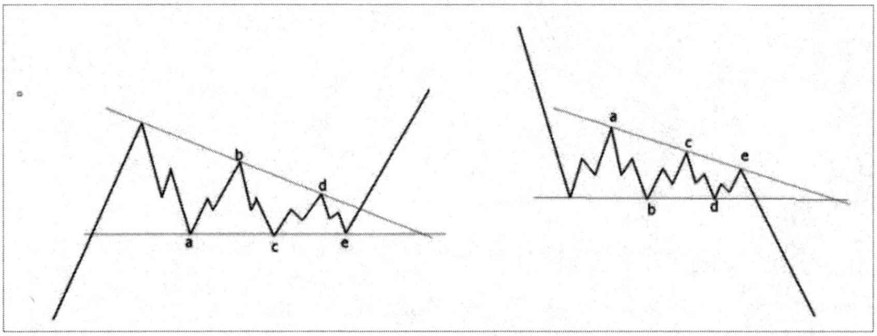

图 5-41

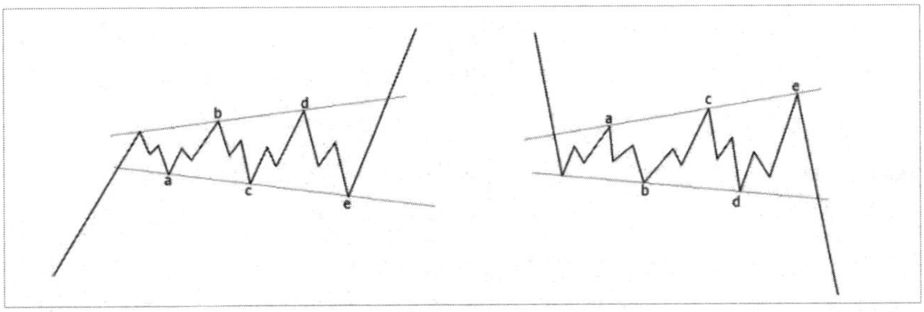

图 5-42

5.4.8　调整浪不过是障眼法

双三型调整浪与三三型调整浪虽然不复杂，如图 5-43 所示，但真实走势永远不会这么规矩，而且变化多端。波浪理论中变化形式最多的便是调整浪，迷惑性最大的也是调整浪。波浪理论学得好不好、用得好不好，与推进浪没有太大关系，推进浪无外乎三种变化，并且都是顶、底分形有序排列。而调整浪的类型虽然有限，但它们的细节变化过多，导致很多人都迷失在调整浪中。

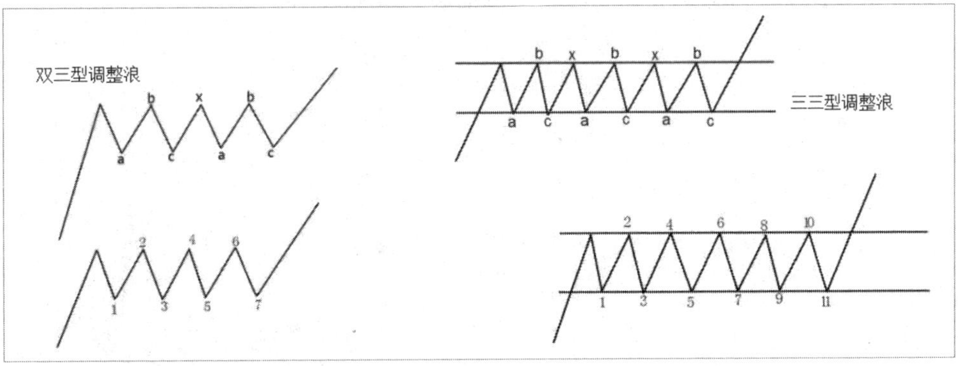

图 5-43

笔者反复强调，学习波浪理论要学其神，而不是只学其形。很少有人可以把波浪数的清。任何一位波浪理论大师，都无法把所有走势图都呈现出唯一性，因为波浪理论只是一种解释价格走势的理论，它的过度量化使它在操作层面上并不具备优势。因此，最多也就是人们在某一时段，可以确定价格处于某个级别的某个阶段的走势中，当然这种可能性也是微乎其微的，后市略一变化，便不符合波浪理论的量化规定了，人们就又被迷惑了。

数清波浪并不是目的，而且波浪也无法数清，那么波浪的根本在哪里？就是顶、底分形的有序排列与乱序排列。当出现顶、底分形有序排列时，便是推进浪，人们应该顺势建仓。当出现顶、底分形乱序排列时，便是调整浪，人们应该平仓观望，等待新的有序排列给出新的方向，仅此而已。千万不要迷恋那种花式玩法，每一个细小的波动都要尽收眼底，求完美即求贪婪，万不可误入歧途，害了自己。

关于清单（4）中的调整浪部分，已经全部阐述完毕。大家只要记住顶、底分形的有序排列与乱序排列即可，其他的可以一概不管。甚至推进浪会走出 5 浪结构还是 9 浪结构，都与人们没关系。人们的眼中，应只有顶、底分形的排列，其他的都是障眼法，请牢记这点。

5.5 解决波浪理论无法呈现唯一性的最大症结

如图 5-44 所示，前期确定了 5 浪上涨，但后面无法判定。即便忽略了 4 浪不能下穿 1 浪的铁律，将其当作股票市场初级阶段造成的不可抗因素，新问题也会不断涌现。笔者只标出了 1～5 浪和 A 浪，其后为什么不标呢？因为仅凭波浪理论是无法确定的。以目前的情况来看，它至少有两种情况。

图 5-44

5.5.1　波浪理论给出的两种情况并不明确

第一种情况的 ABC 浪，如图 5-45 所示。2007 年的 6124.04 点至 2008 年 10 月的 1664.93 点为大 A 浪，我们只能确定到这里。如果 2009 年的反弹为大 B 浪的话，那么 2013 年 6 月的 1849.65 点为大 C 浪低点。如果这种情况成立，可以推导出 2013 年 6 月至 2017 年 11 月的上涨都皆为新的主升 1 浪。

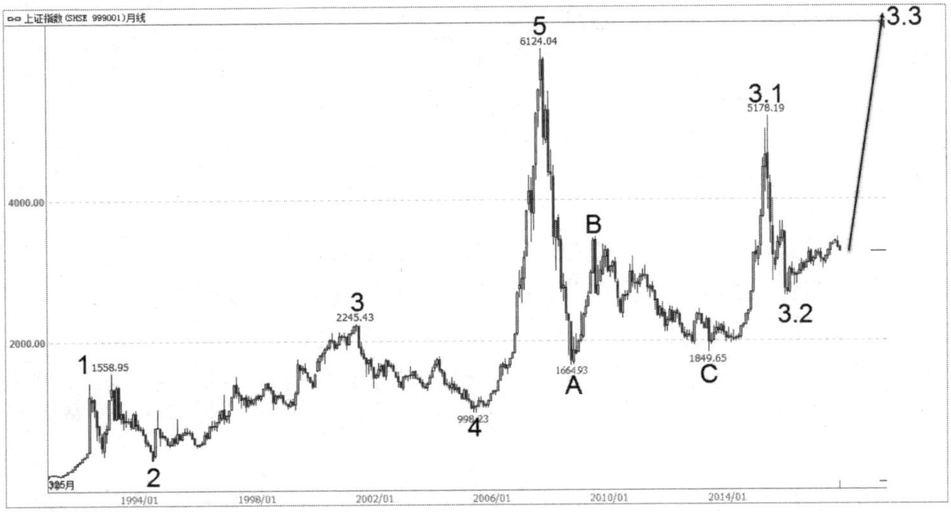

图 5-45

更确切地说，从 1990 年上市到 2007 年 10 月，为更大级别的大 1 浪。因此，也可以说，1993 年的顶部为大 1 浪 1，2001 年的顶部为大 1 浪 3，2007 年的顶部为大 1 浪 5。那么 2008 年低点为大 2 浪 a，2009 年高点为大 2 浪 b，2013 年低点为大 2 浪 c，2015 年的高点为大 3 浪 1。现在正在运行大 3 浪 2，但不知道它是否完结。

如果按照这种情况数下去的话，大 3 浪 2 随时可能完结，大 3 浪 3 将以最快速度突破 2015 年 6 月的高点 5178.19 点，甚至是 2007 年高点 6124.04 点。而大 3 浪 3 通常是速度最快、坡度最陡、幅度最大的一波走势。

第二种情况的 ABC 浪，如图 5-46 所示。大 B 浪由 2008 年 10 月的 1664.93 点为起点，以 2015 年 6 月的 5178.19 点为终点，之间的三次转折分别为大 B 浪 a、大 B 浪 b、大 B 浪 c。由此可以推导出自 5178.19 点下跌后，皆为大 C 浪，而大 C 浪到现在还未完。那么大 C 浪可能会下跌至大 A 浪低点附近，甚至比大 A 浪低点还要低。

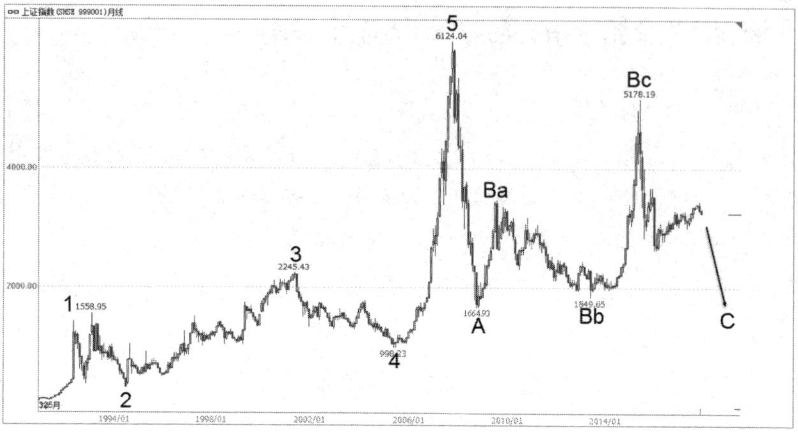

图 5-46

从整体上来梳理，从上市至 2007 年 10 月的 6124.04 点为大 1 浪，从 2007 年 10 月的 6124.04 点至 2008 年 10 月的 1664.93 点为大 2 浪 a，从 2008 年 10 月的 1664.93 点至 2015 年 6 月的 5178.19 点为大 2 浪 b，之后处于大 2 浪 c 的阶段。

可能有人会说，没有两种情况，只有一种情况，并且是唯一的。这么说绝对正确，但也绝对没意义，走出来以后，当然只有一种情况，但是没走出来之前，有着无数种可能性。

但还有一种反驳的观点，认为第一种情况的可能性更高，因为从 2009 年 10 月至 2013 年 6 月的下跌中，可以清晰地查出 5 浪结构，如图 5-47 所示。但是，内部子浪其实并不清晰，人们可以查出 7 浪结构，甚至也可以查出 9 浪结构，全看怎么划分，而且这两种划分法，绝不违背波浪理论的规定。

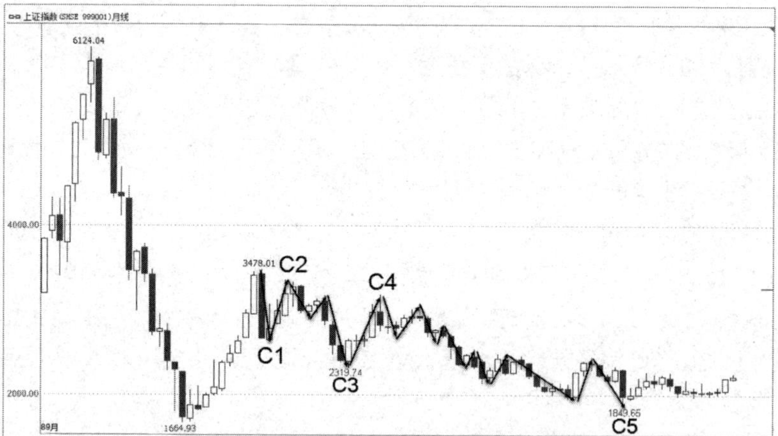

图 5-47

并且还有一点，即使 2009—2013 年的下跌被认定为下跌 5 浪，但就如此幅度和角度而言，它是否可能是一种不太规则的旗形调整浪，或者是楔形调整浪呢？如图 5-48 所示。因为持续形态只会出现在调整浪中，以此来推理，则此段下跌只能是调整浪。那么谁是调整浪呢？是大 C 浪，还是大 B 浪 b？显然大 C 浪是推进浪，而大 B 浪 b 才是调整浪。

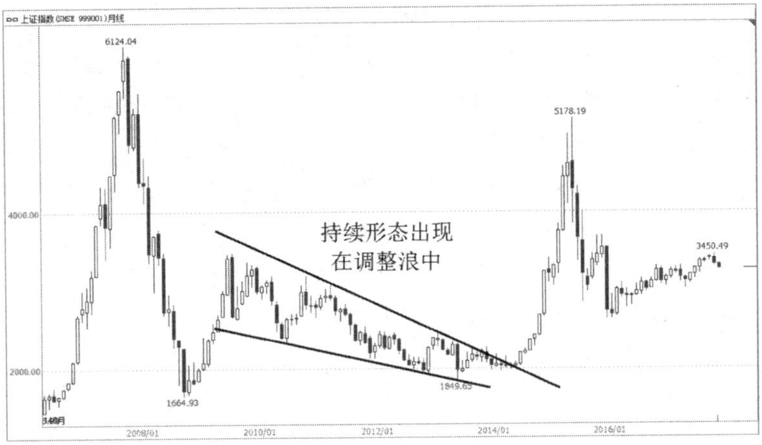

图 5-48

笔者也无法确定哪种情况才是正确的，这并不能预测，而且根据波浪理论中的规定，也无法确定上证指数到底要走出什么走势来，也就是说，利用波浪理论无法将其呈现唯一性。那么这会给人们的操作带来非常大的困扰。

如果按第一种情况，人们随时可以买进，因为即使它再跌一点，也只是一个次级别调整 2 浪，任何时间都可以反转而后直冲霄汉。

如果按第二种情况，人们肯定要拿住资金，什么也不能买进，直到它至少再跌 1000 点以后，再看看。

因此，面对这两种可能性，人们必须要准备两种应对措施，而这两种措施，却是截然相反的，且没有一点互补性。波浪理论的症结就在于此。

5.5.2 解决的方法

唯一的解决方法只能是定投，每个月拿出一小部分资金来，放到股票账户中，买入指数型股票。如果它上涨了，人们便赶上了一波大牛市；如果它下跌了，那么下个月人们可以以更低的价格买进，长期坚持的结果就是建仓成本非常低。

每个月拿出一小部分资金，其实对生活不会造成太大的影响。假设一个人每个月的收入为 5000 元，将它分为十份，第一份 500 元可以满足最基本的生存需要，边际效用极大；第二份 500 元可以解决穿衣问题，边际效用减少；第三份 500 元解决通信问题，边际效用进一步减小……直到最后一份 500 元，可能只能用来解决娱乐问题，边际效用几乎为零。用边际效用几乎为零的资金，也就是成本几乎为零的资金来做投资，即使只赚一块钱，其收益率也是无限大的。

此时虽然解决了应对问题，但没有解决波浪理论的操作性问题，只是用建仓策略弥补了波浪理论的缺陷所在，并没有解决根本性的问题。实际情况是，人们根本无法利用波浪理论来解决波浪理论自身所带来的问题，必须利用外部的条件，以波浪理论的核心为指导，对它重新进行量化。

下面就用前文提取的基本元素，来尝试着去解决这个问题。图 5-49 所示为自上证综指上市之日起至 2002 年 7 月的月线走势图原图。如果仅仅用波浪理论去划分的话，恐怕人们处在当时的境况下会很迷茫，如果将它清除 K 线，找出顶、底分形并连接，这张图将变得十分清晰，如图 5-50 所示。

图 5-49

图 5-50

在 325.89 点开始上涨时，还未形成底分形，因此人们无法判断它是否进入了上涨趋势。指数开始回调，但回调的过程都包含于前期上涨的范围之内，都属于前期走势的“孕线”，既没破高，也未破低，不必理会。

直到指数向上突破了前期高点，形成了向上有序排列的顶、底分形（中间的一对顶、底分形可以合并为一），上涨趋势才能确认，笔者在图 5-50 中标出了买点的位置。指数持续上涨后，再次进入回调阶段，但此次的回调，同样包含于前期的上涨趋势内，即包含于前期的顶、底分形之间，因此此次的回调是没有意义的震荡走势。如果人们赋予每一段走势一根巨大 K 线的话，会发现，这两次的震荡都是前方巨大 K 线的孕线，没有意义，同样不必理会。

震荡结束后，继续向上，出现了两次短暂的调整，但都没有破坏顶、底分形有序向上的排列，还处于上涨趋势中。直到指数下破了高点之前最近的底分形低点，有序排列的顶、底分形变成了乱序排列，卖点出现。

由于篇幅所限，笔者只画出了月线的图表，如果是周线，会有更早的买点和更早的卖点出现。

图 5-51 所示为上证指数 2001 年 3 月至 2008 年 7 月月线走势图原图，这是我国股市从 1990 年创建以来，经历的最大的一波牛市，应该如何分析？还是不数浪，直接找分形，如图 5-52 所示。

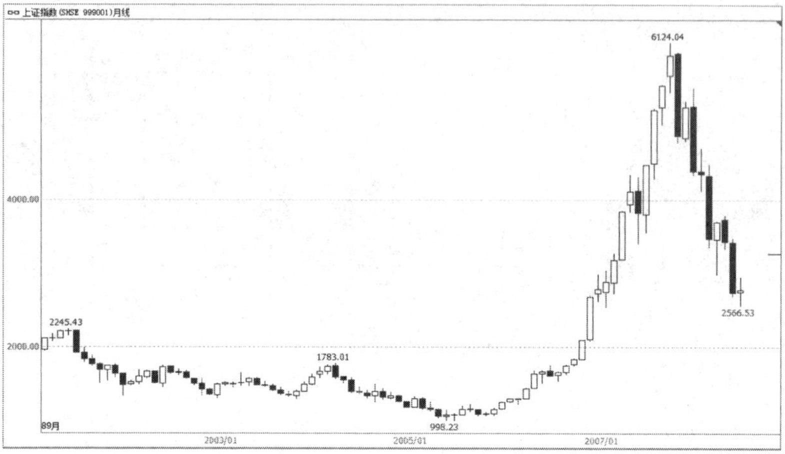

图 5-51

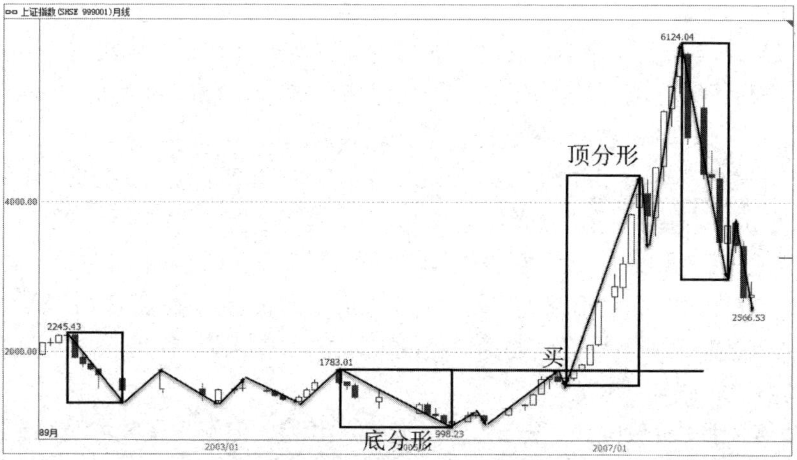

图 5-52

自 2001 年 6 月的高点 2 245.43 下跌以来至 2005 年 6 月，指数一直呈顶、底分形有序排列的下跌趋势，经过赋予巨大 K 线后，不断地传递整合，可见的只有自 2245.43 点开始的第一段下跌，与自 1783.01 点开始的第二段下跌。至 998.23 点见底后，指数开始上扬，再经过赋予巨大 K 线的传递整合后，出现了以巨大 K 线为基础的底分形，上涨趋势开始，买点出现。

买进后，只要顶、底分形的有序向上排列没有被打断，人们便可一直持有多单。如果没有跟上，指数上破了 2001 年高点 2245.43 点，则是突破了历史高点，人们还有一次技术型买进机会。

如果人们一直用月线来交易的话，要等指数下破高点 6124.04 点之前最近的底分形低点时才有机会卖出，是不是太晚了呢？因为篇幅有限，笔者只能以月线为例，在实际操作中，虽然月线变化得太慢而日线变化得太快，但周线在月线与日线之间不急不缓，还是可以使用的。那么大家就在周线里来找一下卖点，图 5-53 所示为上证综指 2006 年 1 月至 2008 年 11 月周线走势图原图，经过加工后，如图 5-54 所示。

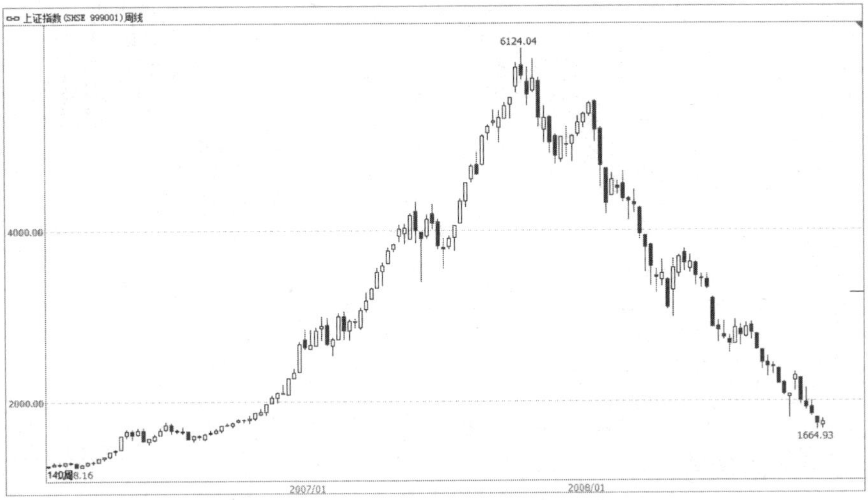

图 5-53

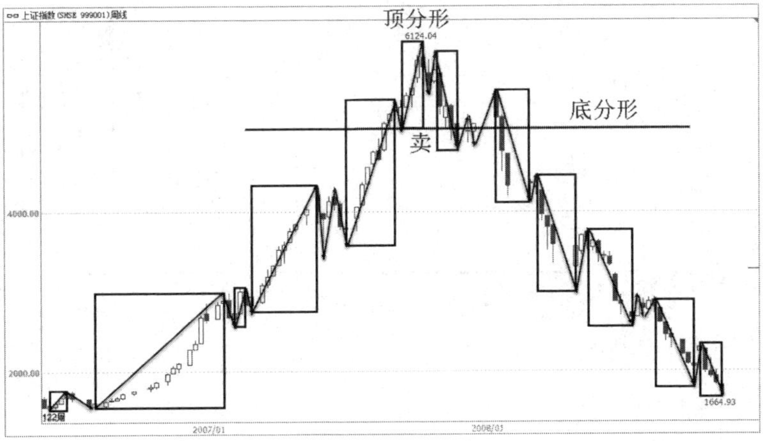

图 5-54

在前期的上涨趋势中，顶、底分形都一直保持着有序向上的排列，在突破了 6124.04 点的高点后，经过一次小反弹便直接突破了 6124.04 点前最近的底分形，从赋予的巨大 K 线上来看，此时形成了巨大的顶分形，上涨趋势暂时完结，卖点出现。

再来看堪比 2007 年牛市的 2015 年牛市，该如何处理。图 5-55 所示为上证综合指数 2012 年 12 月至 2015 年 9 月周线走势图原图。经过加工后，如图 5-56 所示。

图 5-55

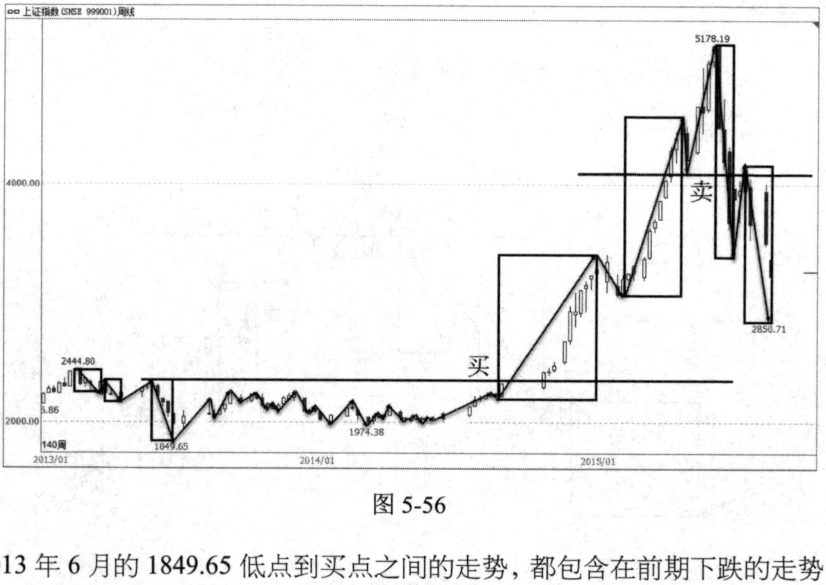

图 5-56

2013 年 6 月的 1849.65 低点到买点之间的走势，都包含在前期下跌的走势中，从巨大 K 线的角度来看，它就是前期 K 线的孕线，是无意义的震荡。买点出现是因为巨大 K 线出现了底分形，大概位置在 2334.00 点附近。至 2015 年 6 月见顶后，指数下破了 5178.19 点之前最近的一个底分形的低点，顶、底分形的向上有序排列被打乱，上涨趋势完结，卖点出现，人们抓住了最快的一波走势。

问题的关键在于，人们从始至终也没数过浪。它是什么浪形不重要，推进浪是几浪结构不重要，调整浪是怎么变化的也不重要，重要的是，顶、底分形是否有序向上排列，顶、底分形是否由有序排列变成了乱序排列。这就是笔者反复说学波浪要学其神，万不可只学其形的原因。

5.5.3　短线的精义

很多人都宣称自己是做短线的，如果问他什么是短线，他会总结几个特点：不论级别大小，见顶就摸，见底就抄；损失三五个点，大不了十几个点就跑，止损很小，因此操作很顺畅。但具体怎么做，除了他自己，其他人都不懂。

什么是短线？少拿几个点就是短线吗？持仓时间短就是短线吗？并不是。如果将价格运行的幅度称为距离的话，那么距离除以时间就等于速度。所谓的短线不是指距离最短，而是指速度最快。或者说，短时间内以最快速率运行的部分，称为短线。

如果价格运行的幅度很大，相应的时间也略长，但是用距离除以时间后，人们会发现在这段时间里，速度非常快。人们能抓住这段走势，才叫短线交易。

孙子说："势如扩弩，节如发机。"做势就像将弓张开一样，弓拉满了，势也做完了。弓箭弓弦的那一瞬间，速度最快，这恰是建仓的最好时机。而人们需要把握的恰好是这速度最快的一部分。

怎样判断弓箭是否离开了弓弦呢？巨大 K 线形成底分形前，如图 5-56 所示的从 2013 年 6 月的 1849.65 点到买点之间的走势，一直在底部震荡，这就是做势，跌不下去，但还没涨上来。一旦形成底分形，指数像离弦之箭一样，快速上行。

"强弩之末，势不能穿鲁缟也。"再快、再强的势，也有到尽头的时候。势尽，平仓。如何界定呢？顶、底分形有序变为乱序的时候，短线交易也就结束了。

《菜根谭》有云："鹰立似困，虎行若病。"鹰站着的时候好像睡着了，老虎走路的时候懒洋洋的，好像生病了。然而事实并非如此，但它们为什么要这么做呢？因为它们要把最旺盛的精力，留到最需要的时刻。

做交易也是一样，速度最快的位置不去抓，整天盯着一些蝇头小利，还冒那么大的风险，这真要问问自己，值得吗？

真正的交易者是善战者，孙子说："见胜不过从人所知，非善之善者也，战胜而天下曰善，非善之善者也。故举秋毫不为多力，见日月不为明目，闻雷霆不为聪耳。古之所为善战者，胜于易胜者也。故善战者之胜也，无智名，无勇功，帮其战胜不忒。不忒者，其所措必胜，胜已败者矣。"

孙子这段话的意思是说，你很厉害，打仗能打赢，所有人都说你真了不起，但这不叫会打仗。因为大家愿意看的是什么？是以少胜多，是险胜，是千钧一发。但这种做法一个闪失就全军覆没了。那么，什么才称得上真正会打仗呢？真正会打仗的人会打那种获胜概率大的仗，人们看不出来他用了什么奇谋，看不出是什么将士在拼杀。真正会打仗的人总是能赢才打，而不是打了再看赢不赢。那交易中，怎样才能获得真正的胜利呢？站在趋势一边，突破后跟随。

5.5.4 交易的真谛

通过以上提取的构成市场的最基本元素和对上证综指的回测进行进一步的验证。下面我要说一下交易的真谛，不要紧张，没那么严重，交易的真谛就是“别瞎琢磨，证明给我看”。如图 5-57 所示，它仅仅是随便一段走势，它可能会发生什么呢？

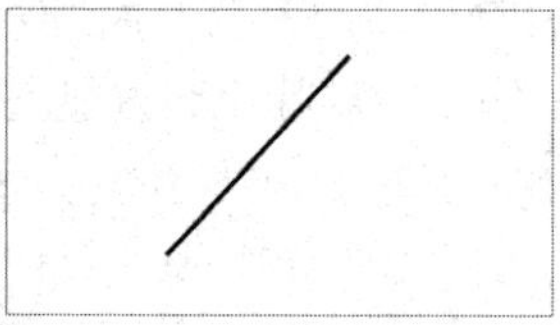

图 5-57

不论是随便一段上涨走势，还是随便一段下跌走势，它总有尽头，总会遇到顶、底分形。如图 5-58 所示，这一段随便的上涨走势，便在顶分形处出现了拐点。

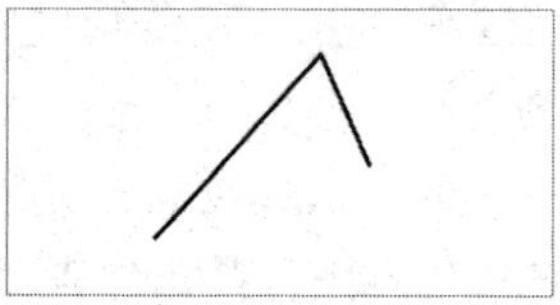

图 5-58

它回调了还是反转了？其实不论它是回调还是反转，都不重要。可问题是，总会有人给出定论，一部分人说这绝对是回调，一部分人说这绝对是反转。那么看成回调的人，买；看成反转的人，卖。交易的分歧便出现了，看法不一样，就会有人赚钱，有人亏钱。为什么说不论是回调还是反转都不重要呢？因为人们根本没必要去猜测。它要是回调，便如图 5-59 所示；它要是反转，便如图 5-60 所示。

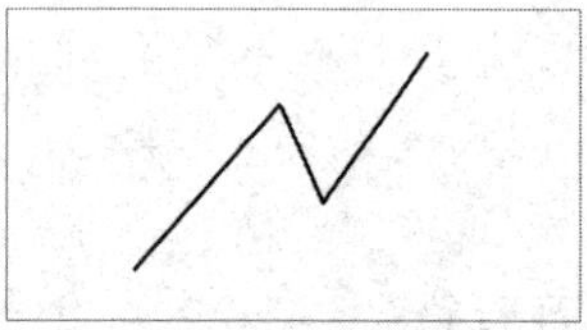

图 5-59

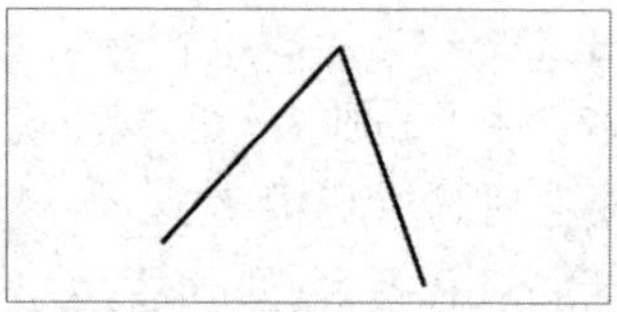

图 5-60

如果人们在街上遇见一个乞讨的人，心里不免要怀疑一下：这是不是骗子啊？真的有这么惨吗？能不能证明给我看啊。好，要的就是这句话——请你证明给我看。可为什么，在交易中，人们就会如此轻易相信自己的预判呢？轻信有两种：一种是轻信别人，某“伪大师”说，这是回调，那是反转，那就听“大师”的。一种是轻信自己，自己认为这是回调，那是反转，那就听自己的。但这两者共同之处是，都没有证明给自己看。

什么是证明呢？突破。不突破前期高点，怎么知道这是回调呢？不突破前期低点，又怎么知道这是反转呢？那么，向上突破了，就买。向下突破了，就卖。交易根本不难，不是吗？

可人们就是不这么干，缺的是什么？耐心，一无所有时的耐心。

继续说，如果是回调，上破了，我们做多了，接下来会发生什么呢？如果只是上破一点，随即便跌下来了，怎么办？如图 5-61 所示。这就是风险控制的问题了，涉及止损与资金管理两方面，在后文架构交易系统的时候，还会拆开来详细阐述。若它向上突破后，随即下破，把人们骗了，但人们有资金管理和止损，被骗也只是被骗了一点。

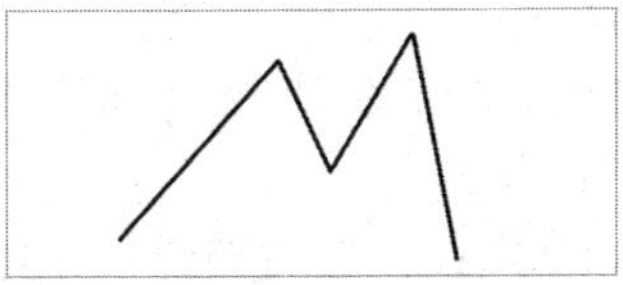

图 5-61

向下突破，表示已经由上涨趋势转为下跌趋势了，理应继续做空，但是下破后，也没多久，旋即再度向上破高，如图 5-62 所示。人们又被骗了一次，还是因为有资金管理与止损，所以只被骗了一点。

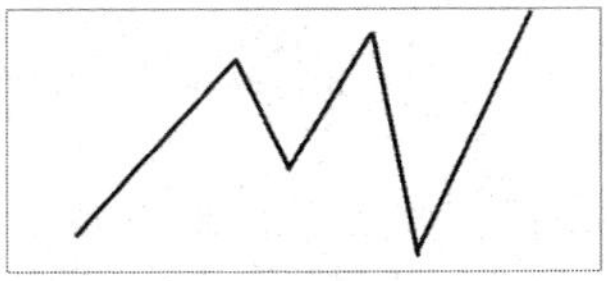

图 5-62

如果它再下破呢？有人可能会问，有这样的走势吗？当然有，扩张型调整浪就是这样反复上破、下破的，如图 5-63 所示。因此，人们还是应该继续做空。

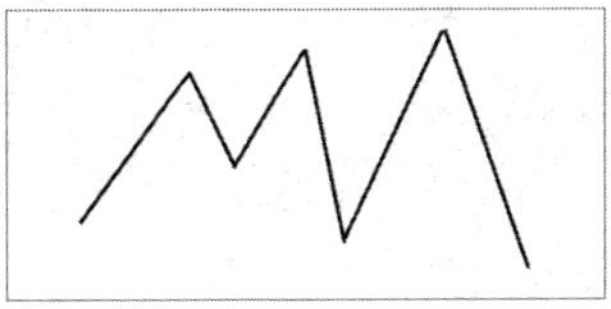

图 5-63

如果它再骗人们一次，人们还继续按这个方法交易吗？做量化交易的交易者，就怕遇到这种连续止损的状况，这对人们的打击是非常大的。笔者想引用《活出生命的意义》中的一段话对坚持交易理念和交易系统做出解释："实际上，人们也经常会遇到抉择的时刻。每天、每时你都需要做出决定，这样的决定使你要么屈从于放任的心性，要么保持自我约束的定力，与此同时，这也将决定你是否会成为市场的玩物，是否会抛弃标准和规则而变成心性的囚徒。从这个角度来看，交易者的心理反应似乎不仅仅是连续亏损和短期无法快速盈利的表达，即使出现像本金少、生活无法保障及心理焦虑等类似的情况，也只能说是限定了交易者可能的应对方式。交易者最终会成为什么样的人，仍然取决于他自己内心的决定，而不单单取决于市场和短期交易记录的影响。因此，在心理和精神的层面，基本上任何人都能够决定自己成为什么样的交易者。即使是在忍受连续止损的状况下，他也能保持自己严格的自律。芒格说过，如果想拥有一样东西，要让自己配得上拥有它。在我拜读了那些大师的著作，并了解了他们的生平后，这句话常常出现在我脑海里。那些大师自律和坚持的行为都表明，交易者不能丧失自我约束的能力和坚定执行计划的信念。他们可以说配得上他们所拥有的，他们的自律和坚持是一种真正的内在升华。这就是这种心性的约束——任谁也无法夺走——使交易变得有目的、有意义。"

所以不论它怎么欺骗人们，人们都要有自己的一定之规，不受任何影响。毕竟这种反复上下突破的震荡行情，总会有尽头，且终归要回归趋势，如图 5-64 所示。

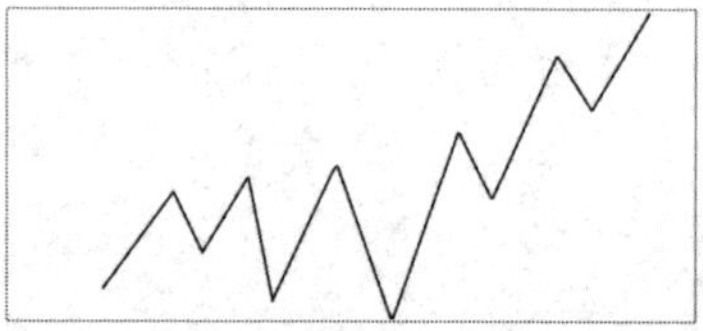

图 5-64

只要出现了趋势，人们承受的一切苦难就会得到回报，人们只需要优雅地接受胜利，便可结束这一切。在《海龟交易法则》一书中，作者柯蒂斯·费思曾说过，他最高忍受了多达 19 次的亏损，最终所有承担的痛苦，转化为了巨额利润。亏损超过 3 次后，每一次的亏损所要承担的痛苦，都会呈几何级放大，这种痛苦是常人无法忍受的，但这也正是成功之人之所以能成功的原因所在，没有人是随随便便就成功的。

拥有一无所有时的耐心，便是赢得一切的态度。不要自满，不要自大，不要放弃，不要懈怠，继续等待，等到顶、底分形再一次有序排列的时候，再入场搏杀。不断地用小错去试一次大对，小错和止损都是游戏的一部分，人们不可能每次都是正确的。不要追求 100%的准确率，追求完美，本身就是贪婪。

5.5.5 从自身的角度出发

图 5-65 所示为 2015 年 4 月至 2017 年 12 月的周线走势图原图。现在我们从自身的角度来看这段走势，分析是否有机会进行交易。为了这段走势更直观，笔者对图表进行了加工，如图 5-66 所示。

图 5-65

图 5-66

自 2015 年 6 月的 5178.19 点下跌以来，大家从大的分形角度来看，只能看到三段下跌走势，从 2016 年年初开始一直到 2017 年年末，虽然号称慢牛市，但两年间仅有 812 点的涨幅，平均每周上涨 8.93 点，每天上涨 1.79 点，这“慢牛”也太慢了吧。如果仔细计算这些数据，大家会发现这根本不是什么牛市，从图 5-66 就可以发现这只不过是一次漫长的震荡而已。因此，如果按大家现在的理解，根本就没有买进的机会。

不过笔者要说明一点，目前并没有全面架构交易系统，仅仅是以基本分形的角度来看待走势，基本分形只是众多的必要条件之一。因此，买点一时没有出现也可以理解。

5.6 更多的量化、更多的优化

波浪理论是道氏理论的量化版，这当然会带来更多好处，但孔子说过“过犹不及”，毕竟“事缓则圆”。波浪理论成在量化，被人诟病的是过度量化，很多不必拿出来的规则，也被补充到波浪理论中来，看似满满当当，其实容错性太小，以至于在操作层面上基本没有用武之地。因此很多人说，十个波浪分析师，可以数出十一种浪形来。这并不是一句玩笑话，而是真实的状态。

5.6.1 交替原则

波浪理论中的交替原则，是指简单与复杂相交替。如果 2 浪是很复杂的调整浪，那么 4 浪则相对简单，反过来也一样，2 浪简单，4 浪便会很复杂。只看这一句，就可以挑出两个疑点：第一，交替原则是绝对的吗？如果不是绝对的，那么给出这样的规则毫无意义；第二，如何定义简单与复杂？锯齿型是简单的吗？平台型是复杂的吗？既未给出简单的定义，也没给出复杂的定义，那这句话也跟没说一样，因为无法按图索骥，以至于人们无所适从。

《现代汉语词典》（第 7 版）将简单定义为结构单纯、头绪少，也指草率、不细致、平凡等。将复杂定义为事物的种类、头绪多而杂。通俗地说，复杂就是头绪多，简单就是头绪少，人们可以从多和少上下一些功夫。那么在波浪理论中可以认为，子浪多便是复杂，子浪少就是简单。按照这个思路，人们可以画出类似于图 5-67 的走势图。

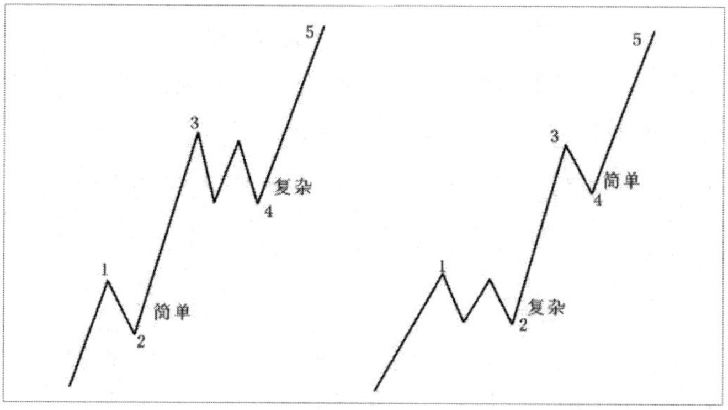

图 5-67

交替原则也不仅仅指两个独立的调整浪之间的对比，在同一个调整浪中，也会有交替原则。图 5-68 所示为大级别的 abc 调整浪，但 a 浪是由平台型调整浪构成的，b 浪是由锯齿型调整浪构成的，c 浪是由简单的下跌 5 浪构成的。这个 abc 调整浪是一个大复杂，由两个小复杂与一个简单构成。再如图 5-69 所示，abc 中的每一浪都很简单，但是简单中蕴含着复杂，每一次变化都比前一浪更加复杂。

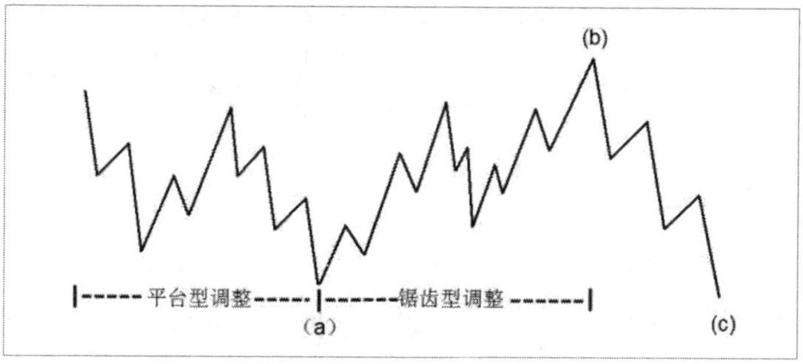

图 5-68

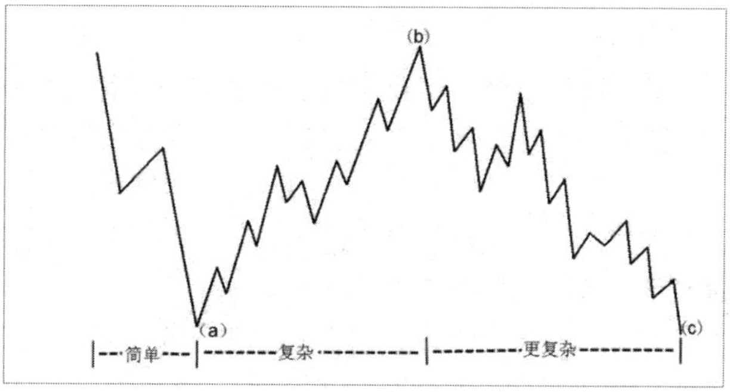

图 5-69

这种复杂至极的调整浪对人们来说有什么意义吗？人们不需要把每一次调整浪都展示出唯一性，人们只需要知道，现在是有序排列还是乱序排列就足够了。或者人们为每一次的走势都赋予一根巨大 K 线，就可以解决所有问题。所以数清这么复杂的调整浪没有任何意义，数不清又强数，最终只能使自己陷入过度分析的尴尬境地。

5.6.2 牛市双回撤

牛市双回撤是一个关于 5 浪出现延长浪的一种规律。人们要先弄清楚双回撤是什么意思，如果在牛市中，回撤一定是指回调。那么是不是可以理解为出现两次回调？并不是，双回撤中的第一次回撤是回调，第二次所谓的“回撤”是指相对于第一次回撤的回撤，否定之否定，第一次回撤是向下的，那么第二次回撤其实是向上的，如图 5-70 所示。

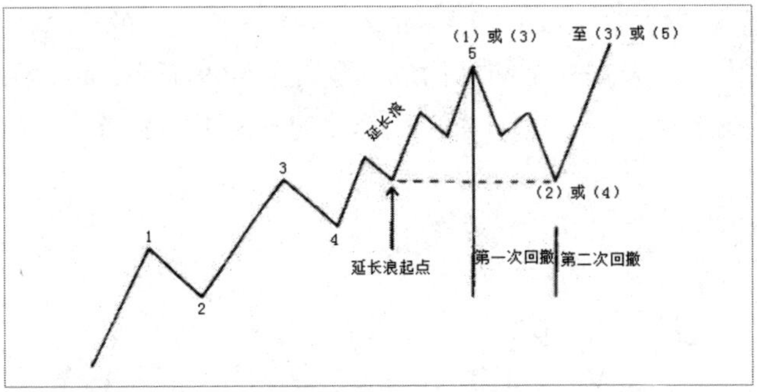

图 5-70

5 浪出现延长后，整体上涨出现了 9 浪（包括 1 浪、2 浪、3 浪、4 浪与 5 浪内部的延长浪，共 9 浪）上涨，你可以把它看成是无界定延长浪。根据波浪理论，9 浪之后的这一波上涨走势完全有可能终结，势必要出现一次回撤。那么这一次回撤的目标是哪里呢？

波浪理论认为，第一次回撤的目标应在延长浪的起点，也就是往回数 1 浪、2 浪、4 浪、5 浪，上涨走势正常情况应该在这里结束，但它在 5 浪后仅仅回调了很小的幅度，便再次破高，此时上涨推进浪开始延长，那么这次小幅度的回调便是 6 浪，再次破高便是 7 浪。6 浪的低点，便是延长浪的起点。因此，牛市双回撤的第一回撤位在 6 浪处，也可以理解为 5 浪 2 处。

然而，做这样的量化，有意义吗？是否有大样本统计数据？如果没有，这就是异想天开，十次里面只出现一次，这种规则便毫无意义。因此，还是要回到之前对于波浪的理解，有序排列为推进浪，乱序排列为调整浪，不必理会这是单回撤还是双回撤。

5.6.3　价格通道

价格通道其实是趋势线的变种，它与钟摆理论相配合。价格按一定的速率上涨或下跌，波浪理论认为，因为低点和高点理应按同样的速率上涨或下跌，所以在 K 线图中画出两条平均线，K 线就会乖乖地待在这两条平均线构成的通道里面，遇到通道的上沿便下跌，遇到通道的下沿便上涨，如图 5-71 所示。

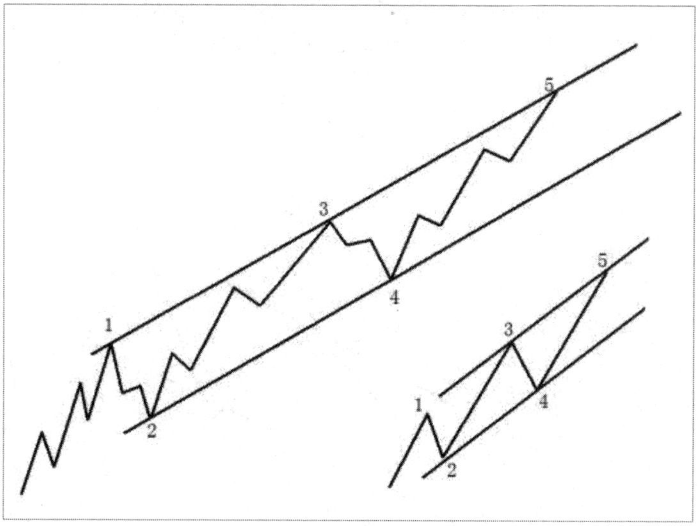

图 5-71

价格走势会这么老老实实地待在通道里吗？或许有时会吧，但更多的时候还是会上蹿下跳。因此人们无法判断它什么时候会“听话”，什么时候“不听话”。既然无法量化，那价格通道对人们来说就毫无意义。

价格通道还有一种补充规则：价格像钟摆一样，如图 5-72 所示。如果脱离了价格通道，它向哪一层多摆出多大的幅度，也会在另一层多摆出同样的幅度。钟摆理论在波浪理论中的应用如图 5-73 所示。然而，人们还是要问一句，在下破通道下边线的时候，是破位了，还是仅仅产生了钟摆效应的第一摆？如何判断？如果无法判断，那就没有什么意义。

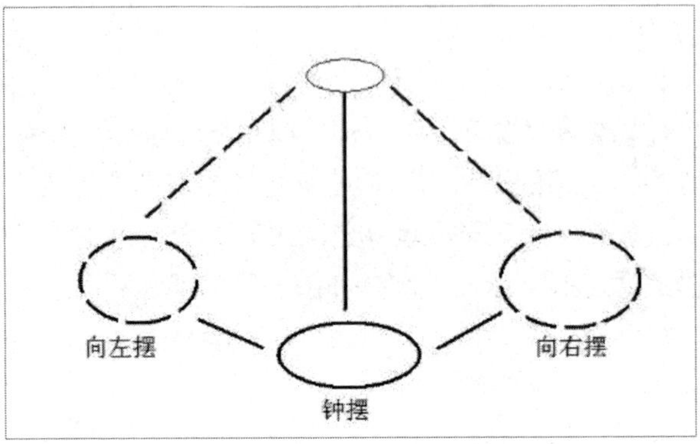

图 5-72

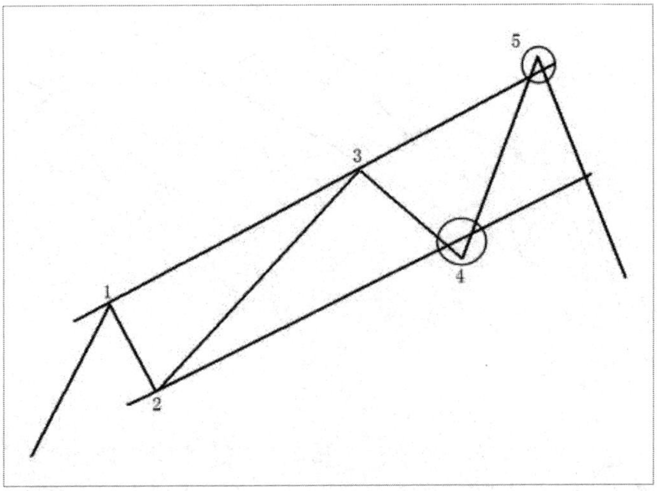

图 5-73

5.6.4 波浪理论的数学基础

波浪理论虽然有道氏理论作为基础，但也不是凭空出现的，它有着坚实的数学基础，那就是斐波那契数列：1，1，2，3，5，8，13，21，34，55，89……

莱昂纳多·斐波那契（Leonardo Fibonacci）是 13 世纪意大利的数学家，著有《实用几何学》《求积法》《计算的书》等。其中斐波那契数列是其最著名的一项成果。

斐波那契数列中的每个数字都是前两个数字的和，而每两个相邻的数字，前一个与后一个的比值都接近黄金分割率（0.618），且越是数列后面的相邻数字，其比值便越接近黄金分割率。

不但如此，两个连续的斐波那契数字没有公约数；如果把斐波那契数列标上序列号，如 1、2、3、4、5、6、7 等，从斐波那契数列的第 3 项开始，每次遇到为质数的斐波那契数列数字时，它的序列号也是质数；数列中的任何十个数字之和，均可以被 11 整除。数列中发展至任何一步的所有的斐波那契数列数字之和加上 1，等于最后一个加数向后相隔一项的斐波那契数列数字；从第一个数字开始的任何相连的斐波那契数列数字的平方和，等于被选的最后一个数列数字乘以这个数字之后的斐波那契数列数字；任何斐波那契数字的平方，减去数列中与这个数字向前相隔一项数字的平方，结果还是一个斐波那契数列数字；任何斐波那契数列数字的平方等于数列中这个数字的前一项与后一项的乘积，再加上 1 或减去 1；第 N 个斐波那契数列数字的平方加上第 N+1 个斐波那契数列数字的平方，等于第 2N+1 个斐波那契数列数字的平方……

在波浪理论中是如何体现斐波那契数列的呢？1 次上涨走势为 1，1 次下跌走势为 1，1 次推进浪加 1 次调整浪为 2，调整浪为 3 浪结构，推进浪为 5 浪结构，完整的一次上涨下跌循环为 8，复杂的 535 结构调整浪为 13，复杂的推进浪中 1 浪有 5 浪结构、2 浪有 3 浪结构、3 浪有 5 浪结构、4 浪有 3 浪结构、5 浪有 5 浪结构的推进浪共 21 个子浪，复杂的推进浪与复杂的调整浪相加共 34 个子浪。无限推演下去，不仅都符合斐波那契数列的数字，而且是按顺序排列的。

并且波浪理论也规定了每浪与每浪之间的幅度之比，都与黄金分割率吻合。图 5-74 所示为锯齿型调整浪与平台型调整浪的幅度之比，图 5-75 所示为 1 浪延长时延长部分与未延长部分之比，图 5-76 所示为 3 浪延长与 5 浪延长时各浪幅度之比，图 5-77 所示为扩张型调整浪与内敛型调整浪内部各浪幅度之比，图 5-78 所示为锯齿型调整浪中各浪幅度之比。

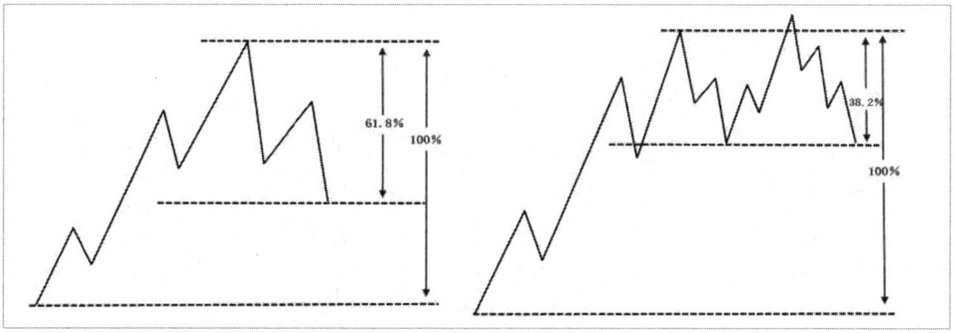

图 5-74

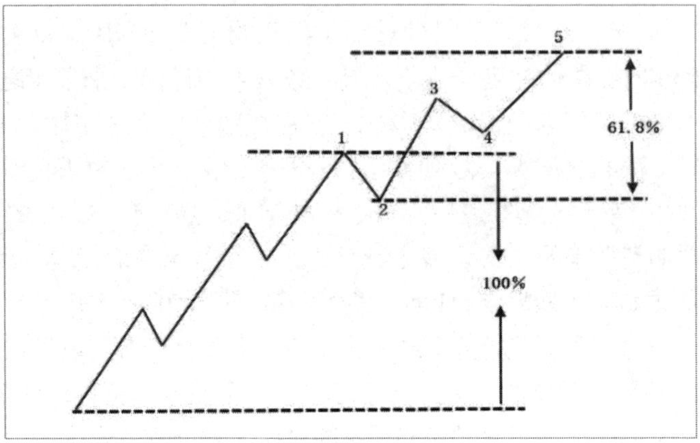

图 5-75

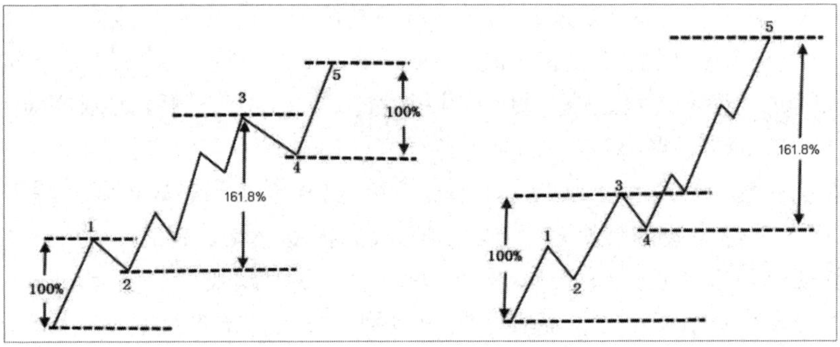

图 5-76

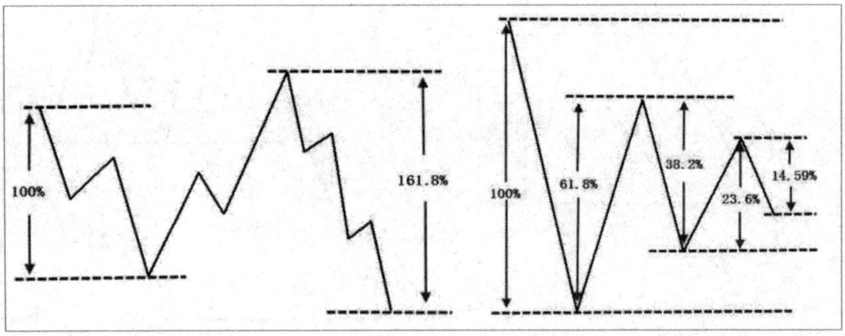

图 5-77

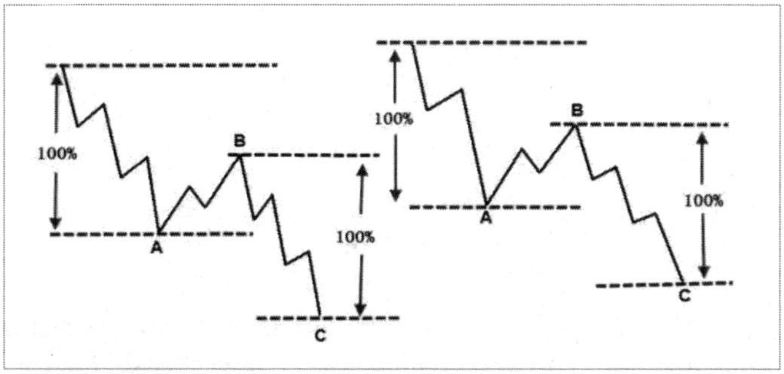

图 5-78

给出各浪幅度之比的用意是让人们在确定了浪形的唯一性后，来预测价格的涨/跌幅度。那么，人们应先问一下前提条件：能确定浪形的唯一性吗？当然不能，要不然人们也不会穷尽一切办法解构波浪理论，来寻找操作层面上的指导。既然前提条件都不成立，又怎么能计算出价格的涨/跌幅度呢？

即使人们可以确定浪形的唯一性，价格的涨/跌幅度与人们所计算的结果就一定相同吗？也不一定，市场是千变万化的，有不同的人在参与，他们在市场中的锚定心理不尽相同，因此很少会在同一价位上产生心理共振。所以，大家了解一下波浪理论的数学基础就可以了，万不可削足适履。

5.7　我们在波浪理论中学到了什么

前面讲解了波浪理论的思路和操作方法，但是仅仅懂得这些还是不够的。还要在理解的基础上，进一步批判性地使用它。

5.7.1　可能性过多以至于不能确定唯一性

我们承认，在技术分析领域波浪理论做出了巨大贡献。它将趋势分段、分级别，将顶、底分形的有序排列视为推进，将顶、底分形的乱序排列视为调整，使人们能够从最基础的元素视角，透过现象看本质。

但也不能一味地全盘接受，因其在操作层面上确实存在不足之处。过度量化与主观臆断，是波浪理论最大的问题。“上五下三”不一定上涨，如图 5-79 所示。为什么？因为此处的“上五下三”有很多种可能性，但人们无法确定。

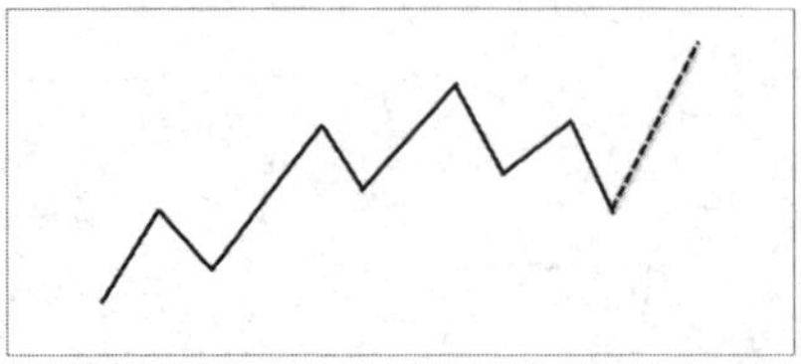

图 5-79

可能性 1：前面的上五结构可能是某级别的 1 浪或 3 浪的推进浪，那么经过下三结构的调整，后面可能会向上破高走出大 3 浪或大 5 浪，如图 5-80 所示。

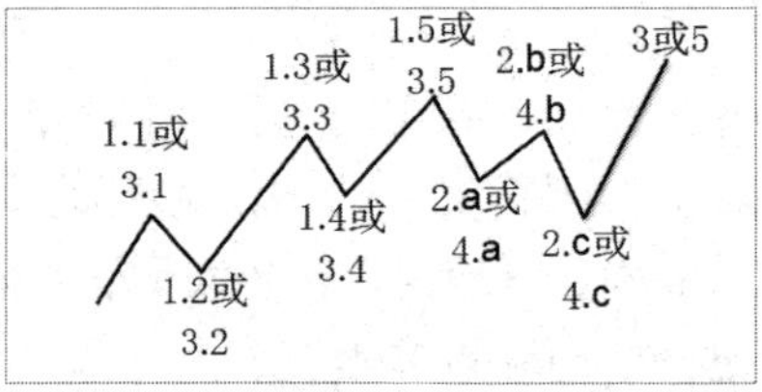

图 5-80

可能性 2：前方的上五结构，可能是本身已经到了第 5 浪，那么下三结构只不过是向下反转走势中的一部分，如图 5-81 所示。

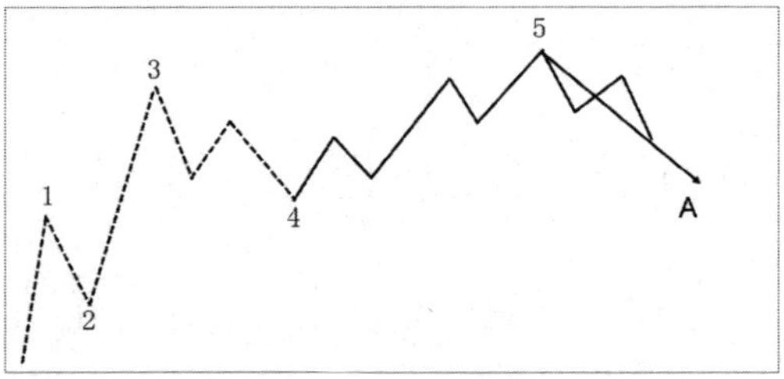

图 5-81

可能性 3：前方的上五结构可能是某个调整浪的 B 浪 c，而后面下三结构是大 C 浪的一部分，如图 5-82 所示。

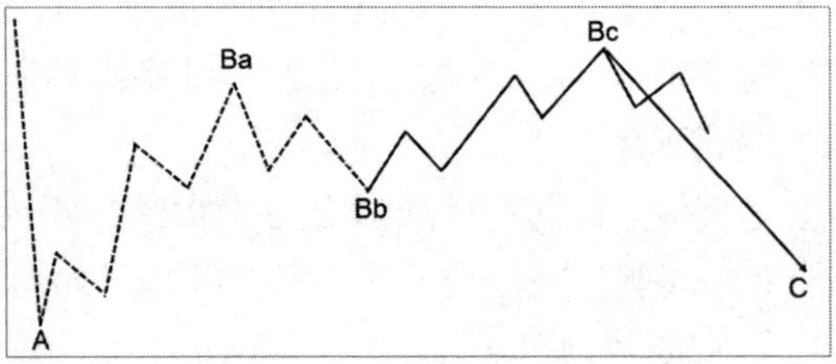

图 5-82

笔者还可以列举出更多种可能，因为只要涉及调整浪，就会有非常多的、人们无法想象的变化。总体来看，不论有多少种可能性，到最后也只有两种结果：一种是上涨，另一种是下跌。有人可能认为这没有什么，总会赌到一个。其实不然，虽然结果只有两个，但过程还是有很多种变化的。

例如，可能性 1 中，如果后市为 3 浪，那么很可能出现上涨的幅度最大、速度最高、角度最陡的情况。但如果后市为 5 浪，可能刚刚突破 3 浪高点，便立即下跌，或者根本不会突破 3 浪高点，形成失败 5 浪。

再如，如果可能性 2 中后市为 A 浪，可能性 3 中后市为 C 浪，即便同为下跌浪，但 A 浪与 C 浪的特征也不一样。A 浪凌厉，C 浪绵长。A 浪还有补救的机会，C 浪却再无挽回的余地。

所处的位置不同，走势的特征不同，再加上某些临场心理因素的影响，一旦做错了，这种错误的结果将会被放大。

5.7.2　数错浪、做错浪的危险是致命的

数错浪、做错浪的危险是致命的。下面就一个现实生活中的例子展开分析。一位期货操盘手认为橡胶价格会上涨，于是他在 2017 年 9 月 13 日满仓豪赌，最后血本无归。笔者不知道这位期货操盘手是怎么看待橡胶的，但是以笔者的推理，可能是这样的，如图 5-83 所示。

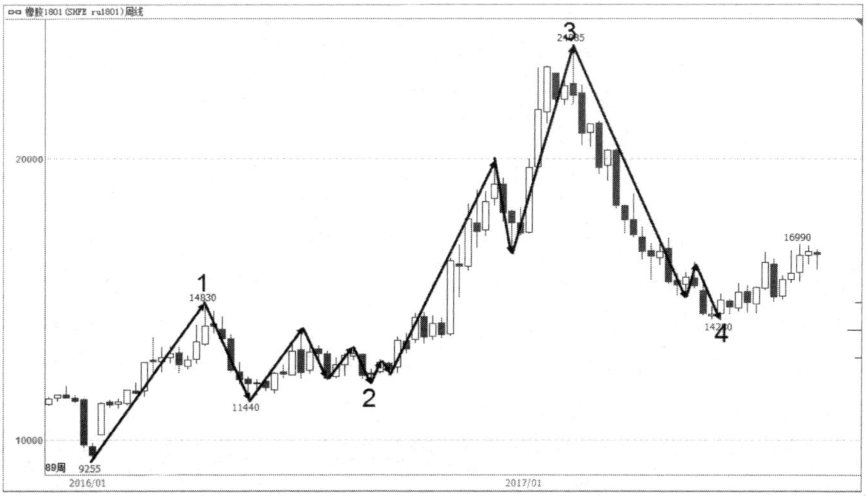

图 5-83

如果连接顶、底分形，画出每一波涨势的折线，从最终呈现出来的图中可以很清

晰地看到 1 浪处的推进上涨和 3 浪处的推进上涨。再进一步分析，位于 2 浪调整位置的是三角形持续形态，这是复杂调整。而 4 浪处几乎是直线下跌，下跌的低点恰好与 1 浪的高点很近，虽然略有插入，但幅度并不大，这不正好符合调整浪的交替原则吗？

如此一看，波浪理论所有的条件都很符合。很自然的便可以推断出后市将要走出 5 浪上涨的行情。4 浪低点是 14 280 点，3 浪高点是 24 085 点，即使只是稍稍突破一下 3 浪的高点，便轻松获得近 10 000 点的利润。橡胶合约每手最小交易量是 10 吨，那么 1.01 亿元（这位期货操盘手投入的资金）按 15%的保证金来计算，可以交易 4668 手，也就是 46 680 吨。如果 5 浪如期上涨的话，将可获得 4.668 亿元（46 680×10 000）的利润。如此可观的利润，如此简单的浪形，谁人能不动心呢？

可事实并非如此，5 浪没有来，反而是继续下跌，希望破灭了。那么，为什么笔者会笃定地推测这位期货操盘手是按照波浪理论来分析的呢？原因如图 5-84 所示。

图 5-84

2017 年 9 月 27 日的夜盘，橡胶价格下破这位期货操盘手以为的 4 浪低点 14 280 点，说明前期从 3 浪至 4 浪的下跌，根本就不在 4 浪中，那么 5 浪就更无从谈起。前面看似合理的浪形结构，全盘错误，下方的低点在何处？无法推断，可能戛然而止，也可能遥遥无期。因此，这一时间节点，恰好是推翻之前看似合理的浪形的时间节点，以此推断该期货操盘手之前的分析方法，与波浪理论基本吻合。

这不禁让人们疑惑，橡胶的浪形不是很简单吗？很多地方都很合理啊，为什么市场没有按照波浪理论的方式演进呢？没有为什么，因为市场不会错，错的永远是人们。因此，波浪理论不能呈现唯一性，是非常大的问题，而且是无法解决的大问题。那人们能从波浪理论中学到什么呢？

5.7.3　乱序是个事后概念

笔者反复强调，有序排列是推进浪、乱序排列是调整浪。当有序排列时建仓，当乱序排列时平仓。但乱序到底是个什么概念，到底怎么应用呢？如图 5-85 所示。

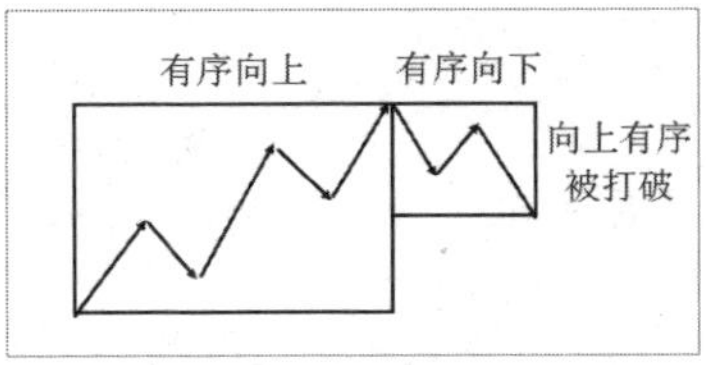

图 5-85

前面 5 浪结构的上涨，是顶、底分形有序向上排列。因为人们不预测，所以人们不知道后面的 3 浪结构下跌到底是回调浪还是反转浪。因此，人们不能先入为主地认为，前半段是上涨趋势，那么趋势永远不变，后面再怎么下跌都是回调浪。

呈现出来是什么，就是什么。后半段是 3 浪结构下跌，它符合了下跌趋势的条件：顶、底分形有序向下排列，那么它也是有序。但在向下有序排列时，前方的向上有序排列被打破了、打乱了。所以有序向下排列这一结果的过程，被视为乱序。“乱”为动词，打乱了旧有的秩序，但其结果是建立了新的秩序。

但如果继续上涨，如图 5-86 所示，价格重新回归了上涨趋势，之前向下的有序结构相对于整体的上涨趋势而言，其顶、底分形的排列方向与主要方向相反，乱序由动作变成了结果。此处的“乱”为形容词，意为混乱的排序。

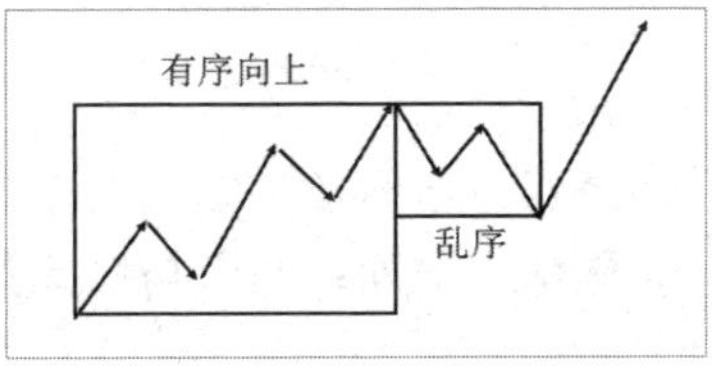

图 5-86

乱序与否唯一判断依据是，在更大的框架内，它与主要趋势的方向是相同的还是相反的。如图 5-86 所示，当价格再次突破前高、重归上涨趋势时，在更大的框架内，它的主要方向是上涨，那么在大框架内的下跌部分就是乱序。

再扩展一下，如果它继续破低，并且是从前期更高的高点低下来的，那么上涨部分反而是乱序，如图 5-87 所示。

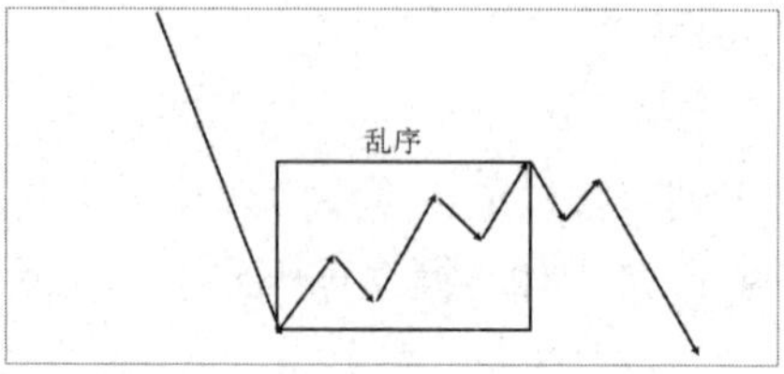

图 5-87

此处的上涨部分在价格下破新低，重归下跌趋势后，才能被定义为乱序。因此，乱序是一个事后概念，而不能先期推断。

在已持有仓位的过程中，打乱了旧有秩序的乱序，对于平仓有重要的意义，它意味着之前的趋势可能已经暂时完结。

那么事后概念的乱序有什么意义呢？既然不能先期推断或将之量化，这个概念也就不再重要了。有没有什么解决方案呢？当然有。这需要一个大过滤器，这个过滤器可以预设长期的大方向。如果长期大方向是上涨的，那么在其上出现的所有向下的有序排列皆为乱序。反过来，如果长期大方向是下跌的，那么在其下出现的所有向上的有序排列皆为乱序，如图 5-88 所示。

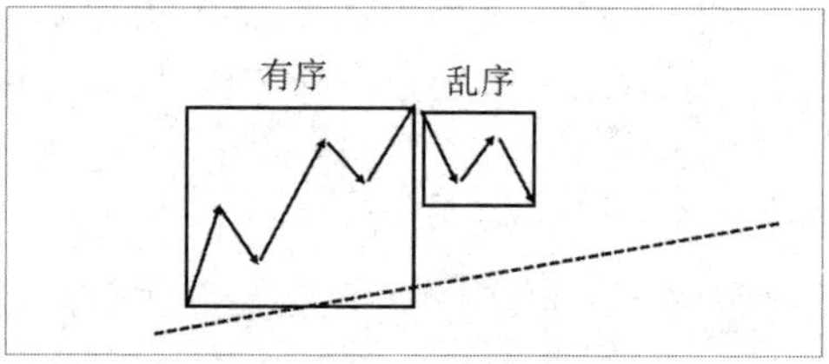

图 5-88

在这种情况下，人们不必验证，也不必考虑它突破的是前高还是前低。如果与过滤器的大方向相同，那它就是有序排列；如果与过滤器的方向相反，那它就是乱序排列。

或者人们可以更简明一点，大趋势看涨，有序做多，乱了有序，平多，不做空；大趋势看跌，有序做空，乱了有序，平空，不做多。

因此，们目前最重要的任务是寻找一个合适的过滤器用以指示趋势。过滤器有哪些？移动平均线、趋势线、指标。怎么应用呢？后续章节会详细介绍。

第 6 章 大过滤器之移动平均线

移动平均线的普及率很高，一般打开分析软件，就能看到蜡烛图与移动平均线的搭配。

移动平均线是趋势性指标，如果有趋势出现，它可以在一定程度上过滤掉无意义或次级别的震荡行情，让人们一直持有手中的仓位，不怕被震出去。但若行情处于震荡之中，它就会反复给出伪信号。如果震荡的时间足够长，它也可能让人们将在单边走势中赚到的钱全部交回去。

因此，对于移动平均线，人们既爱又恨，爱其趋势性，又恨其滞后性。其实这就像一个硬币的两面，它之所以有趋势性，就是因为它滞后；它之所以有滞后性，也正是因为它有趋势性。如果人们想把这两者割裂开来看待，就是不懂、不通、不智、不明。

移动平均线的使用方法，从大的方面来说只有两种：均线与蜡烛图之间的关系、均线与均线之间的关系。再向下细分，则有蜡烛图与单根均线的使用方法、蜡烛图与双均线的使用方法、双均线法、三均线法、多均线法等。移动平均线的使用方法极多，因此人们要找到其中的共性来提取必要条件。

6.1 单根移动平均线与蜡烛图的相对位置

蜡烛图通常表示即时价格，移动平均线则为一条平滑的曲线。那么蜡烛图与移动平均线，仅有两个相对位置：蜡烛图（收盘价）在均线之上、蜡烛图（收盘价）在均线之下。

如果收盘价在均线之上，说明现在的价格比 N 日内的平均收盘价要高。根据技术分析的三大假设之一：价格呈趋势性演进来推论，价格一旦脱颖而出，高出了平均价，就意味着它可能要走出一波上涨趋势。注意，笔者说的是可能。

6.1.1 移动平均线的本质是指示方向

殷保华的均线法有这样的规则：均线之上要买，买错也要买；均线之下要卖，卖错也要卖。均线之上要买、均线之下要卖，这是为了确保自己能顺应趋势，而不是反趋势。《孙子兵法》中说："胜兵，先胜，而后求战；败兵，先战而后求胜。"什么是胜兵？要有胜的把握才能打。什么是败兵？先打了再说胜不胜。

均线之上要买、均线之下要卖，就是顺应趋势，就是先胜。如果价格在均线之下，比平均价格还要低，人们有什么理由判断它会上涨呢？既然无法判断它会上涨，又为什么要买呢？

那么就可以推导出来，移动平均线作用就是指示方向。这么简单的结论还用得着推导吗？就是因为老生常谈，所以常谈见不谈。很多人在实际交易中已经忘记了移动平均线的根本性作用。

可是均线有那么多条，到底哪条才是指示方向的呢？哪条都是，正所谓"条条大路通罗马"。至少可以从字面上来理解，短期移动平均线指引的是短期方向，长期移动平均线指引是的长期方向。

6.1.2 单根移动平均线的回测数据

下面用贵州茅台从 2007 年 10 月 16 日的历史高点到 2017 年 12 月 20 日的数据来做回测。分别以 5 日均线、10 日均线、20 日均线、40 日均线、60 日均线、120 日均线为基准，进行回测。高于均线买进，低于均线卖出，并且遵循 T+1 的交易原则，如图 6-1～图 6-6 所示。

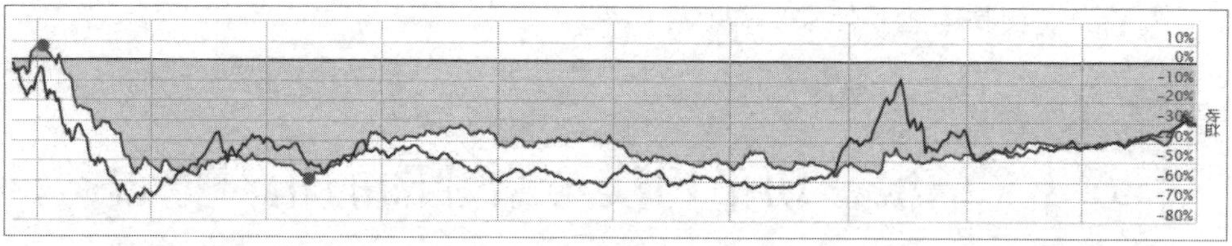

图 6-1

5 日均线策略收益：-29.82%。

沪深 300 为基准收益：-30.68%。

策略年化收益率：-3.51%。

准确率：38.60%。

盈亏比：0.98。

最大回撤：62.75%。

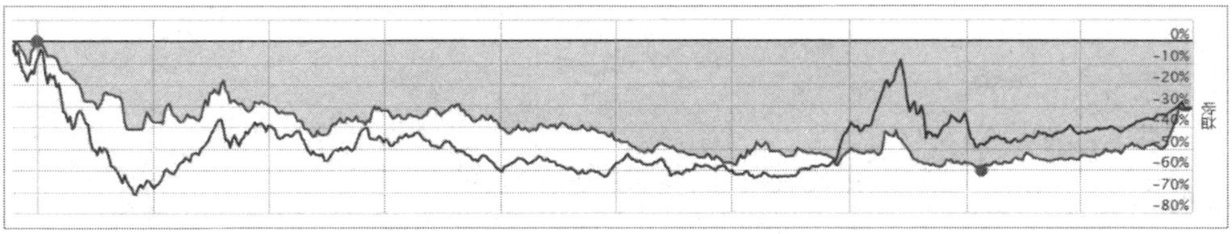

图 6-2

策略收益：-37.11%。

沪深 300 为基准收益：-30.68%。

策略年化收益率：-4.63%。

准确率：32.70%。

盈亏比：0.83。

最大回撤：62.30%。

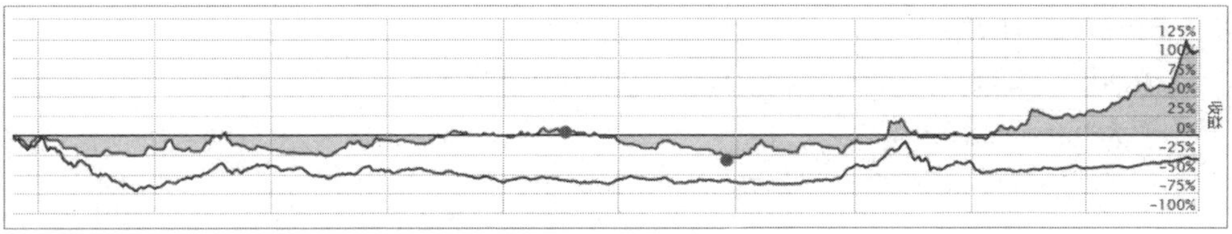

图 6-3

策略收益：108.64%。

沪深 300 为基准收益：-30.68%。

策略年化收益率：7.70%。

准确率：30.10%。

盈亏比：1.66。

最大回撤：36.70%。

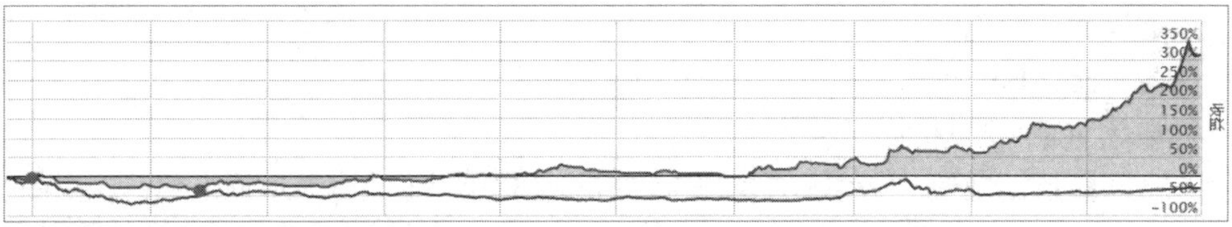

图 6-4

策略收益：313.50%。

沪深 300 为基准收益：-30.68%。

策略年化收益率：15.38%。

准确率：37.60%。

盈亏比：3.50。

最大回撤：39.53%。

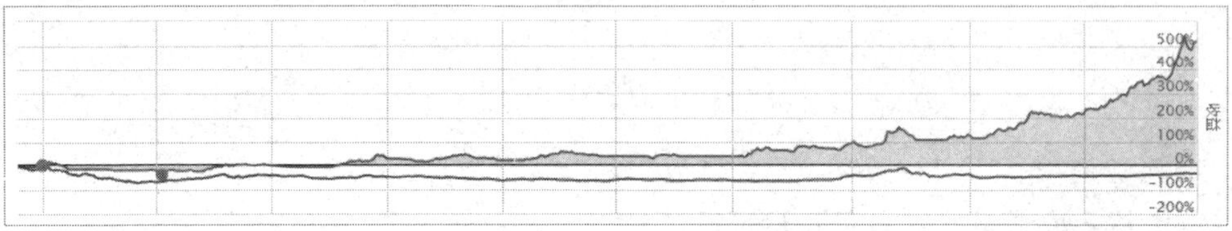

图 6-5

策略收益：518.91%。

沪深 300 为基准收益：-30.68%。

策略年化收益率：20.17%。

准确率：31.5%。

盈亏比：3.71。

最大回撤：38.76%。

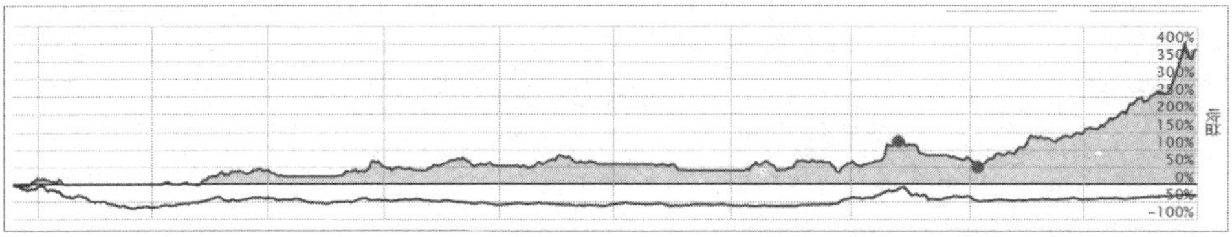

图 6-6

策略收益：386.39%。

沪深 300 为基准收益：-30.68%。

策略年化收益率：17.29%。

准确率：24.30%。

盈亏比：1.73。

最大回撤：34.00%。

从回测数据来看，移动平均线的参数并不是越小越好，也不是越大越好，总有一个参数适合这段历史数据，并且逐一算下去，肯定能找到一个使回测数据收益最高的参数。如果找到了这个参数，它能不能被用在别的股票上？不行，因为每只股票的走势特征不同，适用于贵州茅台的参数并不一定适用于别的股票。

那人们找到这个最好的参数以后，能不能继续用在贵州茅台上，保持最好的收益呢？也不一定。因为人们是通过拟合历史数据找到的参数，后面的走势无法预测，因此这个参数是否适合后面的数据，就不得而知了。

既然什么结果都无法得出，那回测还有什么意义呢？当然有意义，意义在于人们通过观测数据可以推导出：如果参数过小，虽然能紧紧跟随趋势，但跟随过紧则没有呼吸，随时都有可能擦枪走火，触发止损位；如果参数过大，行情启动时要落下一大波，行情结束时要回吐一大波，最终也拿不到多少利润。

过小或过大，都太过极端，“窥一斑而见全豹”，选择适中的参数，既可以适度跟随走势参与交易，也可以适度指引中长期交易的方向。

6.1.3　在单根移动平均线之上添加必要条件

由于移动平均线是趋势性指标，因此当其给出方向的时候，价格会紧随趋势而行。如果行情处于无趋势状态，移动平均线便会横向运行，窄幅波动，会导致趋势跟踪系统不断地跟随这种似是而非的趋势，两面止损。即便是选择适中的均线参数，也无法根本性地解决这个问题，如图 6-7 所示。

图 6-7

图 6-7 中的均线参数为 60，不大也不小，理应能很好地解决震荡的问题，但是并没有。图 6-7 中共产生了 10 笔交易，5 次做多，5 次做空，只有最后一次的获利，其他 9 次全部亏损，准确率为 10%。如果把资金分为 10 份的话，每次最大亏损为 1 份，那么 9 次亏损后，已经几乎全军覆没了。

因此，仅用均线参数来解决均线问题，是行不通的，还需要通过其他手法来解决。本书前五章都在为架构交易系统做准备，推导出了价格走势运行的最基本元素是分形的排列。当形成两对或两对以上有序排列的顶、底分形排列时，才能形成趋势，这是必要条件之一。但此时需要一个过滤器，因此加入了单根均线当作过滤器。如果能在移动平均线之上形成有序向上排列的顶、底分形，这又多了一个必要条件。必要条件越多，成功的概率越高。把图 6-7 再加工一下，如图 6-8 所示。

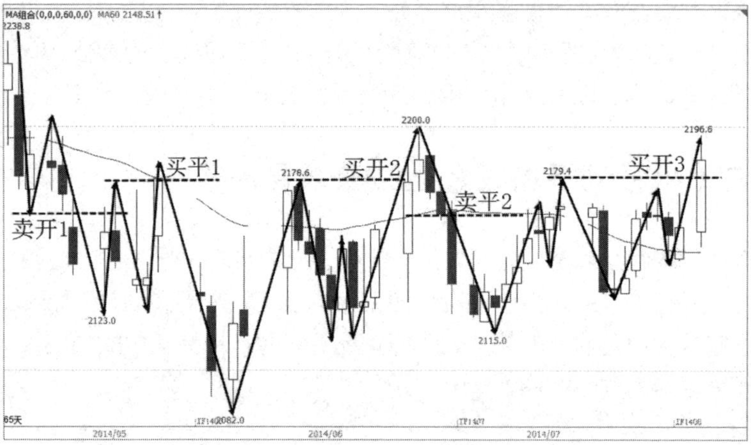

图 6-8

卖开 1 处：当蜡烛图在移动平均线之下，形成向下有序排列的顶、底分形时，两个必要条件都具备了，卖出开仓。当蜡烛图在移动平均线之下，形成向上排列的顶、底分形时，向下的有序排列被打乱了，人们应该及时止损。但此时价格始终处于移动平均线之下，所以应只平仓，而非买进。

买开 2 处：当蜡烛图在移动平均线之上，形成向上有序排列时，两个必要条件都具备了，买进开仓。当蜡烛图的收盘价向下突破了移动平均线，两个必要条件之一被打破时，卖出平仓。虽然价格处于移动平均线之下，但未形成向下有序排列的顶、底分形，不能同时满足两个必要条件，因此只平仓。

买开 3 处：当蜡烛图在移动平均线之上，形成了向上有序排列的顶、底分形时，两个必要条件都具备了，买进开仓。后续走势如图 6-9 所示。

图 6-9

第三次买进开仓后，趋势已经形成，价格飙升，直到再一次形成了乱序排列的顶、底分形，卖出平仓。前两次的亏损相对于这一次的盈利来说，只是很小的一部分。

在此例中，如果只用单根移动平均线这一个必要条件，准确率为 10%，10 次交易亏损 9 次。笔者在移动平均线的基础上，又加入了顶、底分形的有序排列，增加了一个必要条件，在震荡走势中，准确率为 0，2 次交易亏损 2 次，直到走出震荡行情后，才大赚大波。10%对比 0，看似单根移动平均线这单一必要条件的准确率更高，但它一共亏损了 9 次，每次亏 10%，9 次便是 90%。而两个必要条件，过滤掉了很多亏损的交易，虽然在震荡中仅有的两次都亏损了，但即使每次亏损 10%，最多亏损 20%。从这个例子中就能看出穷举必要条件的重要性了。

但在这两个必要条件中，移动平均线是可变量，它的参数是可变的，上例中的移动平均线参数为 60，如果缩小参数，可能出现的交易次数还要更多，但一旦行情出现，抓住趋势的时间会更多。如果扩大参数，可能出现的交易次数更少，但会过滤掉更多可能亏损的交易。

如图 6-10 所示，将移动平均线的参数由 60 扩大到 99，导致移动平均线整体上移，因此在整个震荡过程中，蜡烛图的收盘价仅有三次高于 99 日移动平均线。在第一次收盘价处于移动平均线之上时，均线下方已经形成了有序向上排列的顶、底分形。但没过几天，蜡烛图的收盘价下破了移动平均线，卖出平仓，本次交易基本上未亏损。

因此，即便是加入了两个必要条件使准确率与盈亏比都相应提高了，也要注意这两个必要条件之一是变量，对于移动平均线参数的选择，还是不能掉以轻心。关于参数的选择，笔者建议大家尽量选用中期或长期的参数，并且一经确定，不要轻易改变。

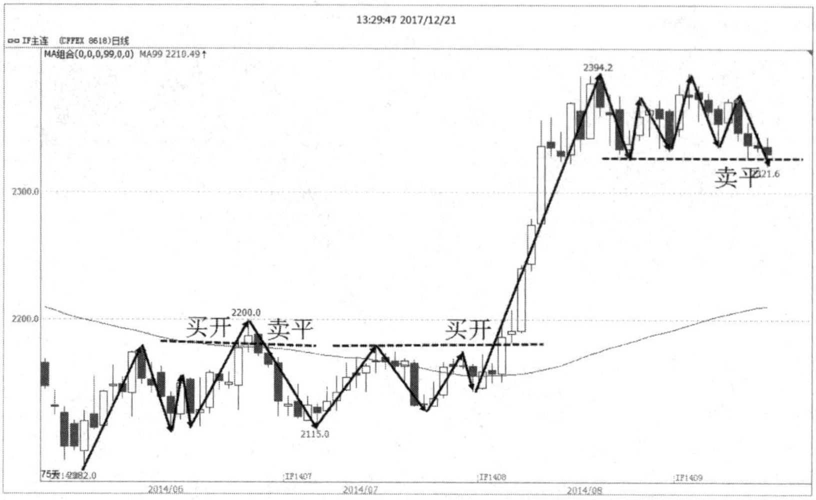

图 6-10

6.1.4 单根移动平均线交易系统

有了单根移动平均线这个过滤器，再将顶、底分形的有序排列介入工具，人们就可以根据这两个必要条件构架一个交易系统了。

系统条件 1：在移动平均线之上，形成顶、底分形的有序向上排列，买进开仓。

系统条件 2：在移动平均线之上，顶、底分形乱序排列，卖出平仓。

系统条件 3：收盘价处于移动平均线之下，卖出平仓。

系统条件 4：在移动平均线之下，形成顶、底分形的有序向下排列，卖出开仓。

系统条件 5：在移动平均线之下，顶、底分形乱序排列，买进开仓。

系统条件 6：收盘价处于移动平均线之上，买进平仓。

用沪深 300 股指期货主力合约来做回测，数据如下。

回测时间：2010 年 4 月至 2017 年 12 月。

收益总额：762 900 元。

交易笔数：68 笔。

平均每笔交易回报：6 807.35 元。

毛利润（盈利交易之和）：1 653 900 元。

毛亏损（亏损交易之和）：891 000 元。

盈亏比：1.86。

盈利交易笔数：30 笔。

亏损交易笔数：38 笔。

准确率：44.12%。

最大连续亏损笔数：6 笔。

最大连续亏损金额：205 200 元。

虽然 7.75 年盈利了 762 900 元，但准确率和盈亏比略低，最大连续亏损金额也过大。整个交易过程的收益曲线如图 6-11 所示。

但概率并不是平均分布的，它可能先让人们亏损 5600 次，再让人们盈利 4400 次，但人们没有那么多本金可以先行亏损 5600 次。因此，当务之急，还需要再添加一些条件，减少亏损的次数及额度。只要亏损减少了，盈利自然会提高。那么亏损过大的问题在哪里呢？

图 6-11

6.2　添加必要条件

构架交易系统并不容易，大框架很容易理顺，问题的关键在于细节。因此，人们需要反复回测，找出可以改进的细节。建议大家在做回测的时候，尽量手动回测，一笔一笔地计算，在走完全部图表的过程中，大家会发现各种意想不到的细节问题，这些细节问题，有可能颠覆整个交易系统的逻辑。

6.2.1　反出击日线止损法

图 6-12 所示为沪深 300 股指期货主力合约 2015 年 5 月 7 日至 6 月 25 日日线走势图，价格在上破前高 5370 点直达 5400 点时，重归了上涨趋势中，根据我们的交易系统，当顶、底分形重归向上有序排列并且处于移动平均线之上时，买进开仓。所以理论上是在 5371 点的位置买进（理论上为 5370.2 点，为了方便计算取整），在价格

下破移动平均线或上涨有序被打乱时，才能平仓。在本例中，在下破前一个底分形的低点 4687.8 点时止损，但这样止损的幅度太大了，这一笔交易直接导致了 684 点（4688-5371）的亏损，即 205 200 元（684×300）。有没有办法减少类似的亏损呢？

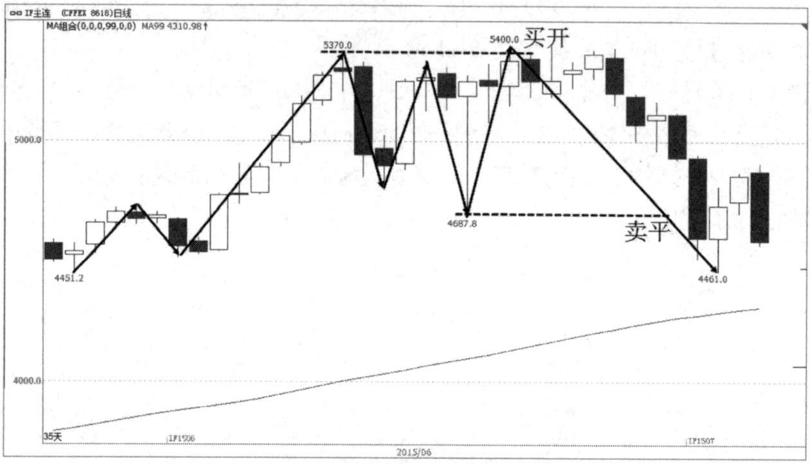

图 6-12

在拉里·威廉斯的《短线交易秘诀》中，有一种方法为出击日线法，大家可以把这种方法反转过来使用。

图 6-12 中达到 5 400 点高点的那根 K 线，突破了前期高点，也正是因为它的突破与出击，才使价格回归到上涨趋势中，因此这根 K 线被称为出击日线。如果价格强势上涨的话，它就不会再回破出击日线的低点，应该快速上涨突破前高附近的关键区域。若价格涨势并不强劲，则这根 K 线表现为刚刚出击却又回到了出击的起点之前。人们可以根据这些小细节，来重新定义止损位，如图 6-13 所示。

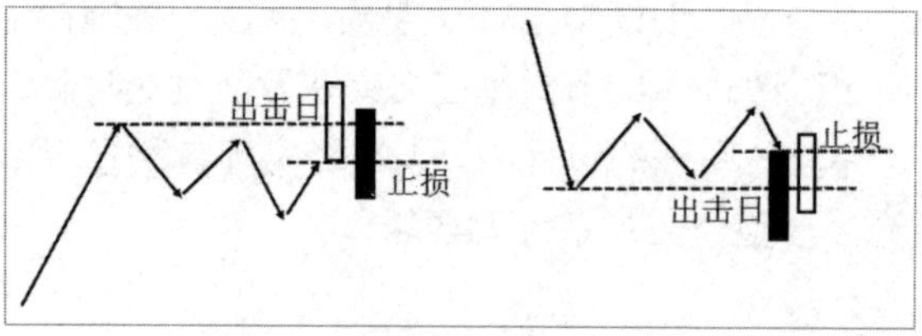

图 6-13

总的原则就是谁出击谁止损。出击日非常关键，它代表着那一时刻突破的意愿、力量和能力，如果这一重要的时间节点、价格节点被打破，很大概率上，它会出现反转。但即使如此，人们找到的也只是必要条件，因为人们永远无法找到价格反转的充要条件，因此这种方法有可能收到极好的效果，但也可能止损止错。那么应该怎么办呢？错了继续跟，如图 6-14 所示。

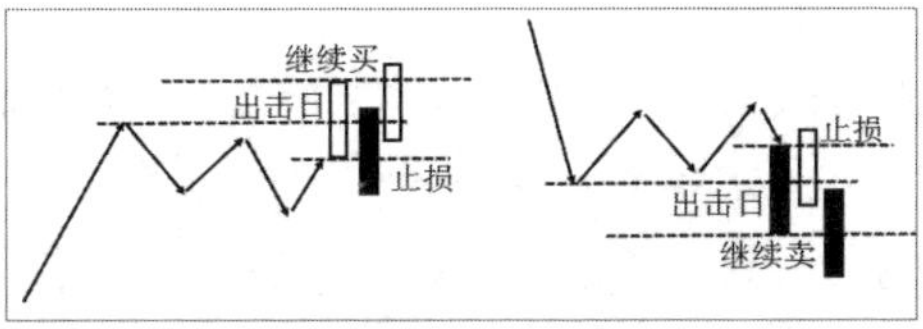

图 6-14

如果止损后，继续上涨或继续下跌，只要再次破出新高或新低，则说明之前的止损只不过是擦枪走火，后续的力量还是很强大的，只要突破就继续跟进。

在前面沪深 300 股指期货主力合约的案例中，使用出击日线法止损可将止损缩小为原来的 1/3，如图 6-15 所示。虽然使用出击日线法止损有时会止错，但有后续的补救办法——错了继续跟进。人们愿意用如此微小的副作用换取大幅度止损带来的弊端。

图 6-15

在单均线系统中加入出击日线止损法后，再来回测一次，数据如下。

收益总额：821 700 元。

交易笔数：73 笔。

平均每笔交易回报：11 256.16 元。

毛利润（盈利交易之和）：1 421 700 元。

毛亏损（亏损交易之和）：600 000 元。

盈亏比：2.37。

盈利交易笔数：25 笔。

亏损交易笔数：48 笔。

准确率：34.25%。

最大连续亏损笔数：6 笔。

最大连续亏损金额：130 500 元。

加入出击日线止损法后，收益总额增加了 7.71%，说明用减少亏损来增加收益的方法奏效了。毛利润减少，说明这个方法有时候会给出错误的止损信号，导致本应盈利的交易在最初便已止损，当再次突破时，被迫跟进，丧失了一部分利润，这是弊端。也正是因为这个缘故，准确率由 44.12%下降至 34.25%，但也由于在最初截断亏损，盈亏比由 1.86 上升至 2.37。最大连续亏损由 205 200 元降低为 130 500 元，下降了 36.4%，缓解了交易者很大的心理压力。总体来说，出击日线止损法，是一项不错的止损方法。收益曲线如图 6-16 所示。

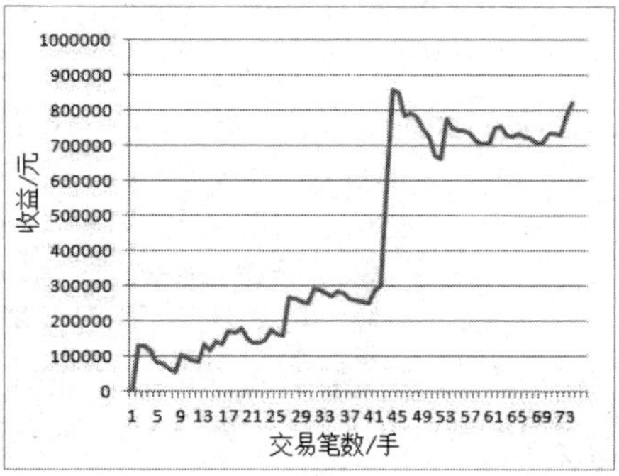

图 6-16

添加出击日线止损法后，具体的收益状况有什么变化呢？将两条收益曲线放在一起对比一下，如图 6-17 所示，实线为原版交易系统收益曲线，虚线为加入出击日线止损法的收益曲线。未加入出击日线止损法时，盈利快、回撤大；加入出击日线止损法后，开始时盈利速度慢于原版系统，但回撤小，收益总额逐渐在截断亏损的过程中追赶上了原版交易系统的收益总额。

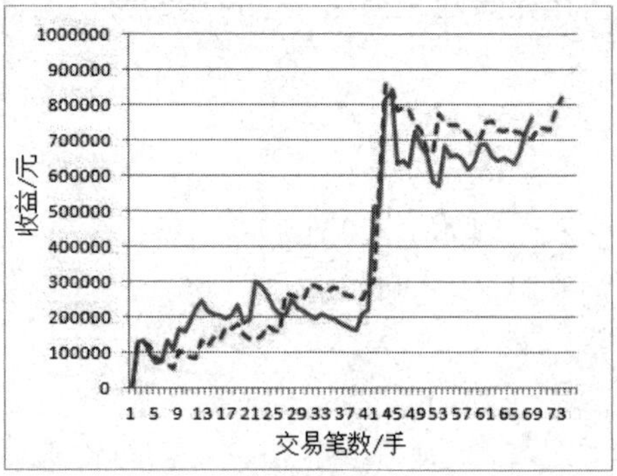

图 6-17

6.2.2　移动平均线的斜率

移动平均线除与蜡烛图的相对位置及其他参数均线的相对位置会发生变化外，它自身斜率也会发生变化。什么是斜率呢？斜率是表示一条直线关于横坐标轴倾斜程度的量，也就是这条直线与水平位置的关系，通常用直线与坐标轴夹角的正切值或两点的纵坐标之差与横坐标之差的比来表示，如图 6-18 所示。直线与水平位置的夹角等于 0，斜率等于 0；直线与水平位置的夹角大于 0，斜率大于 0；直线与水平位置的夹角小于 0，斜率小于 0。

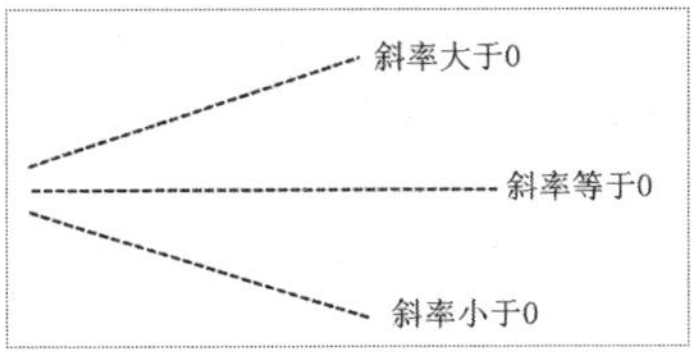

图 6-18

两点确定一条直线，如果单根移动平均线现在的值高于其前一个值，将这两点连接起来，则它与水平的夹角是大于 0 的，那么它的斜率也是大于 0 的，也就是说这条移动平均线目前正在向上涨。反之，表示这条移动平均线正在向下跌。

如果蜡烛图的收盘价（最新价）高于移动平均线，说明现在的价格高于 N 天的平均价格。例如，现在馒头 1 元 2 个，过去 N 天馒头的平均价格是 1 元 3 个，这明确代表着馒头涨价了。

斜率有什么意义呢？如果过去 5 天馒头的价格分别是 0.5 元/个、0.4 元/个、0.3 元/个、0.2 元/个、0.1 元/个，平均价格是 0.3 元/个。若现在的价格是 0.31 元/个，则高于 5 天内的平均价格，也就是高于 5 日移动平均线。但它还是比 5 天前的价格低，甚至比 4 天前的价格低，仅仅是高于平均价格，好像并不能说明太多问题。

这时就轮到斜率上场了。除此之外，还需要再添加一个变量，前 6 天馒头的价格是 0.6 元/个、0.5 元/个、0.4 元/个、0.3 元/个、0.2 元/个、0.1 元/个。则可以计算出两个 5 日移动平均线的表示值，分别是 0.4×［(0.6+0.5+0.4+0.3+0.2）/5］与 0.3×［(0.5+0.4+0.3+0.2+0.1）/5］，由 0.4 元/个下降至 0.3 元/个，5 日移动平均线是向下的，代表着不仅价格正在下跌，平均水平也在下跌。如果想让斜率由负值变为正值，需要下一天的价格加上前 4 天的平均价高于前 5 天的平均价格。

如果最新一天馒头的价格为 0.5 元/个，与 5 天前的价格相同，它的斜率会变为正值吗？如果最新一天馒头的价格为 0.5 元/个，新的 5 日移动平均线的表示值为 0.3×［(0.4+0.3+0.2+0.1+0.5）/5］，前一个 5 日移动平均线的表示值为 0.3 元/个，后一个 5 日移动平均线的表示值还是 0.3 元/个，所以 5 日移动平均线的斜率为 0，没有上涨也没有下跌。因此，若要让斜率由负转正，最新价格必须要比前 5 天的平均价格更高。

因此，移动平均线斜率的意义在于，如果要证明反转，不但要比平均水平高，还要比 N 天前的价格高。或者说，在单根移动平均线交易系统之中，条件要改成不但蜡烛图的收盘价要位于移动平均线之上，移动平均线的斜率还要为正，才能代表上涨趋势。

6.2.3 全新的单根移动平均线交易系统

将出击日线止损法与移动平均线的斜率这两个必要条件，都加入原来的单根移动平均线交易系统中，交易系统的细则可做如下更改。

系统条件 1：在移动平均线之上，且移动平均线的斜率为正，且形成顶、底分形的有序向上排列，买进开仓。

系统条件 2：在移动平均线之上，或顶、底分形乱序排列，或移动平均线斜率为负，三者任一条件出现，卖出平仓。

系统条件 3：在移动平均线之下，且移动平均线的斜率为负，且形成顶、底分形的有序向下排列，卖出开仓。

系统条件 4：在移动平均线之下，或顶、底分形乱序排列，或移动平均线斜率为正，三者任一条件出现，买进开仓。

再用沪深 300 股指期货主力合约的走势做一次回测，回测数据如下。

收益总额：965 700 元。

交易笔数：70 笔。

平均每笔交易回报：13 795.71 元。

毛利润（盈利交易之和）：1 449 600 元。

毛亏损（亏损交易之和）：483 900 元。

盈亏比：3。

盈利交易笔数：27 笔。

亏损交易笔数：43 笔。

准确率：38.57%。

最大连续亏损笔数：5 笔。

最大连续亏损金额：66 600 元。

新版交易系统相较于原版交易系统，收益总额提升了 26.58%，虽然准确率下降了 5.55%，但盈亏比由 1.86 上升为 3，准确率下降的幅度远远小于盈亏比上涨的幅度。最大连续亏损也由 6 笔下降至 5 笔，最大连续亏损仅为 66 600 元。加入了出击日线止损法与移动平均线斜率两个必要条件的新版交易系统的收益曲线如图 6-19 所示。

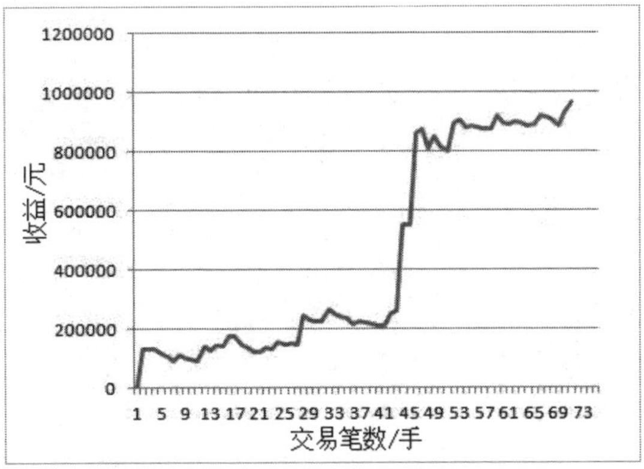

图 6-19

6.3　双均线法

真正的双均线法只有两种：一种是利用长短两根均线的相对位置来指引方向；另一种是利用长短两根均线的斜率来指引方向。

6.3.1　双均线的相对位置

所谓长短两根均线的相对位置，就是长短两根均线是金叉还是死叉。因为只有两根均线，要么短期形成金叉，要么长期形成死叉，没有其他可能（不包含长短两根均线值相等的情况）。

双均线相比单根均线，多加了一层必要条件。如 5 日均线在 20 日均线之上，两均线形成金叉，说明价格最近 5 天的平均水平高于最近 20 天的平均水平。短期上涨的速度明显高于中期上涨的速度，表示价格现在处于上涨趋势中；反之，处于下跌趋势中。

此时的双均线更多强调的是两根均线相对位置，蜡烛图目前是处于均线之上还是之下，并不做过多的考虑。两根移动平均线所代表的周期的平均水平表现的权重要高于某一天的价格水平。因此，这样所表达的趋势性，要高于单根移动平均线。

是否可以金叉做多，死叉做空呢？下面用贵州茅台来做一下回测。均线的参数在 5、10、20、40、60、120 之间选择。分别以短期、短期（5、10），短期、中期（10、40），短期、长期（10、60），中期、中期（20、40），中期、长期（40、120），以及长期、长期（60、120）配对，如图 6-20～图 6-25 所示。

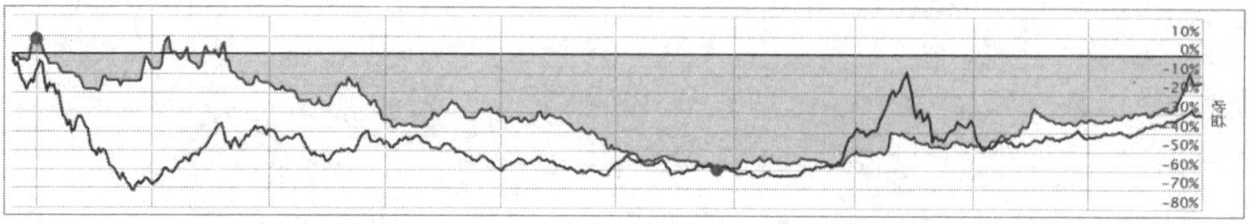

图 6-20

策略收益：-13.91%。

沪深 300 为基准收益：-30.68%。

策略年化收益率：-1.50%。

准确率：35.30%。

盈亏比：0.99。

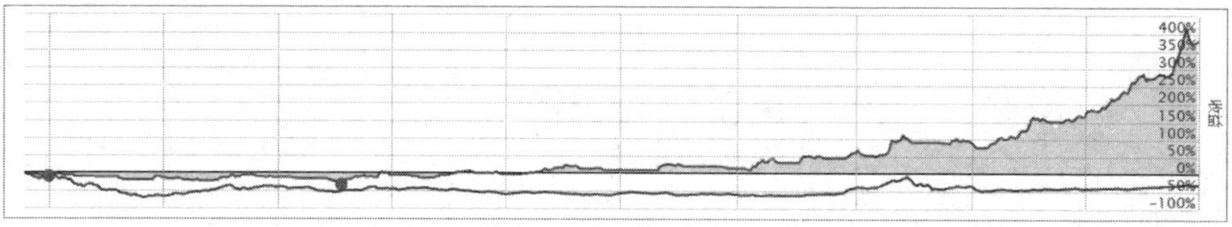

图 6-21

策略收益：379.28%。

沪深 300 为基准收益：-30.68%。

策略年化收益率：17.11%。

准确率：51.40%。

盈亏比：5.37。

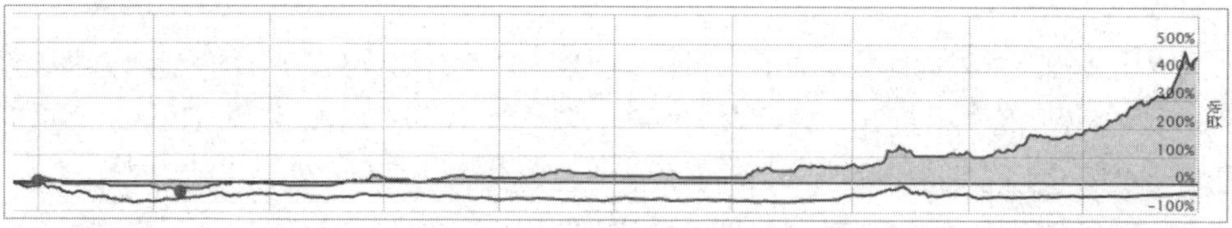

图 6-22

策略收益：455.15%。

沪深 300 为基准收益：-30.68%。

策略年化收益率：18.86%。

准确率：50.00%。

盈亏比：3.90。

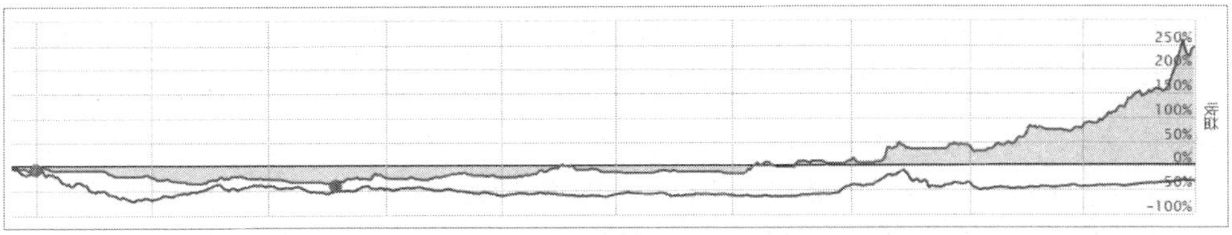

图 6-23

策略收益：243.46%。

沪深 300 为基准收益：-30.68%。

策略年化收益率：13.25%。

准确率：48.40%。

盈亏比：4.27。

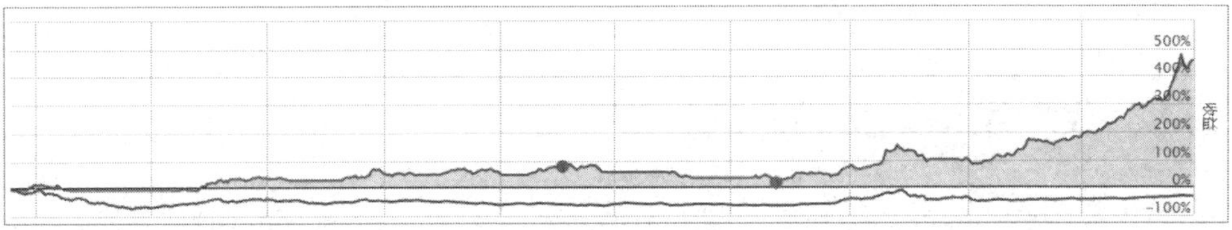

图 6-24

策略收益：456.88%。

沪深 300 为基准收益：-30.68%。

策略年化收益率：18.9%。

准确率：55.60%。

盈亏比：2.68。

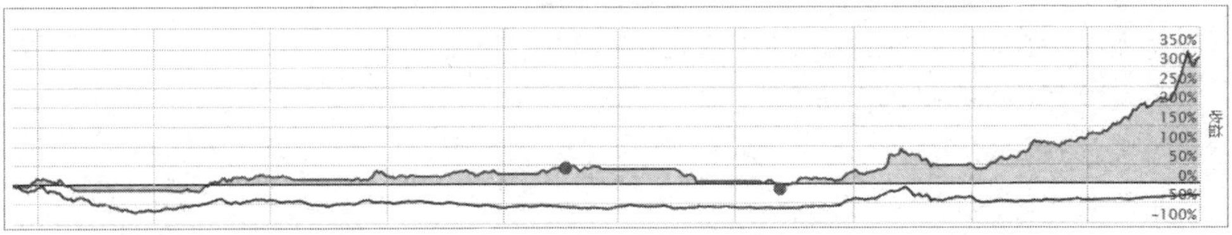

图 6-25

策略收益：323.18%。

沪深 300 为基准收益：-30.68%。

策略年化收益率：15.65%。

准确率：71.40%。

盈亏比：2.12。

表现最好的两组移动平均线为 40 日与 120 日移动平均线，或者说中期与长期移动平均线，收益率为 456.88%。其次为 10 日与 60 日移动平均线，或者说短期与长期移动平均线，收益率为 455.15%。

从这几组数据来看，长期移动平均线起着至关重要的作用，不论是稍短的 60 日长期移动平均线，还是略长的 120 日长期移动平均线。剩下的变化，无外乎是加入短期还是中期移动平均线。

关于移动平均线参数的设定，并没有过多的神秘性可言，不必也不能过度量化。如果通过回测找到最适合的一组参数，这个过程称为拟合，拟合的参数只适用于历史数据，对于未来的新数据适用或不适用，都在两可之间。即便拟合了最佳参数，也不能保证今后一定会盈利。因此，参数一经确定，建议不要经常改变。因为人们不是通过拟合参数来盈利的，而是通过均线与各种必要条件的底层逻辑来盈利的。所以在确定了均线参数后，不要轻易改变。

6.3.2 双均线构架交易系统

双均线与单均线的用法相同，只不过由用蜡烛图与单根 K 线的相对位置来指示方向，换成了用两根均线的相对位置来指示方向。双均线系统的条件如下所示。

系统条件 1：双均线金叉，并且顶、底分形有序向上排列，买进开仓。

系统条件 2：双均线死叉，或顶、底分形乱序排列，二者触发任一条件，卖出平仓。

系统条件 3：双均线死叉，并且顶、底分形有序向下排列，卖出开仓。

系统条件 4：双均线金叉，或顶、底分形乱序排列，买进平仓。

系统条件 5：开仓后采用反出击日线法止损。

这次用铁矿指数回测一下均线参数 40、120，回测数据如下。

利润总额：60 900 元。

交易笔数：19 笔。

平均每笔回报：3205.26 元。

毛利润：70 400 元。

毛亏损：9500 元。

盈亏比：7.41。

盈利交易笔数：12 笔。

亏损交易笔数：7。

准确率：63.16%。

回测中只计算了每次交易 1 手的数据。如果我们用 10 倍的保证金来交易 1 手的话，随着盈利的不断增多，交易数量也会不断增多。例如，铁矿的价格为 800 元/吨，1 手为 100 吨，按 10%的保证金来计算，需要 8000 元，10 倍保证金为 80 000 元。那么，100 000 元交易 1.25 手。回测数据如下。

利润总额：179 128.61 元。

交易笔数：19 笔。

平均每笔回报：14 690.98 元。

毛利润：230 321.08 元。

毛亏损：51 192.50 元。

盈亏比：4.50。

盈利交易笔数：12 笔。

亏损交易笔数：7。

准确率：63.16%。

年复合收益率：27.94。

收益曲线：如图 6-26 所示。

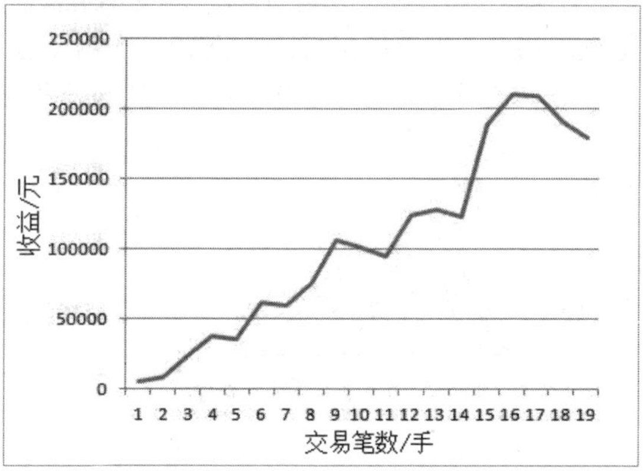

图 6-26

为了能更好地说明问题，需要展示一些交易的细节，图 6-27 所示为铁矿指数 2014 年 2 月 10 日至 7 月 16 日日线走势图。图中共出现两笔交易，在 120 日均线出现后，因为 40 日均线处于 120 日均线下方，只能找机会做空，不做多。顶、底分形有序向下排列时，卖出建仓，并且以反出击日线法止损。在随后的演变中，每出现一次有序排列的顶、底分形，则推进止损或推进止盈。直到顶、底分形乱序出现，买进平仓。第二次交易是再次下破低位、回归下跌趋势线时，重复这一过程，直到顶、底分形乱序排列时买进平仓。

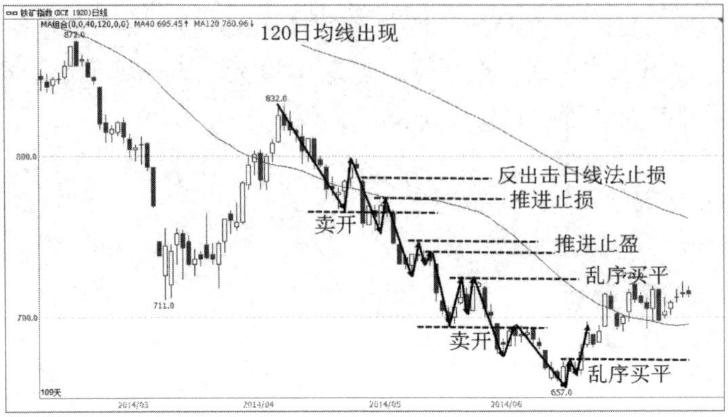

图 6-27

图 6-28 所示为铁矿指数 2014 年 5 月 5 日至 10 月 30 日日线走势图，图中也出现了两笔交易。前文说过，与过滤器方向相同的顶、底分形的排列皆为有序排列，与过滤器方向相反的顶、底分形的排列皆为乱序排列。第一笔交易，出现在乱序之后出现与双均线死叉方向相同的向下排列时，虽然没有脱离前期乱序的控制范围，但只要出现有序排列，即可建仓。第二笔交易与第一笔交易相同，在复杂的乱序中，出现了向下有序排列，不论它在什么位置，前期走势是什么，都不影响有序排列的向下推进。

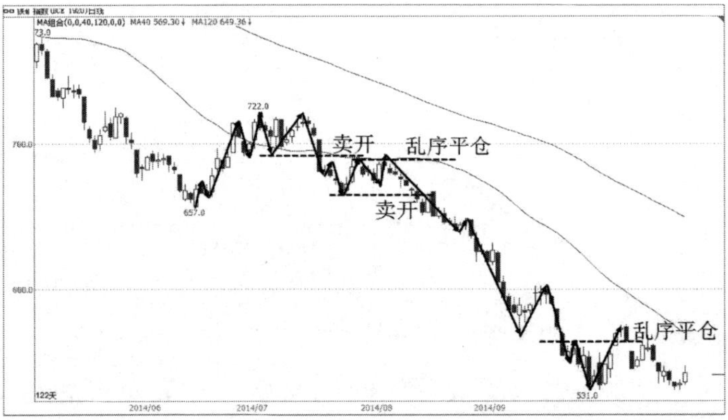

图 6-28

同样也可以在双均线系统内加入均线斜率的这一必要条件，分两种情况：一种情况是不考虑双均线的相对位置，仅考虑双均线的斜率。若双均线的斜率皆为正值，则代表上涨趋势；若双均线的斜率皆为负值，则代表下跌趋势；若双均线斜率一正一负，则为震荡，不交易。另一种情况是在双均线金叉或死叉的基础之上，再加入斜率的考量。若双均线金叉，并且双均线的斜率皆为正值，则代表上涨趋势，反之则代表下跌趋势。只要其中任何一个条件不满足，都不能指示方向。

必要条件是架构交易系统的核心要素，但并不是越多越好。如果双均线相对位置再加入双均线斜率，那就存在着过度量化的可能。可交易的机会会变得越来越少，反而容易踏空。

6.4　三均线法

三均线法可以演化成很多种交易方法，门类之多令人目眩。但归根结底，任何一种三均线法都可以归结为多头排列与空头排列。

6.4.1　多头排列与空头排列

多头排列是指短期均线在中期均线之上，中期均线在长期均线之上。空头排列是指短期均线在中期均线之下，中期均线在长期均线之下。

例如，5 日均线在 20 日均线之上，20 日均线在 60 日均线之上，说明价格最近 5 天的平均上涨速度大于最近 20 天的平均上涨速度，最近 20 天的平均上涨速度大于最近 60 天的平均上涨速度。短期速度高于中期速度，中期速度高于长期速度，可以直接推导出，行情现在正在加速上涨。

不论是多头排列，还是空头排列，都比双均线法多加了一个要素。由原来的两个要素变成了三个要素，要素多了一个，指示方向的准确率会更高，但同时也带来了过度量化的劣势，如图 6-29 与图 6-30 所示。两图中三均线所指示的上涨、下跌趋势，相较于双均线都要晚。有些时候，在双均线可以交易的情况下，由于三均线法未达到要求，错过交易机会，等到三均线法达到要求时，行情已经走完。

图 6-29

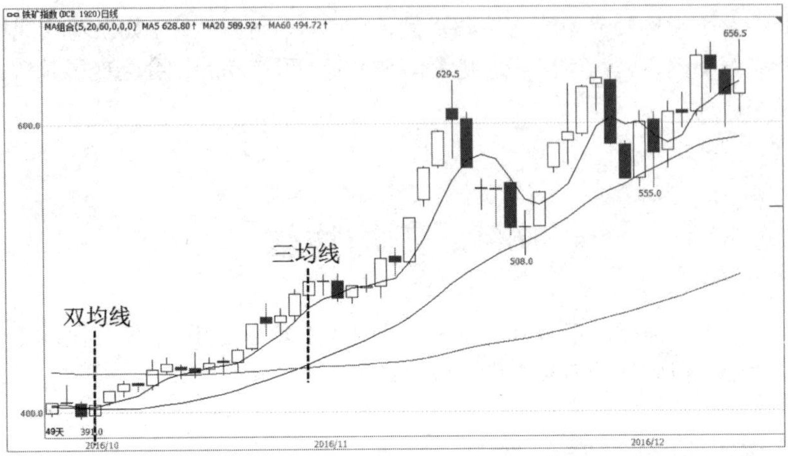

图 6-30

但三均线的滞后性，带来的也不单单只有坏处，如图 6-31 与图 6-32 所示。有些时候由于双均线比三均线有更高的灵活性，又会错误地揭示趋势方向。

双均线法与三均线法既然各有优劣，哪种方法更好一些呢？那就要看这两种方法中的某一种方法，是否存在冗余的条件。

双均线相较于三均线法有更高的灵活性，可能会给出错误的信号，人们完全可以将双均线的参数调大，用更大的滞后性来平衡它的灵活性。反过来，人们也可以将三均线的参数调小，用更高的灵活性来平衡它的滞后性。

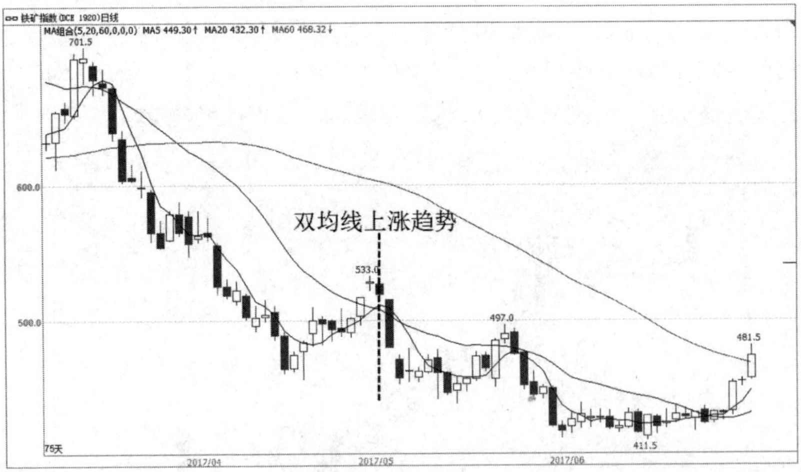

图 6-31

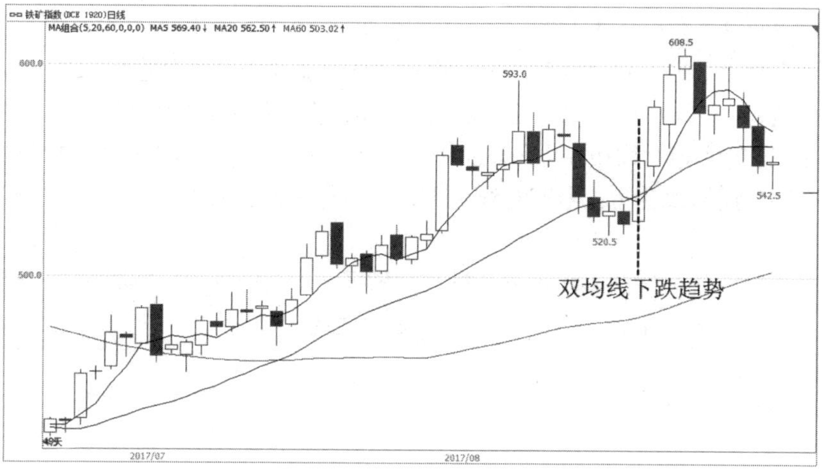

图 6-32

但是同样参数的双均线与三均线，哪一种更好呢？如果同样为大参数，那么双均线的包容性（滞后性）完全可以取代三均线更大的滞后性。大参数下，完全没有必要再加入更大的滞后性了。如果怕包容性不够大，那就继续调大双均线的参数。如果同样是小参数，而人们追求的是灵活性。在同等参数下，三均线的灵活性完全不敌双均线的灵活性，在这方面，不如舍三取双。

经过比较，可以发现，双均线经过参数优化后，完全取代三均线，三均线却不能优化的比双均线更好。所以，笔者认为，完全可以不选用三均线。

当然，三均线法与多均线法的多头排列或空头排列，也可以成为其他交易系统的辅助参考。如果其他交易系统给出的买进信号，还同时伴随着移动平均线的多头排列，那么上涨的可能性就多了一个必要条件，成功率要更大一些。

6.4.2 生命线法

生命线法是三均线法的一种衍生变化。将长期均线设定为生命线，即方向指示器，也就是笔者所说的过滤器。在生命线之上的一切走势，只做多不做空；反之，只做空不做多。

既然生命线的作用仅仅是指示方向，那么具体的交易点位由谁来负责呢？由短、中期移动平均线来负责。也就是在长期移动平均线之上，嵌套双均线法。所以生命线法的交易系统如下。

系统条件 1：在生命线之上，短、中期双均线金叉，买进开仓。

系统条件 2：在生命线之上，短、中期双均线死叉，卖出平仓。

系统条件 3：在生命线之下，短、中期双均线死叉，卖出开仓。

系统条件 4：在生命线之下，短、中期双均线金叉，买进开仓。

前文说过，任何一种三均线法，都可以演化为多头排列或空头排列。生命线法中，双均线金叉，说明短期均线在中期均线之上。而这一行为又发生在长期均线（生命线）之上，说明长期均线在短、中期均线之下，这就构成了多头排列；反过来，即构成空头排列。

那么所谓的生命线法，就是多头排列时做多，多头排列不成立时平仓；空头排列时做空，空头排列时平仓，并没有过多的玄妙之处。

6.4.3 无所谓的黄金谷、死亡谷

黄金谷是指三根均线构成了一个尖角向上的三角形，预示着价格要出现上涨。死亡谷则是由三根均线构成一个尖角向下的三角形，预示着价格要下跌，如图 6-33 与图 6-34 所示。

图中均线参数为 10、20、30。10 日均线首先上穿 30 日均线，随后 20 日均线上穿 30 日均线，且 10 日均线和 20 日均线在 30 日均线下方时构成黄金谷。同样，10 日均线首先下穿 30 日均线，20 日均线随后下穿 30 日均线，且 10 日均线和 20 日均线在 30 日均线上方时构成死亡谷。因此，形成黄金谷与死亡谷的条件就是在形成有方向的三角形时，最好形成多头排列或空头排列。

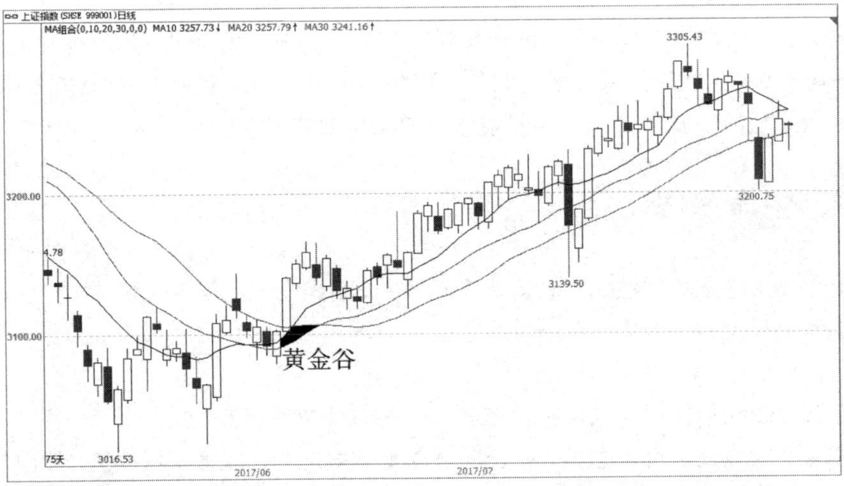

图 6-33

图 6-34

既然最终还是以多头排列和空头排列的形式作为最后的展现，那么辨识黄金谷、死亡谷就没有任何意义了，只需要辨识多头排列、空头排列即可。而多头排列与空头排列，是由三均线构成的，在优化序列上，不如双均线系统。

第 7 章 大过滤器之趋势线

趋势过滤器也可以称为趋势指示器。过滤，是为了过滤掉在趋势之上做空的操作和在趋势之下做多的操作。既然要指示方向，这款工具就要有趋势性，那么趋势性工具有哪些呢？趋势线、移动平均线、趋势性指标和部分摆性指标。

7.1 趋势线

相信每个学习技术分析的朋友，都学过如何画趋势线。选择突出的高点或低点，连接起来就是一条趋势线。但这条趋势线有没有意义呢？突出的高点与低点有很多，为什么选择那两个点？有没有经过深入的逻辑思辨？随手而画的趋势线，多半没有任何指导意义。因此，人们在画趋势线之前，要明确一点，特定级别内有意义的趋势线有且仅有一条。

7.1.1 趋势线的画法

趋势线的画法有多种，笔者比较认同的是维克多·斯波朗迪（Victor Sperandeo）在《专业投机原理》给出的趋势线画法。但维克多·斯波朗迪也有语焉不详、无法量化的地方，大家先看一下他是怎么定义的。

维克多·斯波朗迪的上涨趋势线：以离目前高点之前最近的低点为结束点，囊括前期所有低点的直线为趋势线。

两个点确定一条直线，其中一点是某个“低点”，低点又如何定义呢？低到什么程度算是低？比谁低叫作低？都无法给出准确的量化。因此，人们有必要对维克多·斯波朗迪的上涨趋势线画法进行优化。

优化后的上涨趋势线画法：以离目前高点之前最近的底分形的低点为结束点，囊括前期所有低点的直线为上涨趋势线。

目前，高点之前的底分形是可以确定和量化的，并且呈现出唯一性。这样画出来的趋势线，就是有且仅有一条的趋势线，如图 7-1 所示。

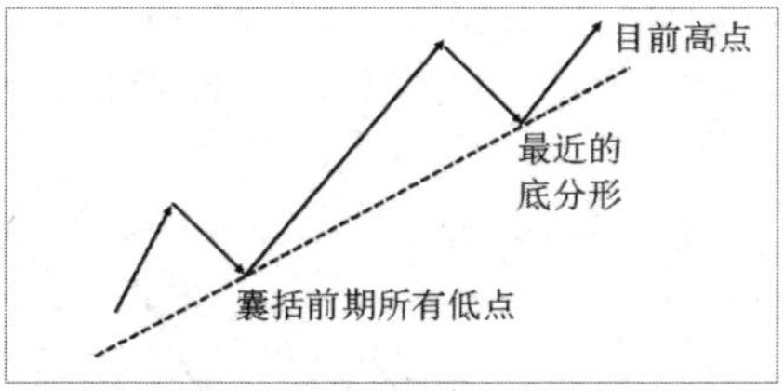

图 7-1

反过来下跌趋势线的画法：以离目前低点之前最近的顶分形的高点为结束点，囊括前期所有高点的直线为下跌趋势线，如图 7-2 所示。

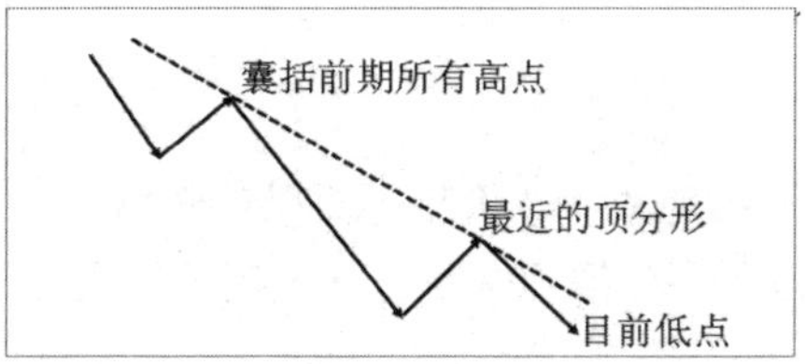

图 7-2

7.1.2　以趋势线为过滤器的应用

趋势线是可以指导方向的，如果在趋势线之上，任何向上排列的顶、底分形都是有序排列，任何向下排列的顶、底分形都是乱序排列。有序排列的时候做多，乱序排列的时候平多但不做空，如图 7-3 所示。

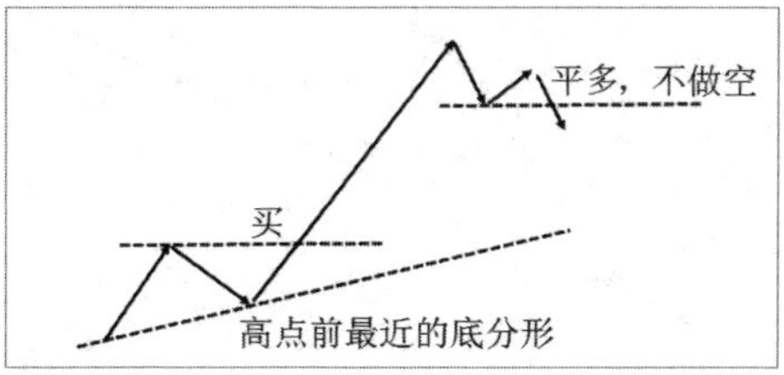

图 7-3

正因为有了趋势线过滤器，在趋势线之上，除了做多、平多以外，其他均不做考虑。在趋势线之上，出现了与趋势线方向相反的顶、底分形排列时，说明上涨走势告一段落，它可能是调整，也可能是反转，但这都不重要，因为我们不预测。只要价格没有下破趋势线，我们就默认为趋势还处于上涨之中。因此，只平多，不做空。

如果价格继续向上破高，还要继续做多，则之间的乱序可以合并为同一对顶、底分形。同时，“目前最高点”发生了变化，它不再是前期高点了，而是突破后的新高点，那么“离目前高点之前最近的底分形”也相应地发生了变化。趋势线要进行调整，如图 7-4 所示。

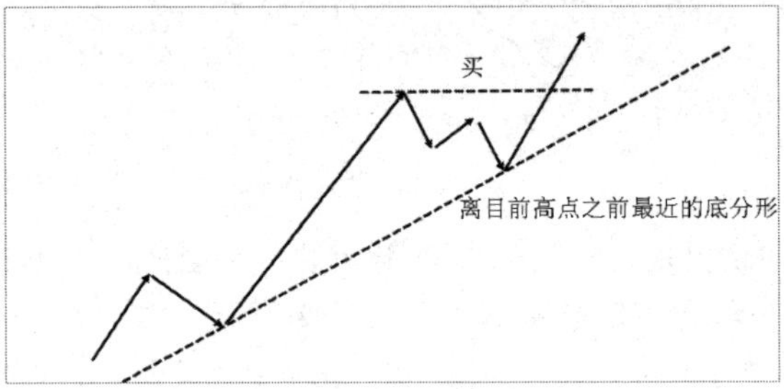

图 7-4

只要在趋势线之上不出现乱序，价格不下破趋势线，人们便可以一直持有多单。如果出现乱序，人们可以平多，但不做空。下破趋势线后，又有怎样的变化呢？分为两种情况。

第一种情况，虽然价格向下突破了趋势线，但没有形成向下有序排列的顶、底分形，反而继续向上破高。只要突破人们必将跟随做多，再重新调整趋势线。在新的趋势线上只要不出现乱序，不下破趋势线，则一直持有多单，如图 7-5 所示。“目前高点”发生了变化，“离目前高点之前最近的底分形”也发生了变化，调整趋势线，又一次新的轮回开始了。

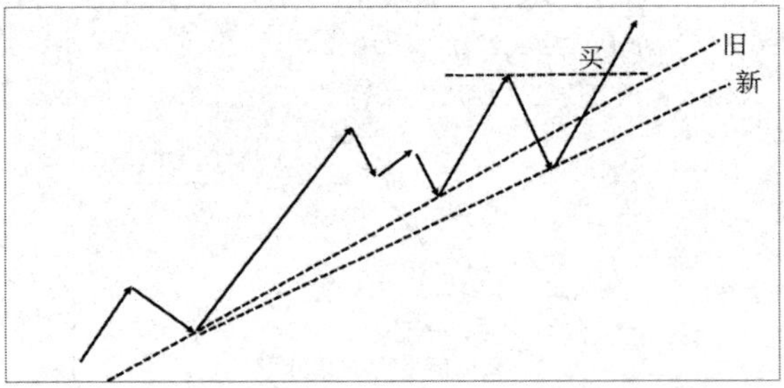

图 7-5

第二种情况，价格下破趋势线后，在趋势线之下形成了有序向下排列的顶、底分形。假设，趋势已经发生了改变，如图 7-6 所示。

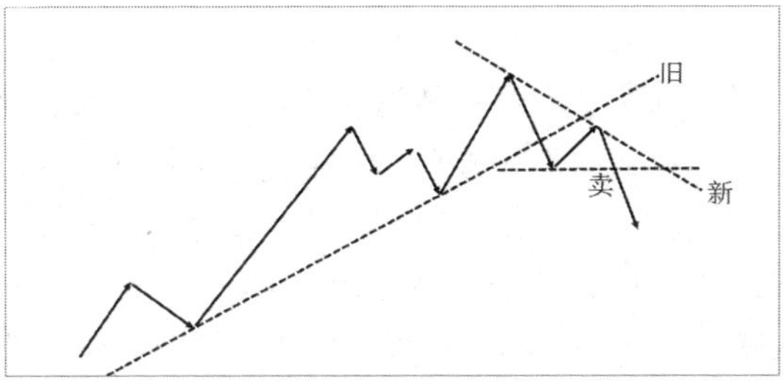

图 7-6

解构为两步。第一步，价格下破趋势线，说明上涨趋势时已经结束了，但下破仅仅是下破，要成为下跌趋势，必须出现 N 字转折，也就是说至少要有两对顶、底分形出现，因为至少两对顶、底分形才能形成趋势。第二步，向下出现顶、底分形的有序排列，某级别的下跌趋势开始，根据趋势线的画法，重新画出新的下跌趋势线。

如果持有空单该如何操作？与持有多单相同，只要不在趋势线上出现顶、底分形的乱序排列，或上破趋势线，则一直持有空单。

7.1.3　123 原则

上一节展示了以趋势线为过滤器在持仓与平仓中的应用，那么最初的买入点在哪里呢？其实只要符合了上涨趋势的定义，便是买点，即在突破了下跌趋势线后，出现了有序向上排列的顶、底分形时买入。维克多 • 斯波朗迪把这种买法称为 123 原则。上涨 123 原则如图 7-7 所示。

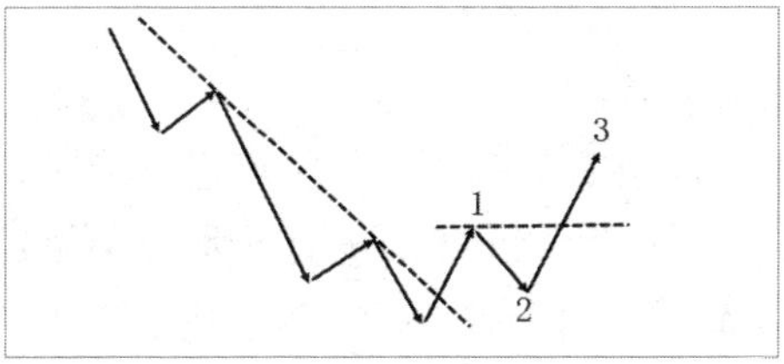

图 7-7

维克多 •斯波朗迪把突破趋势线的第一波上涨称为原则 1。然后开始回调，注意，回调的低点不能突破前期低点，此处的回调称为原则 2。回调结束后，再次上涨，突破了原则 1 的高点，此次上涨称为原则 3。

值得注意的是，原则 2 规定的不能突破前期低点，正好符合波浪理论中的调整浪的调整幅度不能超过推进浪的幅度的规定。并且，原则 1、原则 2 和原则 3 也正符合波浪理论中的 123 浪。但 123 原则比波浪理论更容易让人接受的是，在 123 原则有了趋势线这个大过滤器之后，人们更容易识别 1 浪、2 浪和 3 浪了。

如何判断原则 1 是否结束了呢？只要突破下跌趋势线后的上涨出现了顶分形，原则 1 结束，原则 2 开始。如果人们没有分形的概念，则无法准确识别原则 1 的位置。那么原则 2 何时结束呢？因为原则 2 可以很复杂、很漫长，它可以一直在原则 1 的范围内震荡，所以追问原则 2 何时结束并没有意义。

同理，下跌 123 原则与上涨 123 原则操作相同，如图 7-8 所示。

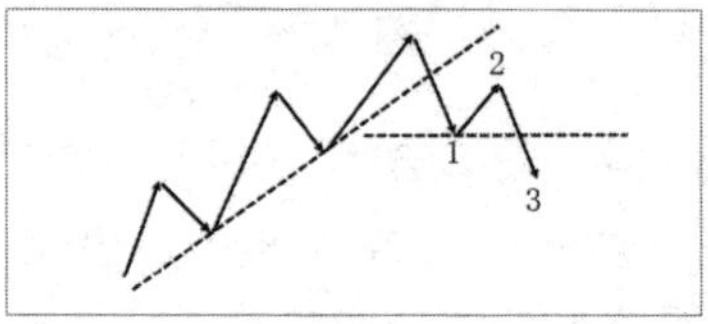

图 7-8

如果再牵强附会一下，在上涨 123 原则中，可能会出现头肩底形态、双重底形态及三重底形态。在下跌 123 原则中，可能会出现头肩顶形态、双重顶形态及三重顶形态。

7.1.4 不同级别的趋势线

在本章开篇的部分，笔者说过“特定级别内，有意义的趋势线有且仅有一条。”为什么笔者要强调特定级别内呢？因为级别有大有小，道氏理论将级别分为主要趋势、次要趋势和短暂趋势。短暂趋势暂且不管，因为它是最基础的第一波走势。主要趋势与次要趋势，可分为两个级别，所以人们至少要把图表分为（相对）大级别与（相对）小级别。

在波浪理论中，如果是简单的 8 浪轮回、上五下三结构，则只有一个级别上涨和一个级别下跌的趋势线画法，如图 7-9 所示。但若它再继续上涨破高呢？前文说过，如果目前高点出现了变化，则高点之前最近的底分形也会随之发生变化。因此，趋势线也应随之发生变化，如图 7-10 所示。

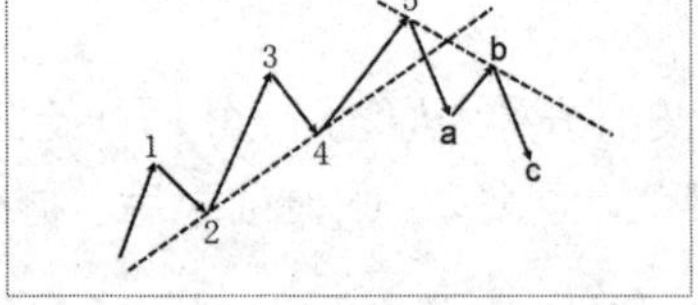

图 7-9

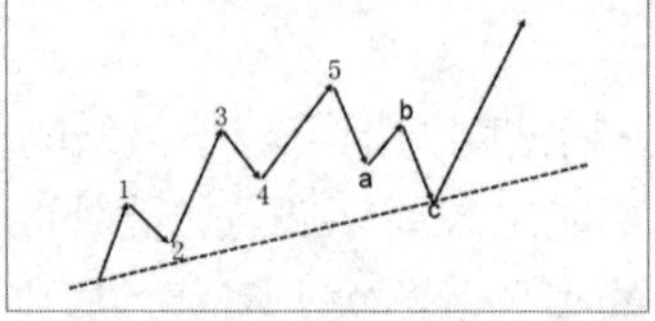

图 7-10

以上都没有问题，但如果在破高之后又出现了新的有序向上排列的顶、底分形，则目前高点之前最近的底分形再次发生了变化，因此还是要再次修改趋势线，如图 7-11 所示。

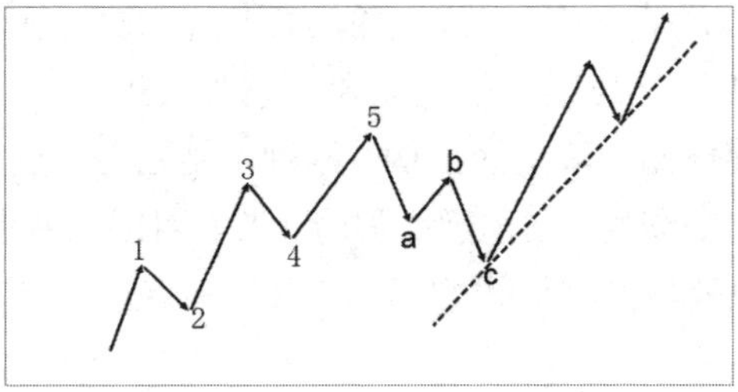

图 7-11

仔细想一想，这样做确实符合了趋势线画法的定义，但是否有遗漏？重新推导一下，当形成上涨 123 原则时，买进开仓；当价格下破趋势线时，卖出平仓；当形成下跌 123 原则时，卖出开仓，如图 7-12 所示。

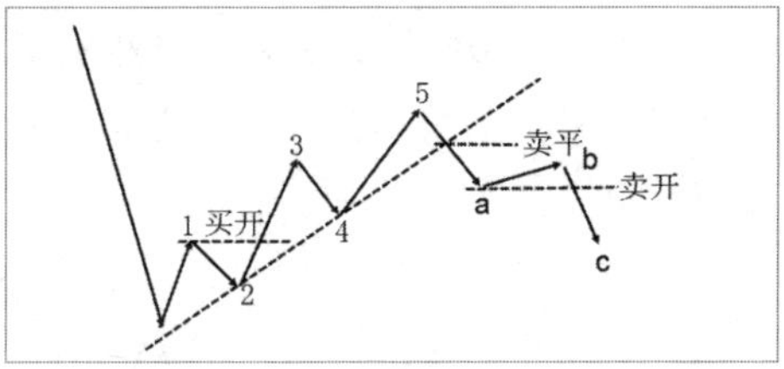

图 7-12

但如后市所见，此次的下跌，仅仅是回调而已。人们如果在此处做空、卖出开仓，等待人们的只有止损。小幅止损无所谓，关键是整个交易系统都会出现问题，紧随小级别趋势不停地买进、卖出，趋势并没有达到过滤的目的。因此，在关键节点上，人们一定有所遗漏，如图 7-13 所示。

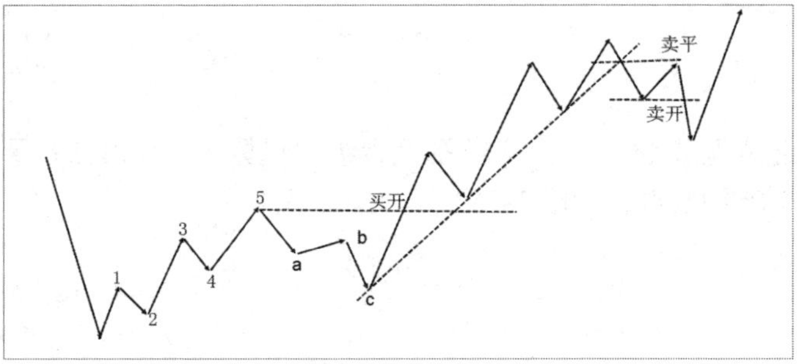

图 7-13

本章之所以要重点论述趋势过滤器，主要目的就是过滤掉不必要的反向操作。图 7-13 所示为大 2 浪的调整，因为人们不预测，所以人们除要跟随一次做空、止损外，还一定要在大 4 浪位置上规避开，才能达到过滤的目的。因此，人们可以根据顶、底分形来画出小级别趋势线，但还需要一条更大级别的趋势线。

从波浪理论推导简单的 5 浪上涨结构，刚刚开始画上涨趋势线时，是以起点和 2 浪的低点来确定这条趋势线的。当出现 5 浪时，人们可以用 4 浪低点和前期某一低点来确定这条趋势线，也就是说趋势线的第二点（结束点），不是 2 浪底，就是 4 浪底。

再放大一个级别去思考，波浪理论其大无外、其小无内，它可以放大到无限大的级别，也可以缩小到无限小的级别。小级别趋势线的结束点可以用小级别的 2 浪、4 浪低点来确定，那么大级别趋势线的结束点可以用是否为相应的大 2 浪、大 4 浪低点来确定。

再回到上面的案例中，如图 7-14 所示，以大 2 浪的低点为结束点，画出一条大级别趋势线。价格虽然下破了小级别趋势线，卖出平仓后，即便出现了向下有序排列的顶、底分形，人们也不再卖出开仓做空了。因为它虽然破了小级别趋势线，但还没有下破大级别趋势线。大级别趋势线指引的是大级别方向，在大方向没有改变的情况下，一切卖出信号都可以忽略。

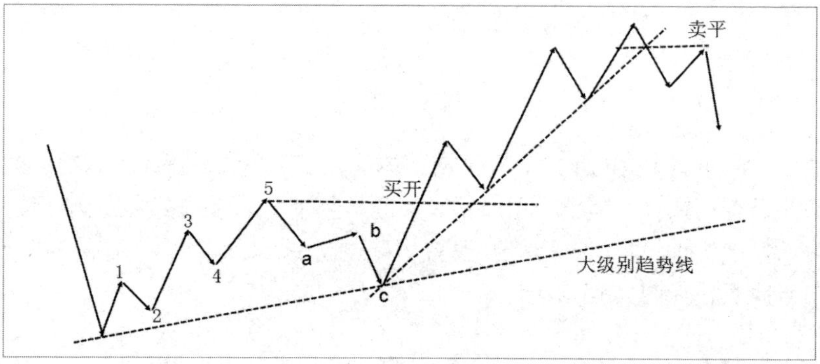

图 7-14

如果价格继续上破，形成大 5 浪，那么大级别趋势线的结束点就要从大 2 浪的低点，转换成大 4 浪的低点，如图 7-15 所示。

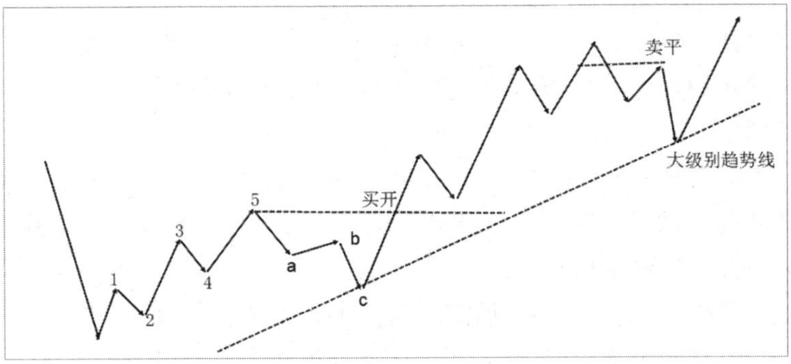

图 7-15

如何定义大级别趋势线呢？笔者说过，在趋势线之上，一切与大方向相反的顶、底分形排列，都是乱序排列。而每一次乱序排列，都是一次大级别的调整浪。因此，人们可以给大级别趋势线的画法下定义。

大级别上涨趋势线的画法：以离目前最高点之前最近的顶、底分形乱序排列的最低点为结束点，囊括所有低点的直线。

大级别下跌趋势线的画法：以离目前最低点之前最近的顶、底分形乱序排列的最高点为结束点，囊括所有高点的直线。

与小级别趋势线做对比，大级别趋势线以小级别趋势线的结束点为顶、底分形的高点或低点，以大级别趋势线的结束点为顶、底分形乱序排列的最高点或最低点。

简单来说，小级别趋势线是由简单的一对分形高点和低点连接而成的，大级别趋势线是由相对复杂得多对分形的高点和低点连接而成的。简单的一对分形只能服从于所属趋势的方向；而多对分形就可以自由排列组合，既可能与主要趋势方向相反，也可能与主要趋势方向相同：方向相同，多对分形仍属于主要趋势；方向相反，则调整浪出现、乱序出现。

因此，以大级别趋势线为过滤器，可以在很大程度上过滤掉无意义的调整浪，避免无意义的亏损。

7.2　用趋势线架构完整的交易系统

如果人们有一套完整的交易系统，就可以解释所有的走势。这不同于其他零散的技术分析方法，如果人们只知道价格形态，那么除头肩形态、双重形态、三重形态、多重形态和各种持续形态外的东西就无法解释，也无法用于指导人们交易。

一套完整的交易系统，不但要告诉人们如何判断大方向（主要趋势），如判定这只是回调或反弹（次要趋势），而不是反转；还要告诉人们何时建仓、如何持仓、何时平仓（包括止损和止盈）；最重要的是要告诉人们每次建仓要冒多大的风险，如何配比自己的资金。

一套成熟的交易系统，对于任何一个品种中的任何一段走势都可以界定出来：这是上涨趋势还是下跌趋势？现在应该建仓还是应该等待？建仓要建多少？止损位在哪里？什么情况下应该平仓？

一套成熟的交易系统，只呈现给人们唯一性、确定性。如果人们的交易系统在某一时刻存在着模棱两可的情况，说明此交易系统并未将所有情况包容进去，仍存在漏洞，还需要改进、优化。

一套成熟的交易系统，应当不存在拟合参数与未来函数。未来函数代表着不确定性；拟合参数是对历史数据进行拟合，寻找最佳参数，然而这个参数虽然对于历史数据来说是最佳的，但它不一定适用于未来的数据。例如，用渔网打鱼，在没下网之前，鱼是静态的，而渔网在哪里下落是动态的。然而，一旦下网了，渔网是静态的，鱼却变成了动态的。

7.2.1 初始建仓

笔者建议人们将这套交易系统学完以后，把每个品种的走势从上市第一天开始进行分析，这不但可以让历史走势与当前走势进行衔接，也可以让人们更熟练地使用该套交易系统。任何一个品种在上涨第一天都只有两个方向，或上涨、或下跌。但直线上涨与直线下跌，对人们来说没有意义，除非它用顶、底分形来告诉人们未来的方向，如图 7-16 所示。

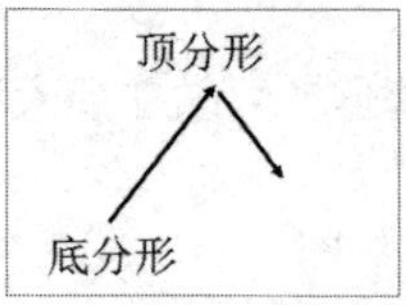

图 7-16

在讲趋势的时候，笔者说过，趋势形成的必要条件是至少出现两对有序排列的顶、底分形。因此，当只有一对顶、底分形出现的时候，对人们没有任何意义，必须等待行情进一步变化。以上涨为例，如图 7-17 所示。

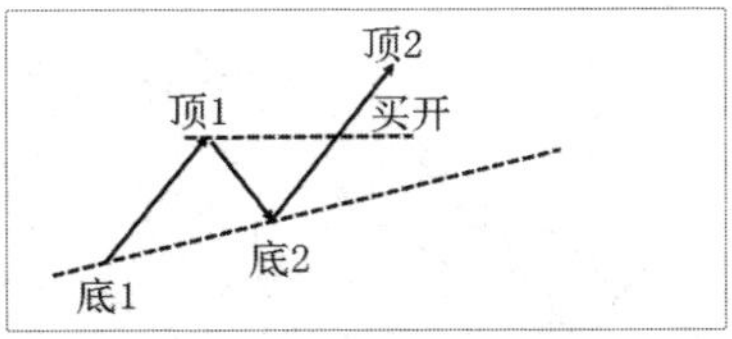

图 7-17

向上突破顶 1 时，必然已经形成一对向上有序排列的顶、底分形了，节点便是突破顶 1。之所以在顶 1 的位置以增加 1 个单位的价位买进，是因为只有比顶 1 多出最小一个单位的价位时，才算是突破，与顶 1 同价并不是突破。画出上涨趋势线，趋势线为过滤器，只要价格在趋势线之上，都属于上涨趋势。与趋势线方向相同的且向上排列的顶、底分形为有序排列，与趋势线方向相反的且向下排列的顶、底分形为乱序排列。

若价格在趋势线之上且形成了顶、底分形的乱序排列，或价格下破了趋势线，两者任一条件达成，即平仓，如图 7-18 所示。

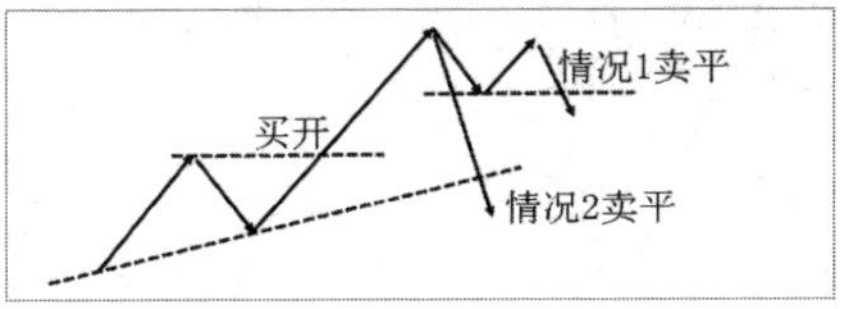

图 7-18

若未触发平仓条件，并且在趋势线之上形成了第三对顶、底分形，则应立刻修正趋势线。因为根据趋势线的定义，趋势线的结束点为离目前最高价最近的底分形的低点，第三对顶、底分形形成，则离目前高点最近的底分形的低点随之发生了改变，因此必须根据定义调整趋势线，如图 7-19 所示。

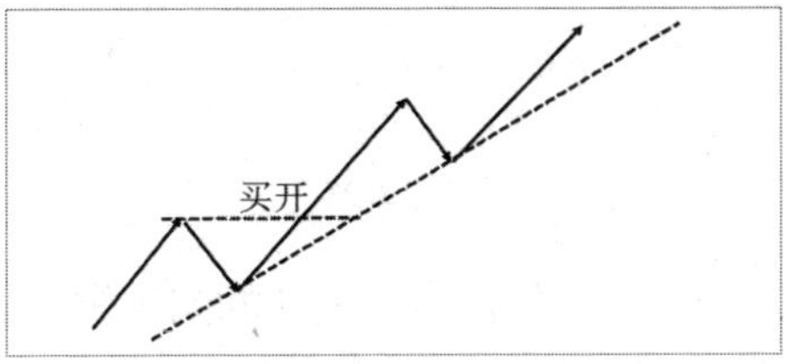

图 7-19

调整趋势线后，在新的趋势线之上出现了顶、底分形的乱序排列，或价格下破趋势线时，也要平仓。趋势线之上与顶、底分形向上有序排列是人们看涨的两个必要条件，其中任何一个必要条件被打破，继续向上的概率都会缩小，如图 7-20 所示。

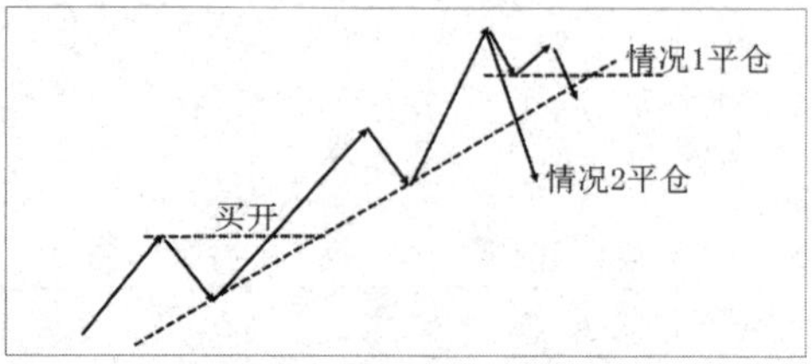

图 7-20

这样的上涨走势，人们可以画出无数个，但通常会像波浪理论所描述的那样，形成 5 浪上涨、9 浪上涨、或 13 浪上涨。但不论是几浪上涨，它总要有个尽头。上涨结束，便是反转之时。如果在多单平仓后，行情继续向上，怎么办？继续破高，形成了新的有序向上排列的顶、底分形，说明它回归了上涨趋势，在突破位继续做多，并且调整趋势线。

图 7-21 所示为焦炭 1801 合约 2017 年 6 月 2 日至 7 月 6 日日线走势图。图中形成了两对顶、底分形，在焦炭突破第一个顶分形高点时买进，并且画出趋势线。当焦炭价格跌破趋势线时，卖出止盈平仓，但这还没有结束。

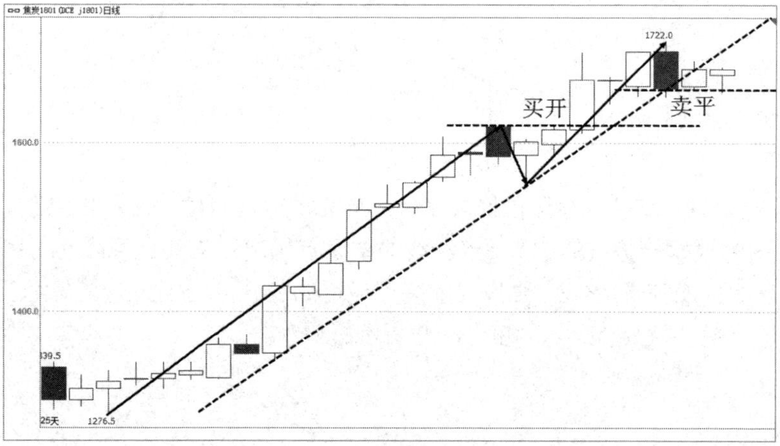

图 7-21

焦炭价格虽然下破了趋势线，但没有形成新的向下排列的顶、底分形，所以它并没有形成下跌趋势，震荡了几天后，继续向上破高，重归了上涨趋势。此时破高买进，调整趋势线，如图 7-22 所示。买进后，再次下破趋势线时，卖出止盈平仓。

图 7-22

当焦炭价格再一次破高时买进，随即焦炭价格下破了趋势线，此时卖出止损平仓，如图 7-23 所示。

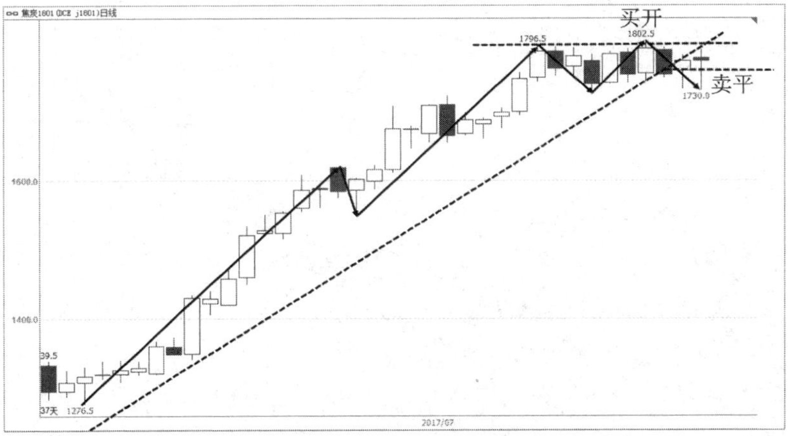

图 7-23

但焦炭价格在短暂地调整后会继续向上破高买进。在趋势线之上，焦炭价格一路上涨，并且出现了一次回调，即未形成顶、底分形的乱序排列，也未下破趋势线，调整过后继续破高上涨。此时离目前高点之前最近的底分形的低点出现了变化，人们也应顺应新的变化，调整新的趋势线，如图 7-24 所示。

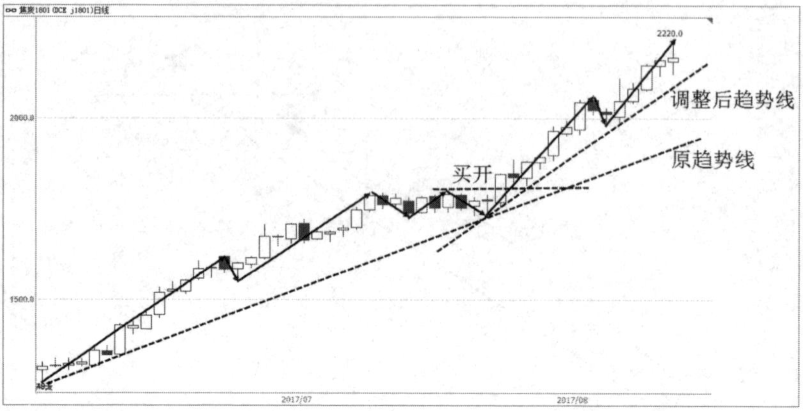

图 7-24

不停地循环往复，如图 7-25 所示，当焦炭价格再一次下破趋势线时，止盈平仓。随后，在再次向上破高时买进，根据新的底分形的低点，不停地调整趋势线，等待它进一步的演进。

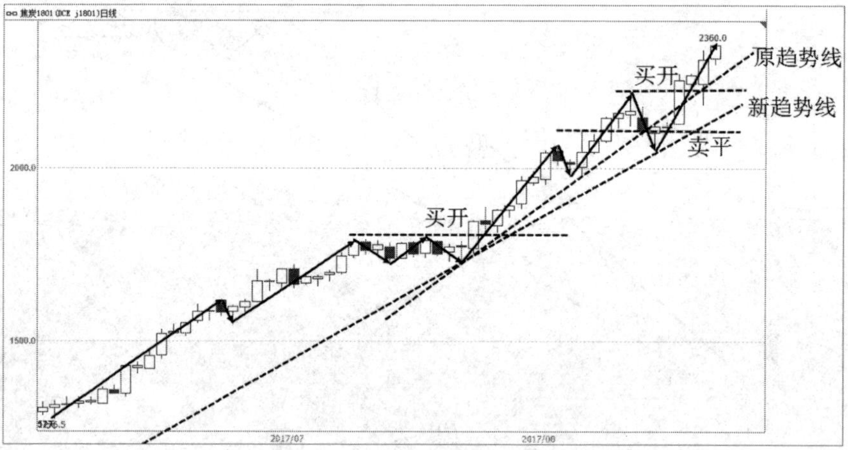

图 7-25

在焦炭的案例中，人们不需要做任何预测。那么人们是如何知道它下一步是上涨还是下跌的呢？上破了，就是形成上涨趋势，或是重归上涨趋势。只要在两个必要条件之内，它就一直是上涨趋势，安心拿好自己的多单，不用担心它是不是涨太多或可能要回调了。没有任何的预测，只是不断地突破、跟随。人们就像一个机器人或一个程序，触发条件就按下相应的按钮，未触发条件就一直拿好自己的多单。

7.2.2　第一次反转

价格不会永远下跌下去，跌破过滤器之时就是反转出现之时。过滤器指引的是方向，既然方向指示器都已失灵，那么原趋势发生改变的可能性极大。用趋势线架构的交易系统有两个必要条件：一为趋势；一为顶、底分形的排列方向。当价格刚刚下破趋势线时，还不能满足这两个必要条件，如图 7-26 所示。

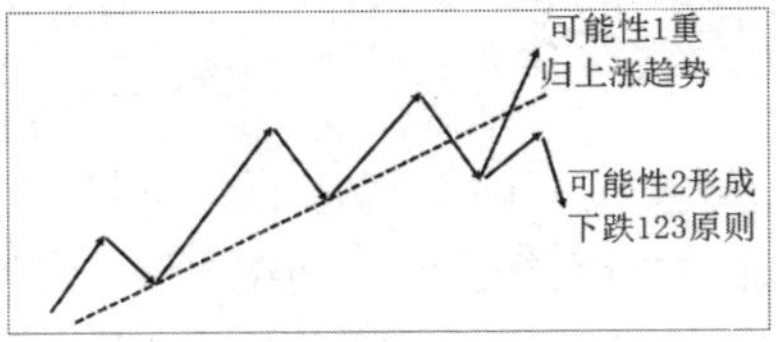

图 7-26

如果价格跌破下跌趋势线后，便再次向上突破，重归了上涨趋势，继续做多即可。如果价格下破趋势线后，形成了下跌 123 原则，则满足了下跌趋势的两个条件：可以画出下跌趋势线，且有两对向下有序排列的顶、底分形。既然符合了趋势的所有必要条件，那么它表现为什么就是什么，在操作上要做空，如图 7-27 所示。

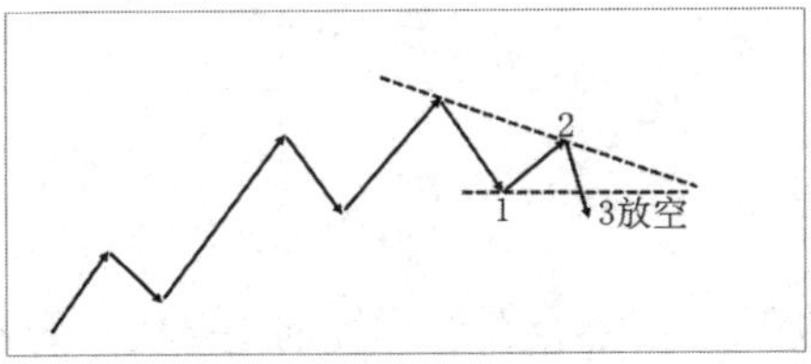

图 7-27

需要注意的是，此时都是小级别趋势线，没有大级别趋势线。因为大级别趋势线需要将顶、底分形的乱序排列包含在内。此时左侧的上涨趋势为有序向上排列，右侧的下跌趋势为有序向下排列，向下排列的顶、底分形并未出现在某一个大级别上涨趋势中，而向上排列的顶、底分形也未出现在某一个大级别下跌趋势中。目前走势非常简单，就是一段上涨趋势和一段下跌趋势，因此只有小级别趋势线。

下跌趋势建仓后，与上涨趋势互为镜像。上涨趋势怎么持仓、止盈及止损，下跌趋势便如法炮制，在此不再赘述。

通常下跌趋势的放空操作，会因止损而终结。因为根据波浪理论，前期上涨 5 浪，而后下跌 3 浪。很可能前期的上涨趋势为大 1 浪调整，而后期的下跌趋势为大 2 浪调整。当然这只是通常情况，并不绝对。即使发生亏损，有趋势线和出击日线止损法在，人们也不会亏损过多。但万一它真的是向下反转的行情，再加入主观猜测，那么人们则可能会踏空一整波行情。还是那句话，它表现的是什么，它就是什么，人们就怎么做。

因为笔者是以上涨趋势为例，所以笔者必须让它出现止损，以便继续上涨情况的阐述，止损后，再次向上破高，便又回归了上涨趋势，此时出现了第一根大级别趋势线。

7.2.3 第一根大级别趋势线

如图 7-28 所示，因为走势重归了上涨趋势，所以从最初的起点到目前的高点是一波大级别的上涨趋势。为什么说它是大级别？因为在这段上涨趋势中，包含着一段顶、底分形的向下排列，即在这一波上涨趋势中出现了与上涨趋势相反的走势，所以它必然是次要趋势，既然有了次要趋势，相应地也就有了主要趋势。既然有主次之分，也就有了大小级别。那么，根据顶、底分形乱序的低点画出的趋势线，也就是大级别趋势线。

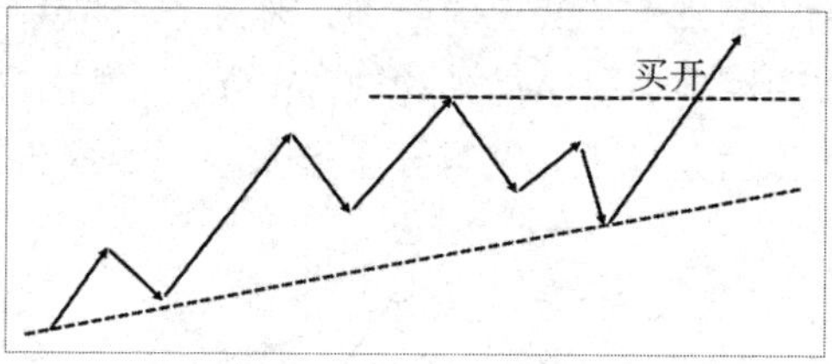

图 7-28

既然有了大级别趋势线，必然存在着小级别趋势线，如图 7-29 所示。价格未突破大级别趋势线，在大级别趋势线之上也未形成顶、底分形的乱序排列，则可一直持有多单。直到在大级别趋势线之上出现了新的顶、底分形，按照小级别趋势线的定义画出小级别趋势线。

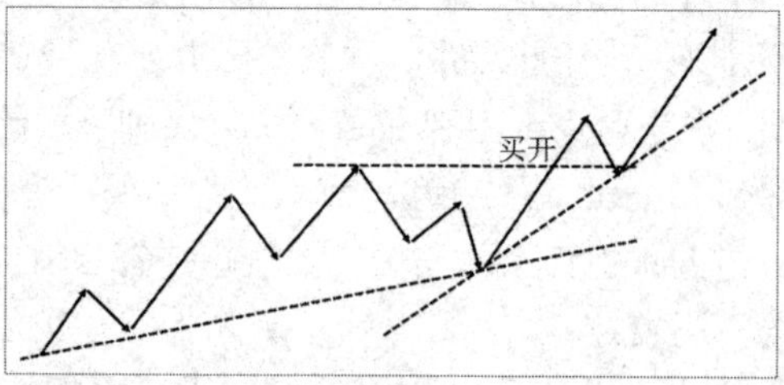

图 7-29

此时的大级别趋势线只起到指引方向的作用，止盈、止损的平仓操作，都由小级别趋势线来界定。也就是说，人们又回到了初始始建仓之后的操作范例中，只不过多了一条大级别趋势线而已。但大级别趋势线不参与操作，后续的持仓、调整小级别趋势线、平仓，都与没有大级别趋势线之前相同。

7.2.4　第二根大级别趋势线

此时即便价格下破了小级别趋势线，并且在小级别趋势线之下形成了顶、底分形向下排列，也不能看作下跌趋势线。因为这一切都发生在大级别趋势线之上，只要大级别趋势线未被突破，价格就还在上涨趋势中。而一切与大级别趋势线方向相反的顶、底分形排列，都被看作乱序排列，也就是波浪理论中所说的调整浪，如图 7-30 所示。

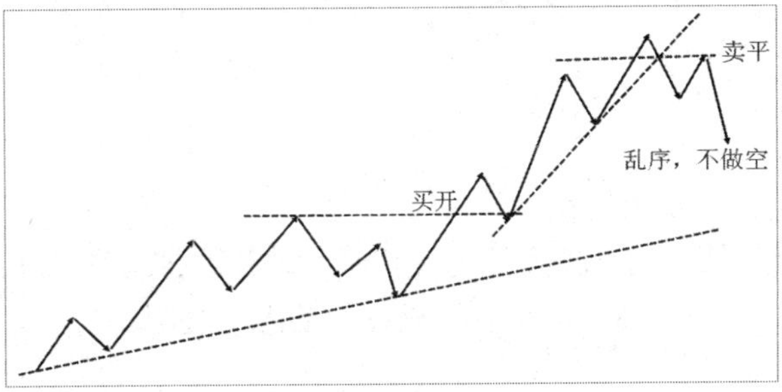

图 7-30

第一次向下的反转，因为没有大级别趋势线的过滤，表现为下跌趋势，那么人们便将其看作下跌趋势，人们要做空，因为人们不预测。当第一次反转结束，形成大级别上涨趋势后，便有了大级别趋势线，后续次要趋势的调整，便可以被过滤掉。

当价格再次向上突破前高时，则又重归于上涨趋势，人们还可以继续买进。根据大级别趋势线的定义，大级别趋势线的结束点为离目前高点之前最近的顶、底分形乱序的低点。因此，当出现新的顶、底分形乱序排列时，大级别趋势线也要做相应的调整，如图 7-31 所示。

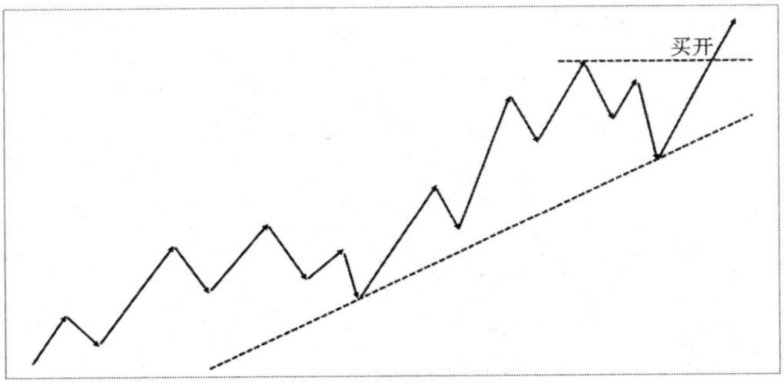

图 7-31

那么一切又回到了第一次画出大级别趋势线的时候，只要价格没有在大级别趋势线之上形成顶、底分形乱序排列，且没有下破大级别趋势线，人们就一直持有多单。而且在大级别趋势线之上出现了新的顶、底分形后，还要补上小级别趋势线，如图 7-32 所示。

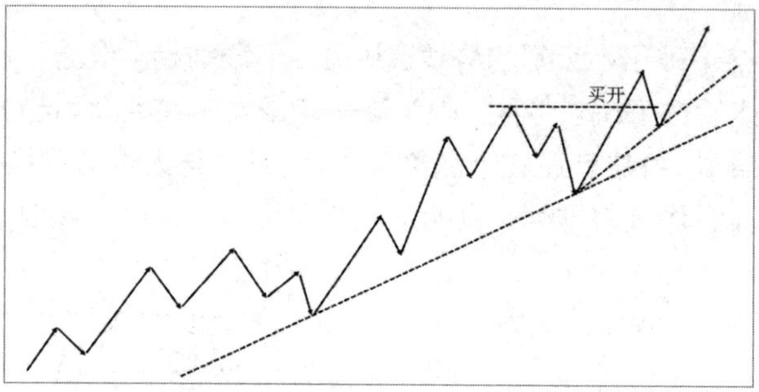

图 7-32

还是一次循环往复，当小级别趋势线出现后，大级别趋势线只起到指引方向的作用，并不参与操作，一切持仓、平仓等操作，都由小级别趋势线来界定。

7.2.5 直指波浪理论的核心

波浪理论为人们描述了完整的上涨波浪，如图 7-33 所示，它由三次推进浪和两次调整浪组合而成。但笔者没有数浪形，因为笔者说过，在行情的演变中，是无法数清任何一种浪形的，波浪理论的过度量化，带给人们的只有迷惑性和不确定性。但我们用顶、底分形的有序排列，小级别趋势线和大级别趋势线，以及顶、底分形的乱序排列这三个必要条件，就可以勾勒出完整的波浪理论，无须数浪，也无须预测，并且呈现出的只有唯一性。

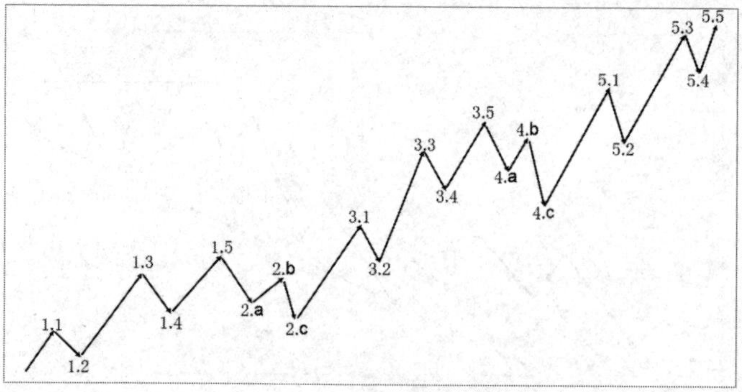

图 7-33

回顾一下以往的交易，如下所示。

(1) 在 1.3 上破 1.1 高点时买进开仓，在 2.a 下破由 1.2 与 1.4 画出的上涨趋势线时卖出平仓。

(2) 在 2.c 下破 2.a 低点时卖出开仓，在 3.1 上破由 1.5 与 2.b 画出的下跌趋势线时买进平仓。

(3) 在 3.1 上破 1.5 高点时买进开仓，在 4.a 下破由 3.2 与 3.4 画出的上涨趋势线时卖出平仓。

(4) 在 5.1 上破 3.5 高点时买进开仓，一直持有至价格下破由 5.2 与 5.4 画出的上涨趋势线时卖出平仓。

突破便跟随，走势表现出上涨趋势的两个必要条件：有向上有序排列的顶、底分形和上涨趋势线，那么人们就做多，不论它现在的价格有多高，也不论它之前上涨了多大的幅度，一定要遵守规则——表现的是什么，它就是什么。两个必要条件中，只要有一个必要条件被打破，便平仓。

虽然波浪理论的过度量化破坏了它的操作性，但人们可以避开它的量化，只用波浪理论的核心内容：推进浪是顶、底分形的有序排列，调整浪是顶、底分形的乱序排列，一切便可迎刃而解。

7.3　真相并不完美

虽然人们可以在纸上演绎出完美的走势，并且解决了波浪理论操作性难题，但真正的走势并不完美。因此，在真正交易时，人们还是会发现走势并不是像波浪理论一样严格地推进、有序地回调，真实的走势更加曲折，人们要考虑到每一种情况，再给出相应的解决方案。

7.3.1　自同构解决方案

如果在上涨过程中，上涨速度过快、幅度过大，导致它与大级别趋势线有很大的偏离，并且它的回调也非常深，那么等它上破前期高点、重归上涨趋势后再进行交易，会不会太迟？会不会浪费了太多的上涨行情？如图 7-34 所示。

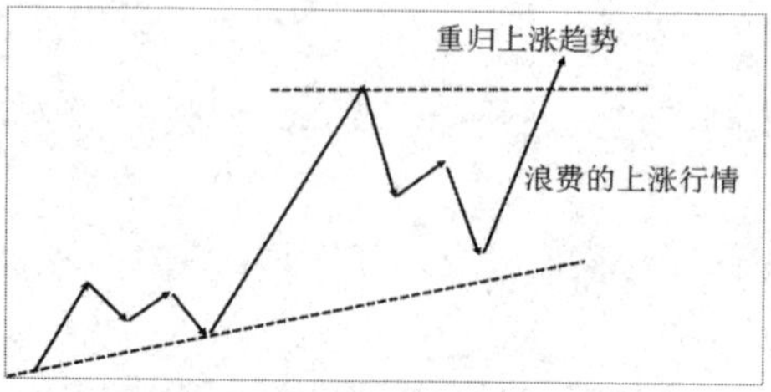

图 7-34

再次上涨的起涨点，与人们介入多单的点位相差太多，有可能当它刚刚突破时，上涨行情就结束了，不但浪费了巨大的涨幅，也使人们陷入了可能亏损的风险中。这种情况怎么解决呢？这就需要人们利用自同构的解决方案了。

走势中到处都是分形，不论是上涨趋势还是下跌趋势，都是由一个个的分形排列所构成，只是级别不同而已。另外，除大级别的 123 原则外，还有小级别的 123 原则，如图 7-35 所示。

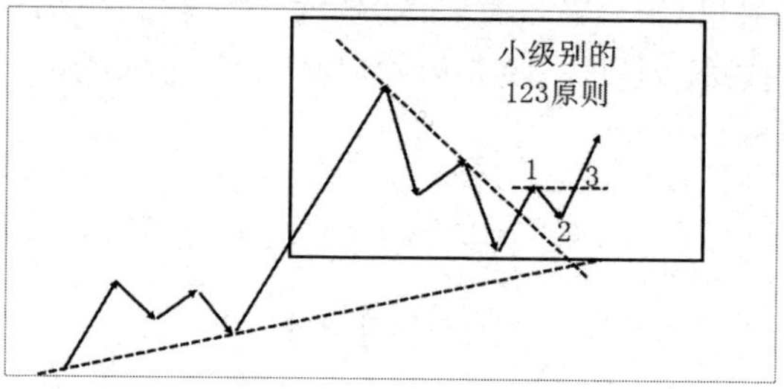

图 7-35

从大的方面看，价格始终处于大级别趋势线之上，大级别趋势线指引方向，那么只要价格不破大级别趋势线，只能做多，不能做空。

从小的方面看，如果人们回调画一条下跌趋势线的话，价格上破下跌趋势线形成上涨 123 原则，则又形成了一个买点。当然，理论上在上涨趋势中不存在下跌趋势线，可以把那条下跌趋势线当成辅助线。

这样一来，小级别的 123 原则，与最初建仓的 123 原则的形态和结构是相同的，只是出现的位置不一样。既然结构相同，指导意义也相同，为什么不利用这样的走势继续买进呢？这就是利用自同构给出的解决方案。

图 7-36 所示为镍 1801 合约 2017 年 6 月 14 日至 10 月 23 日日线走势图。首先要确定大级别趋势线画的是否正确。大级别趋势线的结束点为 74 500 点，而在它之前的顶、底分形的低点为 54 510 点，也就是说，后面的底分形的低点要低于前面底分形的低点。因为整体为大级别上涨趋势，按照上涨趋势的定义，后面的

每一个底分形的低点，都要高于前一个底分形的低点，但这里打破了这样的有序排列，所以它是乱序排列。既然是乱序排列，则以乱序排列的最低点为结束点画出的趋势线为大级别趋势线。

图 7-36

其次，在这一次顶、底分形乱序排列之后，直至最高点 97 720 点之前，都未再出现过乱序排列，所以大级别趋势线到目前为止，只有这一条。

在高点 97 720 点之后，镍的价格开始下跌。虽然经历了大幅下跌，但都没有跌破大级别趋势线，因此人们默认：即使是下跌，也仅仅是上涨趋势中的一次回调，只不过幅度略深。在下跌的过程中，人们可以按照下跌趋势线的画法，每出现一次新的顶分形就调整一次下跌趋势线，直到镍的价格向上突破了这根辅助的下跌趋势线，并且形成了上涨 123 原则，按照自同构解决方案，在形成小级别 123 原则时做多。

在后续的走势中，不断地根据新出现的顶、底分形乱序排列调整新的大级别趋势线。需要注意的是，人们必须在价格突破前期高点之后，也就是重归上涨趋势线之后，才能调整大级别趋势线，如图 7-37 所示。在自同构解决方案之后的做多交易，与前文所说的操作方法相同，无外乎用顶、底分形的排列与趋势线作为必要条件，此处不再赘述。

图 7-37

7.3.2 趋势线陷阱

在这套交易系统中，趋势线起了很大的作用，大级别趋势线用以界定大级别趋势线，小级别趋势线用以界定小级别趋势线。大级别趋势线用以判定方向，小级别趋势线用于具体的开平仓操作。

如果遇到趋势线陷阱怎么办？单纯用趋势线来寻找平仓点位的话，小级别趋势线与 K 线贴合过近，有时候会因为行情的窄幅波动不断出现止损。若是在快速上涨的股市中，上涨的速度越来越快或是下跌的速度越来越快，小级别趋势线就会立下大功。在大级别趋势线的方向指引下，建立多单后，随着上涨的速度越来越快，只需要不断调整小级别趋势线即可。而且在下破小级别趋势线后，人们基本上可以在高位平仓，如图 7-38 所示。

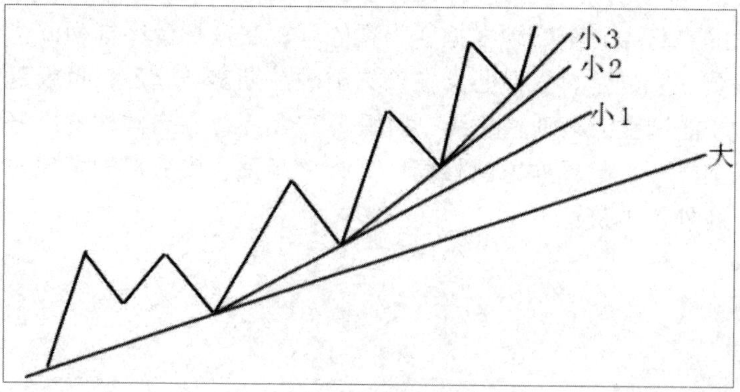

图 7-38

图中标识的小 1、小 2、小 3 为不断调整的小级别趋势线。需要注意的是，这三根趋势线是不断调整的结果，并不是同时存在的。笔者曾说过，有且只有一条趋势线，也就是说，一张图中仅能存在一根大级别趋势线与一根小级别趋势线，同级别的趋势线是不能并存的。

若上涨速度越来越慢，或者下跌速度越来越慢，小级别趋势线就会被连续突破，如图 7-39 所示。在大级别趋势线的指引下做多，小 1 级别趋势线被突破，止损；再破高，买进开仓；小 2 趋势线被突破，再止损；再破高，买进开仓；小 3 级别趋势线被突破，再止损。方向并没有错，确实是上涨的，并且人们也是按照上涨的方向做多的，但人们并没有赚到钱，甚至出现了三次止损。而且，在图中人们能看到三根小级别趋势线的斜率是不断变小的，也就是说上涨的速度越来越慢了。

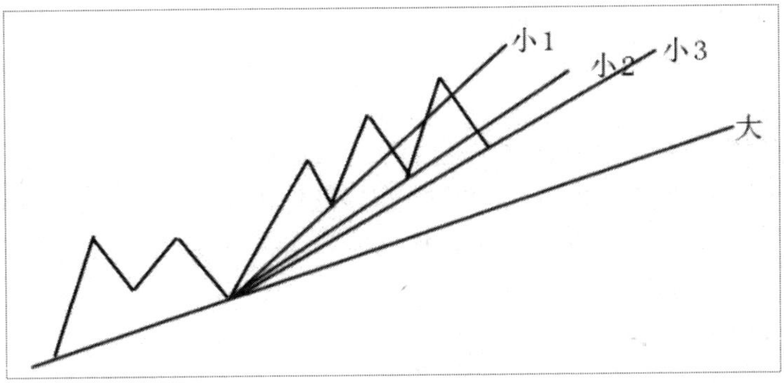

图 7-39

问题出在哪里呢？问题在于人们过度优化了。大级别趋势线的作用是指引方向，不可能去除，所以问题不在于大级别趋势线。但小级别趋势线与蜡烛图贴合过近，它们之间需要空间和呼吸，贴合过近很容易发生“擦枪走火”的事件。但如果没有小级别趋势线呢？如图 7-40 所示。

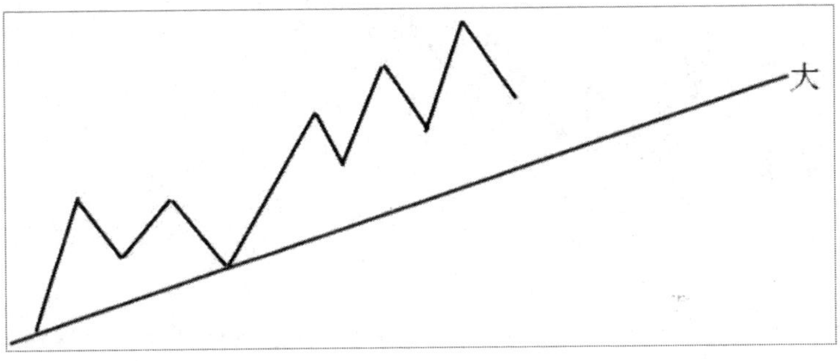

图 7-40

从图中来看，好像更加清晰了。在大级别趋势线的指引下，人们做多，只要顶、底分形不出现乱序排列，便可以一直持仓，直到出现顶、底分形乱序排列时平仓，如图 7-41 所示。

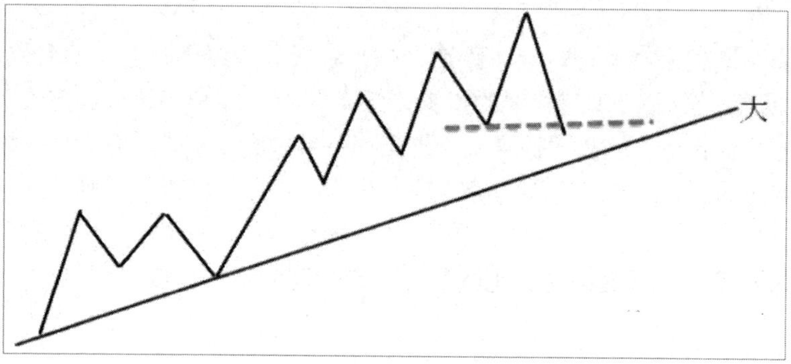

图 7-41

这么做的好处在于，如果价格一直处于上涨趋势中，不论它的涨速是越来越快，还是越来越慢，只要它的顶、底分形处于有序排列之中，人们便可以持有多单不放。图 7-42 所示为甲醇 1801 合约 2017 年 4 月 27 日至 9 月 24 日日线走势图，人们应在甲醇价格突破前高重回上涨趋势时做多。

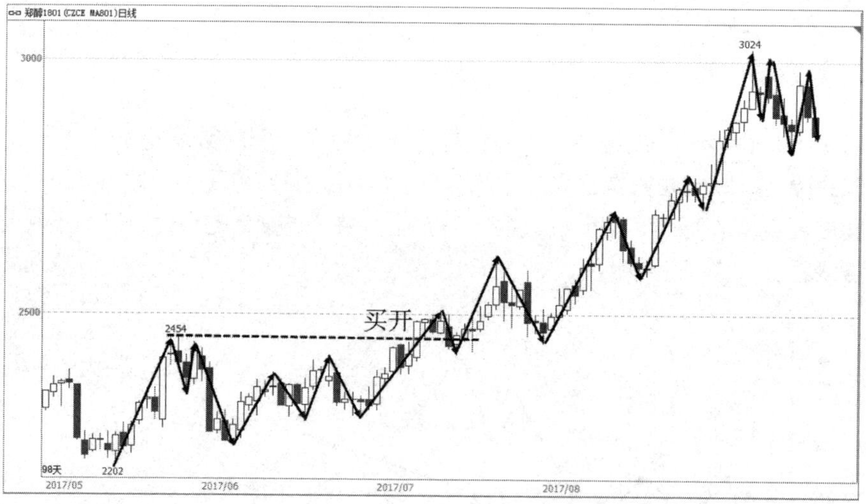

图 7-42

如果人们用小级别趋势线来界定后面的走势，小级别趋势线一旦被破，便卖出平仓，则它会出现一次无谓的平仓，如图 7-43 所示。

图 7-43

再次突破高点建仓后，后期走势的上涨速度越来越快，直到下破最后一次修正的小级别趋势线后卖出平仓，如图 7-44 所示。

图 7-44

如果人们不用小级别趋势线，仅用顶、底分形乱序排列来平仓会出现什么情况呢？如图 7-45 所示。突破建仓后，走势一直呈现顶、底分形有序排列，因此在这一大波上涨趋势中仅出现一次交易，直到最后出现顶、底分形乱序排列时，卖出止盈平仓。

图 7-45

如此去掉趋势线后，减少了一次交易。人们不会因为多增加的那一次交易而浪费低位卖、高位再买的上涨空间，反而会赚得更多。

有时小级别趋势线与蜡烛图过贴近，导致突破建仓后的同一天，便出现了止损，并且在同一波走势中反复多次。方向并没有判断错，但反复的开仓止损，过于消耗。既然如此，是否要放弃趋势线呢？

有人说，趋势线分析法是假定趋势是匀速行进的。事实上，趋势并不是匀速行进的，价格更不是。这就造成了假突破现象的出现，但趋势并没改变。这几乎一语道破了趋势线的弱点。趋势线是一条直线，其上的每一个点的斜率都是相同的，且都以同样的速率向前行进着。但真实的价格走势，却如蛇行般蜿蜒，它可能由快变慢，也可能由慢变快，更可能忽快忽慢。因此，人们用同一速率的工具去界定它，当然是要吃些亏的。

但这样的论断，只提出了趋势线或许是陷阱的质疑，并未给出解决方案。没有解决方案的质疑等于没有质疑。例如，有人认为现在的红绿灯方案不好，完全应该换一种方法管制交通。好，那么他有没有可替换的方案呢？如果没有，贸然取消了红绿灯制度，岂不是会造成更大的灾难？

并且趋势线到底是不是陷阱，还有待商榷，笔者再给出一种情况，如图 7-46 所示。用小级别趋势线可以在高位平仓，而去掉趋势线，只用顶、底分形的乱序来平仓，会回吐掉非常多的利润。

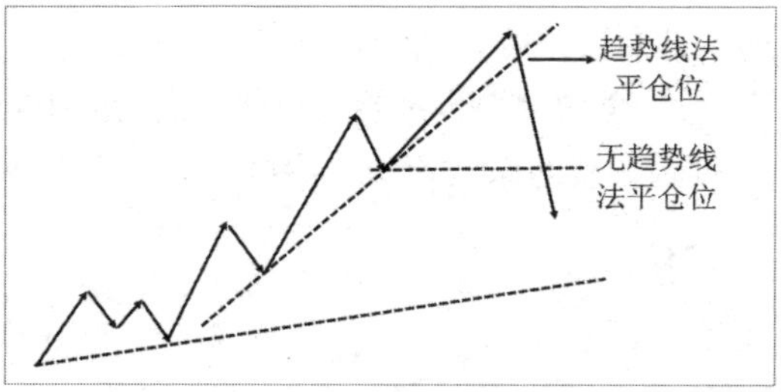

图 7-46

因此，有时有小级别趋势线效果更好，有时没有小级别趋势线效果更好。长期来看，用趋势线，可能会在一定范围内、一定程度上，造成一些不必要的麻烦，频繁进出，一整段走势被切割成很多小段，不如不用趋势线。但不用趋势线虽然很省心，但严格根据量化系统来做，又有可能会丧失过多的利润。这样一舍一得，并没有比较出谁更具有优势。所以说趋势线很可能是一个陷阱或伪命题。

那是不是因为人们想得太少了呢？人们不可能一直在趋势线上绕圈吧？人们还可以想更多的方法啊。如使用移动平均线，但移动平均线的参数该怎么设置呢？它或许也会像趋势线一样，有时会有好的效果，有时反而会显示出副作用。因此，这不是更换工具或增加工具的问题，而是只要是工具，本身就存在着“原罪”。人们不能又依赖它们，又苛责它们的不完美。

因此，在价格是否匀速运行及人们应选用哪款工具上，没有最优解。长远来看，用趋势线的劣势会被优势弥补，不用趋势线的劣势也会被优势弥补。因此，不要要求完美解决，不求完美，才是真的完美。

既然是量化，我们执一而行，要的是平均概率、长期积累，而不是某一次交易的得失。明知是陷阱，因为讲求交易的一致性，还是要跳下去。在前行的路上不可能没有陷阱，进了陷阱拍拍尘土，还能再爬出来继续前行，才是最大的道理。陷阱是人们路上的必修课，是必经之路，人们要解决的是如何能背负陷阱继续前行，而不是如何想办法避开根本不可能避开的问题。

7.3.3　做三不做五

本套交易系统的底层逻辑基于波浪理论。首先第一步要清理 K 线，找到顶、底分形，而连接顶、底分形的波浪就是子浪。有序排列的子浪为推进浪，乱序排列的子浪为调整浪。既然如此，人们就可以利用波浪理论的一些特征进一步筛选信号。

按照波浪理论，上一波推进浪或止于 5 浪，或止于 9 浪（或止于 13 浪等），如果出现的是第 5 浪、第 9 浪、第 13 浪，人们可选择性地回避。5 浪结束后继续向上破高，出现了第 7 浪，那还是要买进的，因为它很可能出现第 9 浪。同样，第 9 浪出现后继续向上破高，出现了第 11 浪，那也是要买进的，因为它很可能出现第 13 浪。因此，做三不五原则，也可以扩展为做七不做九原则，如图 7-47 所示。

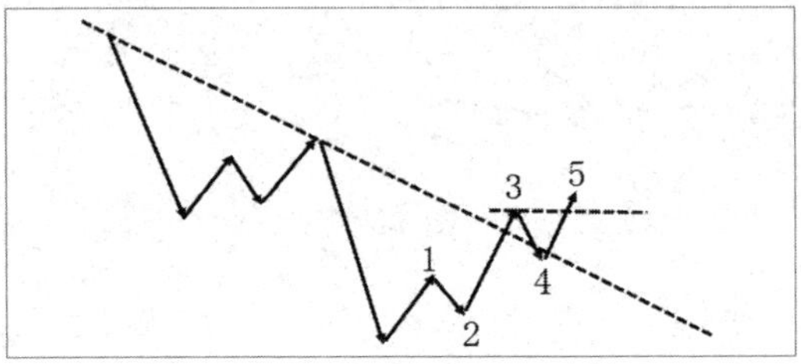

图 7-47

上破大级别下跌趋势线时，从起跌点开始算起，为第 3 浪上涨，按照 123 原则为原则 1，第 4 浪为原则 2，第 5 浪为原则 3。若遵守 123 原则，原则 3 处必要买进开仓，但上涨又有可能止步于第 5 浪，这样就产生了矛盾。为了尽量化解矛盾，第 5 浪为原则 3 时，应该回避。

这不仅限于简单的推进浪，因为波浪的自同构属性，还要扩展到大级别的走势中去，如图 7-48 所示。

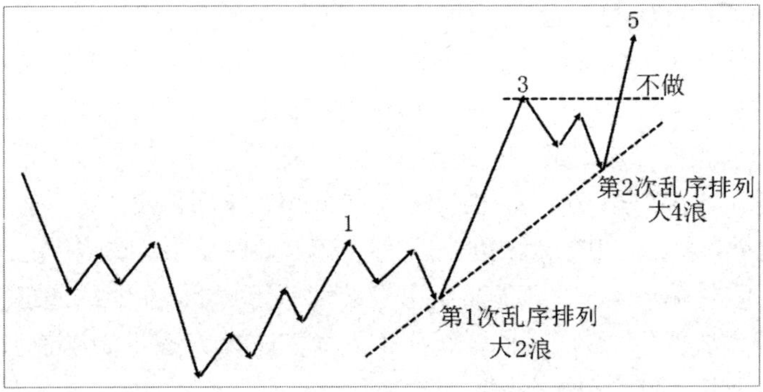

图 7-48

从大级别的角度来看，第 1 次顶、底分形乱序排列为大 2 浪，第 2 次顶、底分形乱序排列为大 4 浪，那么再次破高，为大级别 5 浪。本着做三不做五的原则，不论级别大小，都不做第 5 浪上涨，如图 7-49 所示。

图 7-49 所示为铁矿 1801 合约 2017 年 5 月 19 日至 9 月 22 日日线走势图。将顶、底分形连接起来后，很容易找到在上涨过程中的两次乱序排列，分别对应着大 2 浪与大 4 浪，突破新高必然为第 5 浪。如果突破时便买进开仓的话，等待着人们的将是大幅止损，即便使用出击日线止损法，也会损失很多。

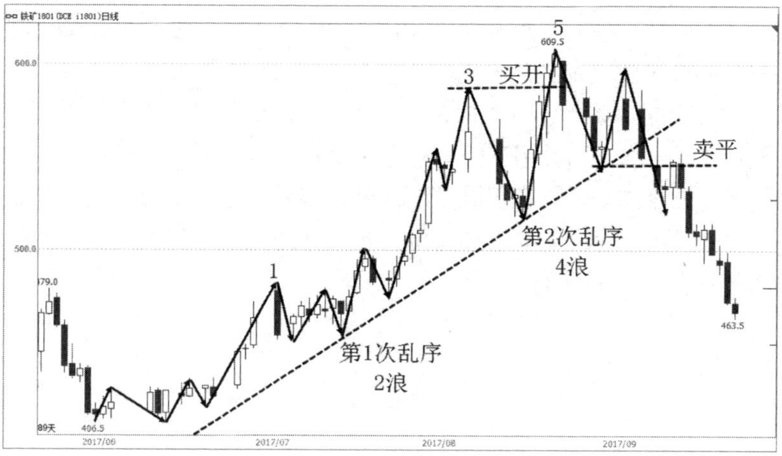

图 7-49

可能有人会说，在上图中大 3 浪的内部确实是明显的 5 浪结构，但大 1 浪内部的 5 浪结构有些牵强。因为在大 1 浪内部的第 3 个子浪已经变成了该结构里最短的一个了。确实如此，但笔者说过波浪理论过度量导致它在操作层面为人诟病，就连上证综指、深证成指那么明显的推进浪，4 浪还要插入 1 浪，也没办法解释。若完全按照波浪理论，或许没有一张图完全符合要求。

虽然“做三不做五”，但“五”里的“三”，人们还是要做的。也就是不论是哪里的“三”，只要遇见“三”，人们都要做。为什么呢？因为该系统是趋势追踪型系统，人们每一次建仓，都要求它必须出现推进浪。既然推进浪出现了 3 浪，那么很大概率会出现 5 浪，如图 7-50 所示。不过这种情况很少见，即便出现，5.1 如果低一点，就会被自同构解决方案同化。

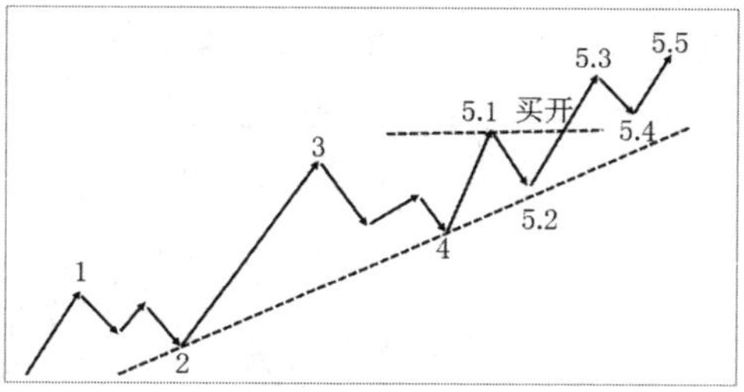

图 7-50

那么，该套交易系统是否可以完美地界定波浪理论？以后是否可以用连接顶、底分形的方式来数浪？并不是。由于按照顶、底分形划分子浪是一个简单粗暴的解决方案，因此并不是每一个子浪都能划分出来。有些时候，如果一波推进浪按照顶、底分形来划分的话，可能不是在 5 浪结束，而是在 3 浪结束，或不是在 9 浪结束，而在 7

浪结束。人们只是无限接近波浪理论，只能从操作性上弥补波浪理论的劣势，但不能从理论上完美解决它。

做三不做五原则或做七不做九原则，只是一个小窍门和一块升级补丁。在筛选信号时，在多个品种同时交易的情况下，有些取舍的问题就可以根据做三不做五原则过滤掉。人们需要记住的是，做三不做五原则只是规避一些可能存在的亏损，但有时也可能踏空。如果要用这个原则，就一直做下去，不能主观选择。万一有人用的时候踏空，不用的时候亏损，那就偏离了量化的目的了。

7.4 大反转

上涨终有尽头。大级别上涨趋势结束之后，便是针对前期上涨趋势的大回调。由于人们采用大级别趋势线来指引方向，因此只有当价格向下跌破大级别趋势线，并在大级别趋势线下形成 123 原则时，才可以放空。

但也有可能出现不存在大级别趋势线，仅存在小级别趋势线的情况，即在前期上涨中，没有出现过顶、底分形乱序排列，此时可看作小级别趋势线与大级别趋势合而为一。

7.4.1 最初的原则 1

在我们做空之前，价格一定是先跌破小级别趋势线，进而跌破大级别趋势线，如图 7-51 所示。其实此时与开篇所说的初始上涨阶段没什么区别，只是方向不同而已。在最初的阶段，顶、底分形简单地向上排列，现在顶、底分形简单地向下排列，下跌趋势仅仅处于开端，后面的变化还在等待着人们。

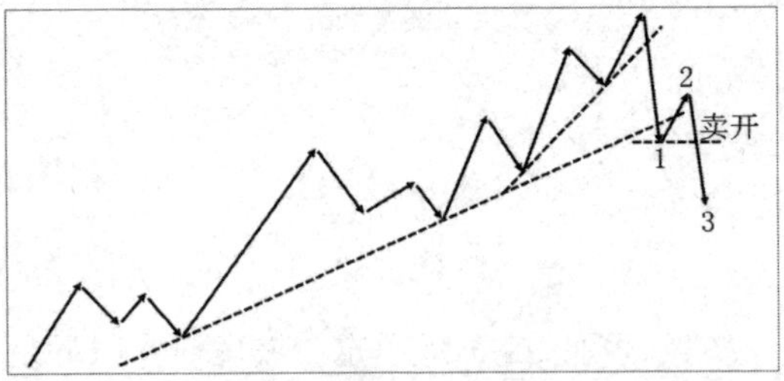

图 7-51

这里需要注意的是，如果下跌 3 浪为原则 1，则说明下跌 1 浪在大级别趋势线内部。原则 3 的使命必然需要下跌 5 浪来完成，根据做三不做五原则，这种情况的下跌 123 原则，可以回避。

7.4.2 可能再次被骗的“不预测”

此次的下跌 123 原则放空交易，当价格在下跌趋势线下形成顶、底分形乱序排列或上破趋下跌趋势线时平仓，如图 7-52 所示。

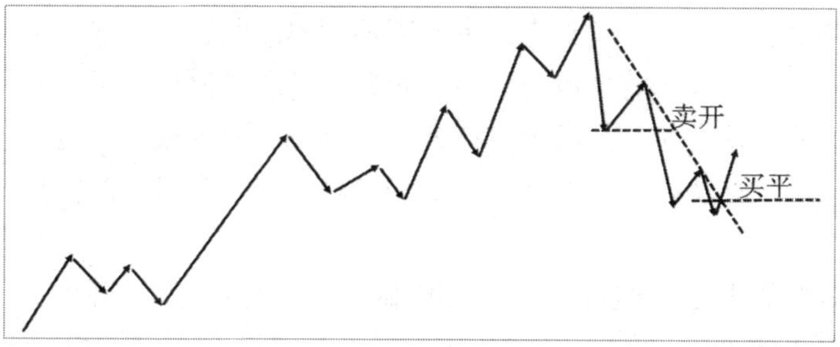

图 7-52

在下跌趋势线之外，孤零零的标着一段走势，它会裂变为两种情况：或者继续破低下跌，重归下跌趋势；或者向上形成 123 原则（包括直接突破前高），重归上涨趋势。人们要做的是等待市场的变化，如图 7-53 所示。

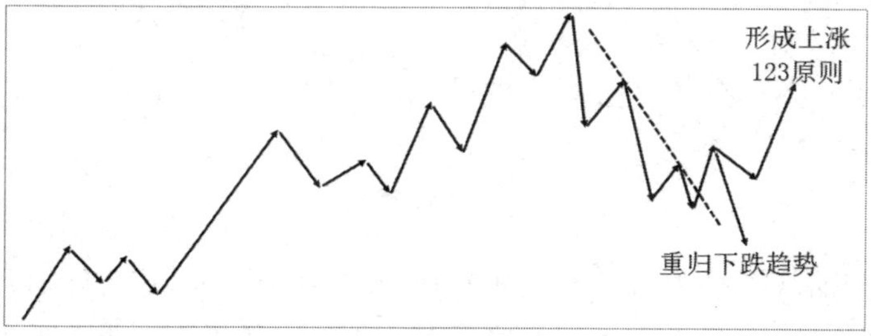

图 7-53

如果向下继续放空，再以顶、底分形乱序排列或上破趋势线来止损，这没有什么可质疑的。但如果它继续向上呢？人们是否还要做多呢？人们可能会说，前面明显是 5 浪结构，然后下跌为大 A 浪，即使形成了上涨 123 原则，这仍然是大 B 浪，大 B 浪不会太高，会再次下跌形成大 C 浪，如图 7-54 所示。

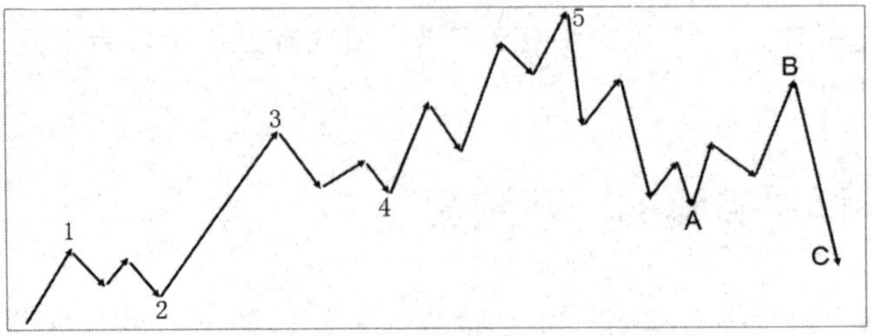

图 7-54

听着确实很有道理，看起来也很有说服性。但不要忘了，这只是人们猜测的后续走势。另外，人们并不需要数浪。如果能数清楚所有浪形，那还要什么交易系统呢？直接用波浪理论好了。正因为人们数不清浪形，看着很对，但走起来却是状况频发，不得已才想办法解决波浪理论不能操作的问题，如果只靠预测，不是又回到起点了吗？

它表现出来是什么，就是什么，人们就做什么。它有没有可能继续上涨呢？当然有可能，如图 7-55 所示。

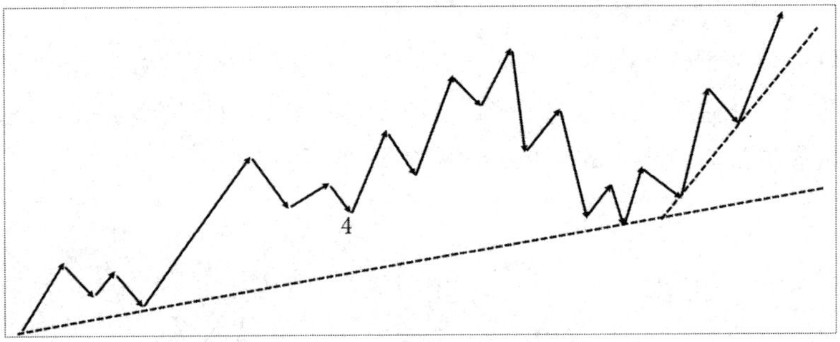

图 7-55

图 7-56 所示为动力煤 1809 合约 2016 年 2 月 1 日至 2017 年 6 月 8 日日线走势图。从长期走势来看，1～5 浪清晰明朗，并且 4 浪恰好打在 1 浪顶，5 浪之后也非常顺畅地下跌为大 A 浪，再次反弹为大 B 浪。那么人们是否可以断言，大 B 浪上涨的幅度不会太高，因为马上要走大 C 浪了，并且全力放空呢？它的后续走势图，如图 7-57 所示。是不是全错了？时刻要记得，它表现出来是什么，就是什么，不要预测。

图 7-56

图 7-57

因此，即使是骗局或陷阱，只要它表现的是上涨 123 原则，也要跳下去，万一不是呢？此处即使不做多，也不能放空，如图 7-58 所示。在趋势线之上出现顶、底分形乱序排列或下破趋势线时卖出平仓。

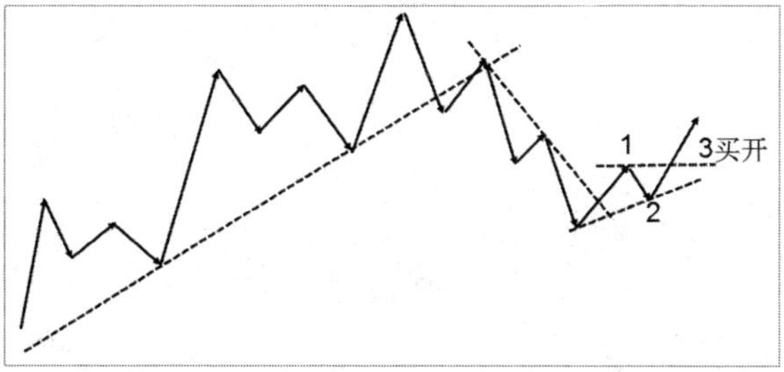

图 7-58

7.4.3 原则 1 的级别转换

因为上涨的处理方法与前文相同，剩下的唯一一种情况就是下跌了。那么当它再次下破前期低点时，重归下跌趋势，突破放空，如图 7-59 所示。

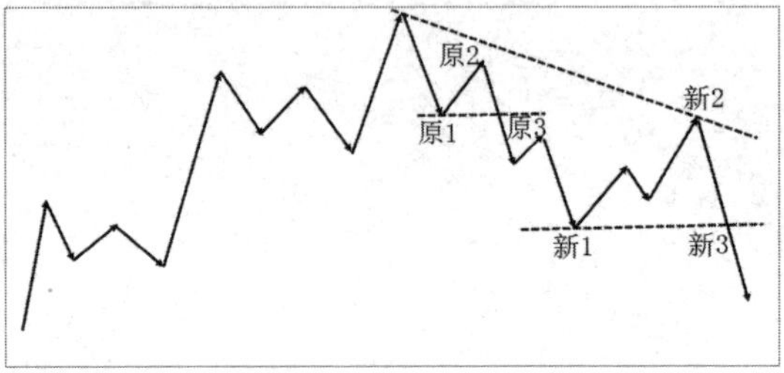

图 7-59

如果从短期来看，它只是回归下跌趋势，突破跟随放空。如果从大级别来看，它变成新的大级别的下跌 123 原则。图中原来的 123 原则，是最开始下跌时出现的小级别 123 原则，经过了向上反弹做多，再向下破低回来之后，反弹向上的顶、底分形排列，对于大的下跌趋势来说已经变成了乱序排列，因此下跌趋势线为大级别下跌趋势线。前期简单的下跌部分为大级别 123 原则中的原则 1，反弹做多部分为大级别 123 原则中的原则 2，再次下破的部分为大级别 123 原则中的原则 3。

人们只需要记得它是下跌后重回归了下跌趋势即可，至于它是哪个级别的原则 1 转换，根本没有关系。那为什么要说呢？是为了再次向人们展示这种方法的自同构性。系统没有特别难以理解的地方，到处都是分形，只不过有些是顶、底分形，有些是 123 原则分形而已。

如果继续下跌的话，还是在顶、底分形乱序排列或上破趋势线时平仓。如果有新的顶、底分形形成，则可以画出小级别趋势线，如图 7-60 所示。

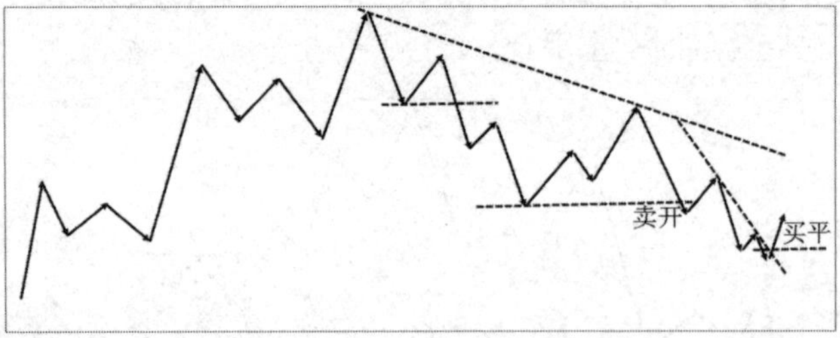

图 7-60

如果再下跌，根据顶、底分形乱序排列的情况，不断地调整新的大级别趋势线。另外，如果条件满足的话，也可以根据自同构解决方案来建仓。这一切与上涨趋势时的操作完全一样，可如法炮制。

但是当下跌趋势也走完了，它还会向上突破，但不会超过上次的高点。那么，大小级别趋势线又是怎么出现的呢？

7.5　与你无关

当价格上破大级别的下跌趋势线，并在下跌趋势线之上形成了上涨 123 原则时，又一个轮回开始了，如图 7-61 所示。目前的走势与前期的走势无关，因为此时上不着天（没有破高），下不着地（没有破低），是在前期一整段走势的最高点与最低点之间的走势。从更大的角度来看，它没有上破最高点，所以不涉及重归上涨趋势；它也没有下破最低点，所以也不涉及重归下跌趋势。又因为此时它是单独的走势，所以还是它表现出来是什么就是什么，人们就怎么做。

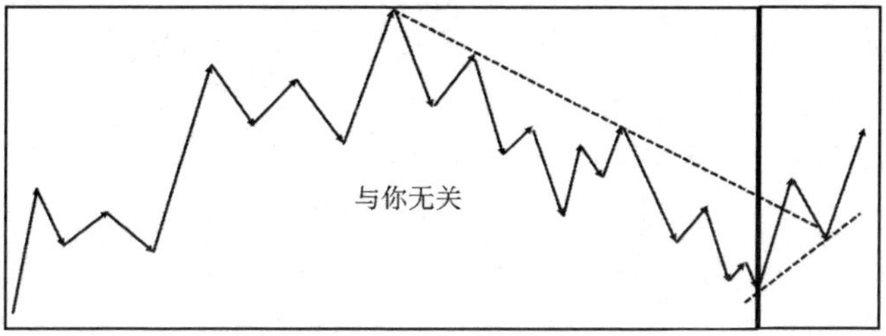

图 7-61

那什么时候与前期走势有关呢？当上破了最高点，或下破了最低点时，才与前期行情有关。至于有没有关系有什么要紧呢？因为这约定了大级别趋势线的画法，如图 7-62 所示。

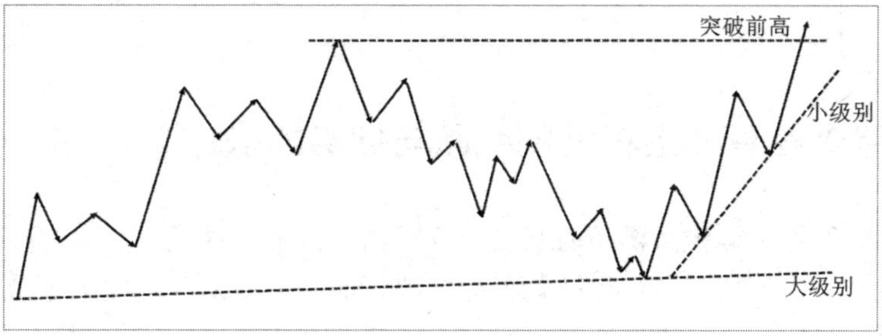

图 7-62

从整体来看，因为现在的价格破高了，可以说它重归了最大级别的上涨趋势，那么人们就要把前面的走势考虑进来，找到离目前高点之前最近的顶、底分形乱序排列的低点，画出大级别趋势线，这样方向指示器的角度就会偏小。长期整体来看，这种上涨趋势不会轻易告破。

若是在其后的上涨趋势中出现了新的顶、底分形乱序排列，那么大级别趋势线就要进行修正，如图 7-63 所示。在这种情况下，大级别趋势线不论怎么画，都不必再使用前期的任何一处的低点了。因此，理论上突破了新高，这便是整体的大级别上涨趋势，与前期走势有关。虽然前期走势没有被呈现出来，但实际上它已经与现在的走势并无关系了。

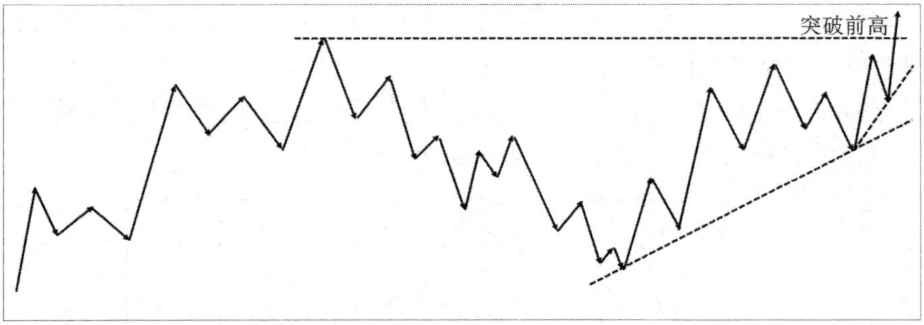

图 7-63

7.6 不要妄想取悦所有人

在形成交易系统理念之前，笔者认为自己是一个精准的预言家，但是一个拙劣的执行者。笔者对大势的判断通常都很对，但总是快一步或者十步。其实大家也可以理解成，不走的表一天也会对两次，笔者不断地说要跌了，即使现在没跌，也总有一天会跌的。

7.6.1 笔者在豆油上精准的判断与拙劣的操作

2011 年 7 月，笔者预测豆油要走大 C 浪，如图 7-64 所示。2008 年豆油指数推进浪达到 14 697 高点，继而下跌为大 A 浪，而大 B 浪又可以数出 3 浪结构反弹，所以只要给出信号，大 C 浪便指日可待。笔者把预测走 C 浪部分的细节放大，如图 7-65 所示。

图 7-64

图 7-65

从周线来看，大 B 浪已经走完，并且开始震荡下行了五周，其后是横盘形成了持续形态中的三角形形态，内部为 5 浪结构，只要豆油价格下破三角形的下边线，大 C 浪便会发力下跌。笔者在这此时重仓放空。但是结果怎么样呢？如图 7-66 所示。

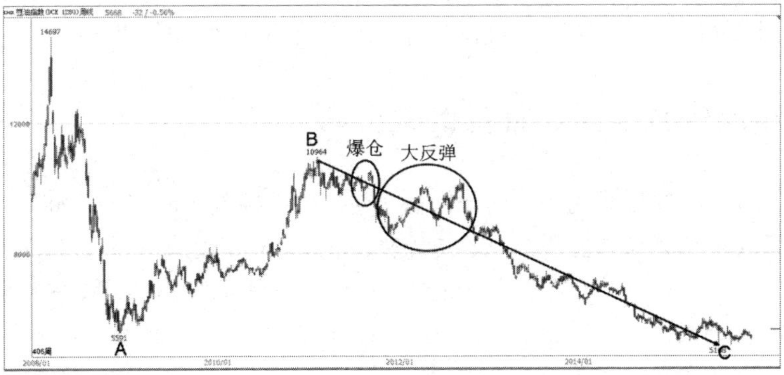

图 7-66

大C浪确实来了，并且远远超出笔者的预测范围，笔者认为大C浪最多跌到6000元/吨。但是就在笔者放空之后，豆油价格快速反弹，上破了三角形的上边线。因为笔者的仓位很重，所以爆仓了，爆仓后就是快速的下跌。不过这没什么可惜的，即使是笔者能赚到钱，在后面的大反弹中，笔者也会失去自我。身处大反弹中，笔者也不知道自己会产生什么样的想法、做出什么样的判断、进行什么样的操作。

前面笔者说过，笔者认为豆油的大C浪最多能跌到6000元/吨左右。2012年，有位朋友委托笔者帮他做交易，短时间内笔者帮他初始资金增加了一倍。2013年，他想再次与笔者合作，问笔者有没有机会，笔者说有机会，可以做多豆油了，7000元/吨的豆油，这是千载难逢的机会，大C浪马上要完了，豆油迟早会有一涨。

“迟早会有一涨”是某些投资者最爱说的话，他们并不对自己的话负责，哪怕跌到0，再起来，他们也会说，“你看我说对了吧，肯定会涨起来的。”那么结果怎么样呢？如图7-67所示。

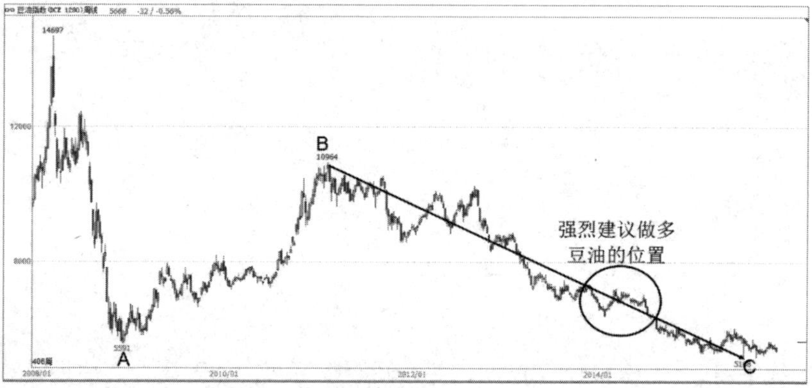

图7-67

这位朋友满仓杀了进去，之后再没有消息。大约两年后，他发微信给笔者，问笔者一些关于软件应用的问题，但再也没有咨询过笔者关于交易的问题。

7.6.2 精准的预言家、拙劣的践行者

2016年4月，笔者利用用三重滤网法，在铁矿上赚到一波涨势，如图7-68所示。并且由于可以看到清晰的上涨5浪，在后续的下跌行情中也赚到了一部分。从图中可以看到，1浪底到5浪顶的幅度为200点左右，这是大1浪。根据波浪理论来预测，大3浪的幅度应该达到350点以上，因此从大2浪的327点起涨，直至大3浪达到600～700点有很大的想象空间，如图7-68所示。

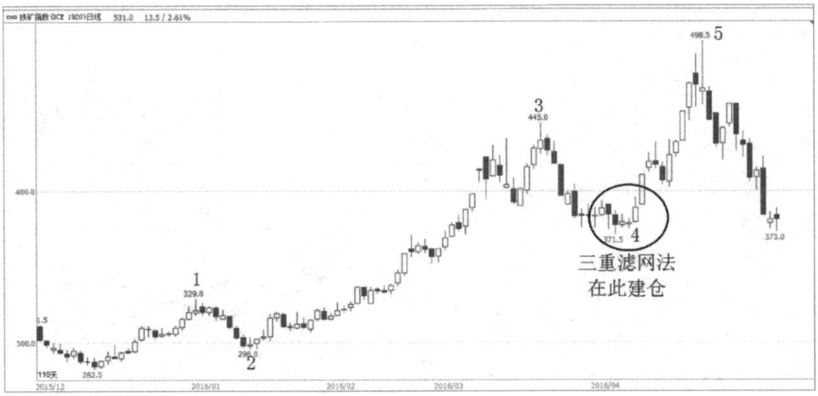

图 7-68

遗憾的是，铁矿价格下跌太久了，做空已成了笔者的思维定式，笔者不相信它会上涨到如此的高度，并且笔者也不认为大 2 浪会以直线下跌而结束，因此在 2016 年 5 月开始的第一阶段上涨，笔者并没有抓到，可谓算到没做到，如图 7-69 所示。

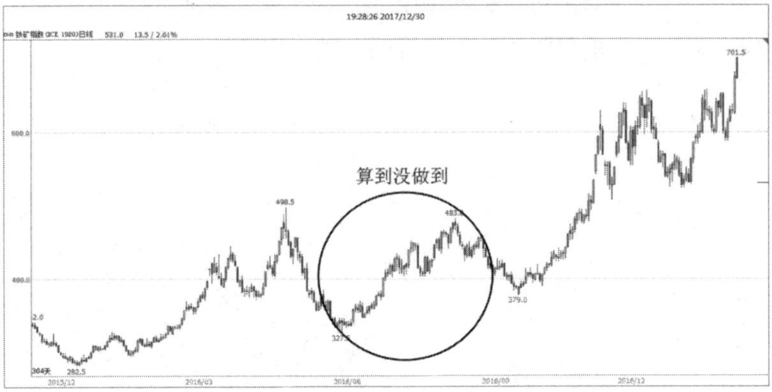

图 7-69

痛定思痛后，笔者根据本套交易系统，在突破前期高点时建仓买进，坐了一路顺风车，如图 7-70 所示。在图中人们能看到最下方的大级别趋势线，与不断调整的小级别趋势线。这一波上涨跌宕起伏，虽然盈利，但笔者身在其中并不感到快乐。

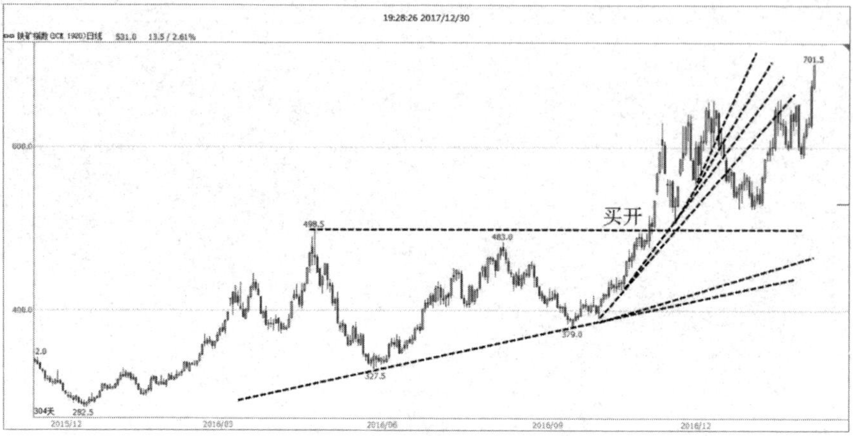

图 7-70

其实很早就有更好的买点出现，就是在 2016 年 10 月中旬，如图 7-71 所示。经过前面“与你无关”的上涨走势与下跌走势后，形成上涨 123 原则，是这一波大涨的初始买入点。随着行情的变化，不断破高，“与你无关”变成“与你有关”，再画出大级别趋势线，调整小级别趋势线，可一直持有到最后。

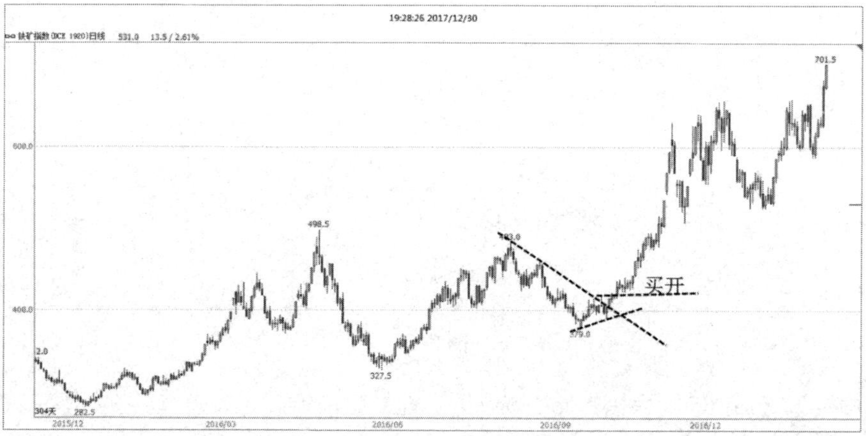

图 7-71

如果仔细想一想，笔者还能写出十几个精准的预言，但是只有交易系统的理念形成之后，才开始稳定盈利。问题出在哪儿呢？宏观看方向，成功率能达到 70%以上，再加上其他方法，成功率还会再提升，所以说如果预测的话，有五年以上交易经验的人都能预测的差不多，但真正到操作层面，藏在细节中的“魔鬼”就完全暴露出来了。

例如，豆油的大 C 浪来了，至多跌到 6000 元/吨，笔者说对了，但笔者爆仓了；

笔者看对了，却没赚到钱，再下跌的时候，已经没有资金了。

又如，大 C 浪走完了，将会走出新级别的上涨推进浪。笔者也看对了，只是大 C 浪走完才会上涨，笔者预测的时候，大 C 浪还没完，迟早会有一涨这种说法不管是对别人还是对笔者自己都太不负责任了。

再如，大 C 浪必将上涨，有上涨信号却不敢跟。笔者看对了，但眼睁睁地看着它上涨，却无能为力。

问题出在哪儿？问题在于，笔者没有行为规范。

譬如，小学生要背《小学生行为规范》，要求小学生要讲礼貌。小学生知道要讲礼貌，但他不知道哪些行为是讲礼貌的行为，所以必须有人告诉他遇见长辈要问好等。又如，要求小学生讲卫生，那么必须有人告诉他饭前便后要洗手这些讲卫生的具体事件。

因此，豆油要走大 C 浪时，人们必须有一把尺子来衡量一下，大 C 浪开始了吗？如果开始下跌了，在哪里能放空？在哪里止损？要建多大的仓位？

想做多的时候，人们必须有一把尺子来衡量一下，大 C 浪走完了吗？如果走完了，在哪里做多？在哪里止损？要建多大的仓位？

如果一直没有这把尺子，人们会一直处于一种迷糊的状态，总是感觉“差不多吧、应该可以吧”，这种状态就是没有行为规范。这把尺子不是一把绝对准确的尺子，因为它是由必要条件构成的，而不是充要条件，但它也不会让人们偏离方向。就像人们见了长辈知道应该问好，但是用 30 分贝的声音问好，还是用 50 分贝的声音问好，取决于自己尺子的刻度，不过问好总是没错的。

7.6.3　不要妄想做好所有行情

如果你坚持用 50 分贝问好，年纪不太大的长辈，可能觉得你的声音太大了。但是如果年纪稍大的长辈，耳朵不太好使，他倒会觉得你很贴心，大声说话可以照顾他的感受。因为你无法分辨谁的耳朵好使，谁的耳朵不好使，所以你不可能讨所有人的喜欢。

如果 30 分贝与 50 分贝交替使用，可能遇到这种尴尬的情况：小声说话的时候，对方听力不好；大声说话的时候，对方听力又是出奇的好。你无法分辨每个人耳朵的情况，那么人们能做的就是坚持自己，这样你至少还有 50%的概率会让听你讲话的人感到满意。

50%的概率，已经非常高了。通常情况下，人们想努力做一个讨所有人喜欢的人，但真实情况是，反而超过 50%或者更多的人并不喜欢自己。但坚持做自己的话，至少会有一半人喜欢自己，这听起来确实有些讽刺。

同理，在交易中，也没有哪一种方法可以解释所有走势。你去分辨哪种走势适用于哪种方法的时候是否想过，自己有没这种分辨的能力。就像你要取悦他人一样，只有坚持一种方法，你才能保证至少有 50%的行情自己能赚到钱。

不要妄想取悦所有人，也不要取悦所有行情。

7.7 资金管理

有了交易策略，剩下最大的问题就是每次注入多少资金的问题。假设交易策略的准确率为 50%，你会一次注入多少资金？如果每次都把资金全部注入，总有一次会全部亏损。如果每次只注入一半资金呢？连续两次出错也会全部亏损。不是说准确率是 50%吗？不是准确一次，错误一次吗？50%的概率是指长期，如果人们连续交易 10 000 次，可能会有 5000 次盈利、5000 次亏损。但不保证任意两次都是 50%的概率，概率不是平均分布的。因此，做交易，最重要的是学会资金管理。

7.7.1 不会下注就千万别去赌

这个世界上最愚蠢的事，莫过于试图说服别人接受自己认为正确的事，这是一件超级费力还不讨好的事。如果有人按笔者的策略进行交易，笔者就要负起责任来。哪怕是免费的建议，且笔者也确实免费为朋友们提供了间接的帮助，但只要他们因为笔者的建议而亏损，笔者也会有深深的罪恶感。

坦诚地说，如果朋友们采纳笔者的建议，那就要全面采纳，至少在自己的理解上，要比笔者做得更好。但如果只是片面的看到了买卖信号，而看不到资金管理的建议，即便最终的亏损不是笔者的责任，笔者也会感到十分不安，因为可能笔者还没有让他们把资金管理的问题重视起来。

笔者曾做过海龟交易法则在上证综指上的回测，海龟交易法则的准确率不到 35%，但盈亏比非常高，达到 6 以上，接近 7。盈亏比与准确率相结合的数据，才是衡量一个交易策略的标准。

这个标准是什么？至少准确率与盈亏比的乘积要大于 50%。例如，策略的准确率为 50%，即平均 10 000 次交易中，5000 次盈利、5000 次亏损。那么盈亏比只要达到 1:1，即这两者乘积为 50%就能不赔不赚。因此，只要两者乘积大于 50%，长期即可盈利。

准确率虽低，但盈亏比如此之高是海龟交易法则的创始人丹尼尔能赚得大笔财富的原因之一。所以对待类似海龟交易法则一样完整的交易系统，人们能只看它的买卖信号吗？不能。最重要的，还要看它的下注方式。

柯蒂斯·费思在《海龟交易法则》中记载，他曾连续亏损 19 次，在第 20 次交易中盈利，并且反亏为盈，盈利覆盖了前面所有的亏损。如果他在前面 19 次因为下大注，把所有本金亏损干净了，还能在第 20 次翻身吗？

因此，人们必须要把下注方式注重起来，资金管理与策略是共同构成整体交易系统的两大体系，缺一不可。本套交易系统的准确率并不高，通过十几个品种的回测，准确率大约为 50%。所以长期来看，每两次交易信号中，就有一次是错的。如果不关注资金管理，再好的策略，也不会盈利。

7.7.2　止损即止妄念

资金管理面对的最大的问题是止损，也就是每一笔交易中，人们认为自己最大能承受多大的亏损。止损，止的不是钱，止的是妄念。

有时人们心生恐惧，不敢建仓、持仓或止损。而不敢止损的根源在于人们心中没有方向，从建仓时起，就不知道因为什么而建仓。没方向，就不知道在上涨趋势时只做多、不做空；没方向，就不知道在下跌趋势中只做空、不做多，因此也就不知道在什么时候应该止损。

不止损通常只有两种结果，或者抗到止盈，或者抗到爆仓。止盈也仅仅是微利，甚至会因为恐惧而不敢再持仓。在有利的时候也不敢让利润奔跑，因为心中没有方向。既然没有止盈的位置，同样也就没有止损的概念。

有时想止损，也不是立刻止损，而是想“再回来一点我就止损”。这还要分两种情况：一种是并没有出现“再回来一点”，继续扩大亏损，继续抗；另一种是即使“再回来一点”，还会想要“再再回来一点”，直到最后微利止盈或爆仓。

最佳止损位已经错过，次佳止损位继续错过，不论哪个止损位，都在这种“再回来一点我再止损”的过程中，不断丧失。最后还是回到了最初的逻辑，或者微利止盈，或者爆仓。

所以对于止损来说，止损位重要吗？重要。亏损多少钱重要吗？重要。但相比这些，更重要的是，在还没有形成正确的交易理念之前，人们是否还存有妄念。

止损，止的不是钱，止的是妄念。止住那不切实际的幻想，及时止损；止住那不成系统的交易，确定方向；止住那随手交易的习惯，制定策略。没有妄念，就不会有幻想、幻象；没有妄念，就会面对真实的客观；没有妄念，人们所做出的任何应对，都是针对客观事实；没有妄念，就会去除以自我为中心，真正的成熟起来。

排除了这一切，人们的应对就会与客观事实有极高的重合度，人们就会站在市场的角度来思考问题，以市场的眼睛来看待自己，而不是以自己的眼睛来看待市场。

动画片《小猪佩奇》中猪爸爸要重新夺回跳泥坑冠军，猪爸爸说，要想跳出最强的泥坑，就要学会像泥坑一样思考。同理，如果人们想在交易中赚钱，就要学会像市场一样思考。断绝妄念，面对现实，才能做到及时止损。

7.7.3 以趋势线为过滤器的资金管理方法

本套交易系统每次交易最大可容忍亏损总资金的2%，如100 000元的资金，每次交易最多只能亏损2000元。以损定量，量指交易量，那么这个交易量是怎么来的呢?

例如，预计在4000点买进，并且预计在3900点平仓，每点10元，那么100点止损幅度的止损金额为1000元，最多亏损2000元。因此，本次交易最多可以做2手可容忍亏损。计算公式如下：

交易数量=可容忍亏损总资金×2/止损金额

按公式计算非常容易，但难点在于如何确定止损金额，也就是如何确定止损位。如果知道了止损位，建仓点与止损位之间的差就是止损幅度，也就能算出止损金额了。

初始建仓时，通常以123原则为基准，所以在突破原则1的高点时建仓。本交易系统平仓的条件只有两个：趋势线之上形成顶、底分形乱序排列，或下破趋势线。而在初始建仓之时，最近的顶、底分形已经被趋势线所占用，因此只剩下一个方法——下破趋势线止损，如图7-72所示。

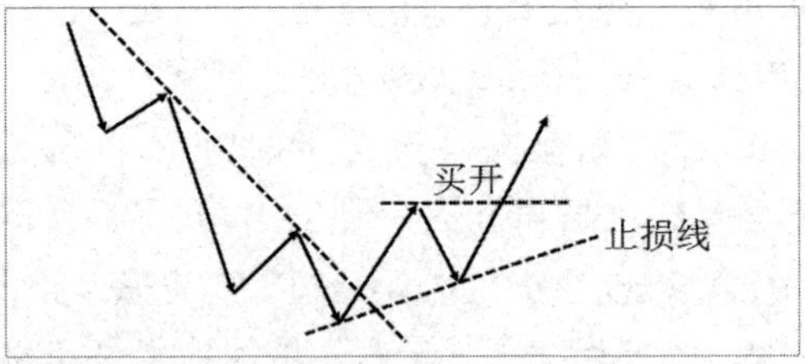

图 7-72

买进开仓处下方所对应的趋势线的点位，即止损位。可是趋势线上的点，怎么精确计算呢？这需要从一些初中的数学知识开始说起，如图7-73所示。

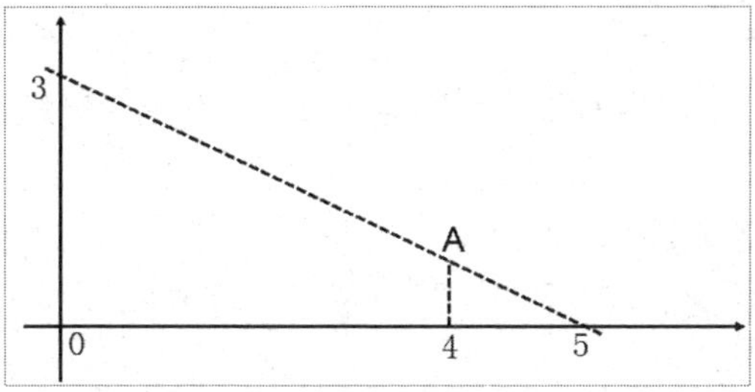

图 7-73

已知图中这条线的两个点，分别为（0，3）与（5，0），也就能求得这条线的解析式，那么求在这条线上横坐标为 4 的 A 点的纵坐标就会很简单。

一元函数解析式为 y=kx+c。此线经过两个已知的点（0，3）与（5，0），根据 y=kx+c，代入坐标：

$$3=0k+c$$

$$0=5k+c$$

$$k=-3/5$$

$$c=3$$

这条线的解析式为

$$y=-3/5x+3。$$

求 A 点的纵坐标，代入 A 点的坐标（4，y），求得 y=3/5。用这种方法来计算趋势线上的点位，如图 7-74 所示。铁矿指数已经下破大级别上涨趋势线，形成下跌原则 1，反弹为原则 2。如果铁矿指数下破原则 1 低点的话，将会形成原则 3，届时人们应放空。

图 7-74

如果它下破了原则 1 低点，则转为下跌趋势，那么之前的上涨趋势线都没有了作用，因此我们必须画出下跌趋势线，如图 7-75 所示。假设它已经下破了原则 1 的低点，形成了原则 3，从最高点到目前的低点，这是一段下跌走势，原则 2 内部的顶、底分形是向上排列的，在下跌趋势中为乱序排列。因此，以原则 2 的高点为结束点，画出大级别趋势线，再以离目前最低点最近的顶分形高点为结束点，画出小级别趋势线。

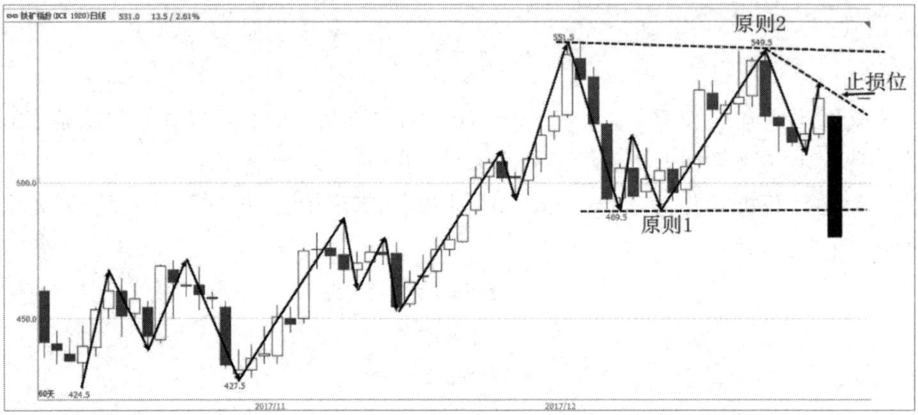

图 7-75

大级别趋势线只负责指引方向，小级别趋势线负责建仓、平仓操作。那么止损位就是在下破原则 1 低点的时间所对应的小级别趋势线上的点。确定小级别趋势线的第一个点为原则 2 的高点，那是小级别趋势线运行的第 0 天，最高点为 549.5 点，因此小级别趋势线上的第一个点的坐标为（0，549.5）。确定小级别趋势线的第二个点为离目前低点最近的顶分形的高点，那是小级别趋势线运行的第 4 天，最高点为 537 点，因此小级别趋势线上的第二个点的坐标为（4，537）。将这两个点代入一元函数的解析式 $y=kx+c$ 中：

$$549.5=0k+c$$

$$537=4k+c$$

$$k=-25/8$$

$$c=549.5$$

求得解析式为

$$y=-25/8x+549.5$$

预计下破的位置为小级别趋势线运行的第 5 天，求第 5 天的对应的趋势线的位置。将（5，y）代入解析式，求得 y=533.88，铁矿最小变动价为 0.5 元，因此止损位向上取整为 534 点。

原则 1 的低点为 489.5 点，下破原则 1 即放空，也就是预计在 489 点的位置上放空。止损位为 534 点，那么止损幅度为 45 点。铁矿每点价值 100 元，因此止损幅度为 4500 元。如果你有 500 000 元资金，代入资金管理公式：交易数量=总资金×2%/止损金额，交易数量=500 000×2%/4500=2.22 手，向下取整为 2 手。

500 000 元只能交易 2 手铁矿，是不是太少了呢？其实不少，人们可以根据这个方法，叠加使用资金，也就是在用 500 000 元做了 2 手铁矿之后，还可以继续用这 500 000 元计算其他可交易的品种，但总的资金占用率最好不要超过 20%。

这种计算方法对于不懂得一元函数计算的人，就显得有点麻烦了，但是没关系，下面还有更简单的方法。

按上面的案例，确定小级别趋势线的两个点的价位分别是 549.5 点与 537 点，之间间隔了 4 个交易日，那么平均每个交易日下跌 3.125 点［(549.5-537) /4］。如果第二天即向下跌破原则 1 的低点，也就是由 537 点再向下跌 1 天，那么再跌 1 天时趋势线上所对应的点位为 533.88 点，向上取整为 534 点。与上文计算的结果是一样的。

那么人们就在交易云端挂好条件单，当铁矿价格小于或等于 489 点时，空 2 手；当铁矿价格大于或等于 534 点时，平仓。这样就能保证这一笔的交易即便是亏损了，也只限定在总资金的 2%的范围内，也就是 10 000 元。

假设铁矿真的在第二天下破了原则 1，并且当天未触发止损位，那么在成交后的第二天，由于趋势线继续匀速向下运行，止损位也应该继续顺势向下移动，如图 7-76 所示。

图 7-76

止损位顺势下移多少呢？因为趋势线是匀速运行的，而且前文计算过了，所以趋势线上的每个点，每天应向下移动 3.125 点。现在是成交后的第二个交易日，也是确定小级别趋势线的第二个点之后的第二个交易日，也就是从 537 点按每天 3.125 点的速度向下移动了两天，那么新的止损位就变成了 530.75 点（537-2×3.125），向上取整为 531 点。

只要不下破趋势线，且趋势线没有新的变化，人们就每天都按这个速度不断向下调整止损位。最初的亏损为总资金的 2%，但随着时间的推移，止损总金额将以均衡的速度不断向下移动，直至止盈。如果在未破小级别趋势线的情况下，出现了新的顶、底分形，则要调整小级别趋势线，再根据新的小级别趋势线上的点，重新设置止损位，如图 7-77 所示。

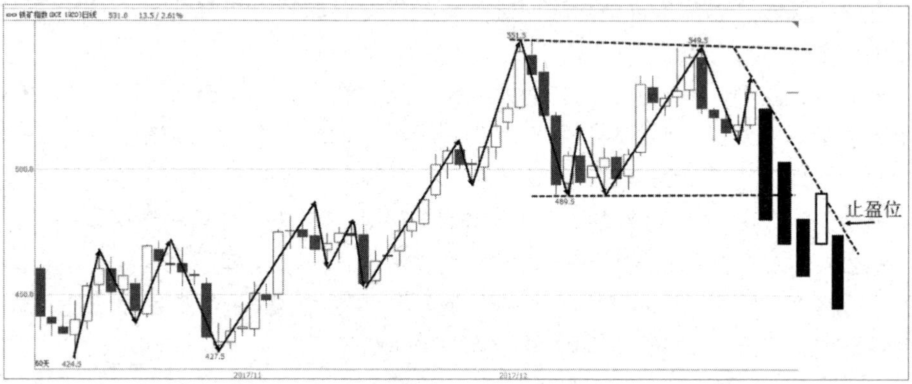

图 7-77

在交易的市场中，没有保守与激进之分，只有生存与死亡之别。更加注重安全的人，他们可能觉得 2%还有些大，所以在该交易系统中，笔者又加了一句“可叠加”。什么是“可叠加”？也就是你用这 1 000 000 元可以做 X 手 A 品种，同时也可以做 Y 手 B 品种。在做 Y 品种的时候，不用再拿出另外的 1 000 000 元了。

如此就会有人产生怀疑，1 个品种 2%的亏损，如果 5 个品种同时亏损，岂不是一次性亏损 10%了吗？如果 5 个品种连错 5 次，不是亏损 50%了吗？

账是这么算的，但实际情况并非如此。我说过大多品种的回测显示，胜率为 50%左右，如果五个品种同时止损的概率为 3.125%，再连续同时五次止损的概率是多少？小到可以忽略不计。

另外，我们计算交易数量的时候，是根据趋势线所对应的点位来计算止损幅度的，但在实际的交易中，人们却是用出击日线止损法来止损的。也就是说，大多数的时候，每笔交易亏损都小于 2%，甚至小于 1%。

另外，人们还可以借鉴海龟交易法则的建仓策略：同类品种不能同时建仓。例如，豆油与棕榈油不能同时建仓，动力煤和焦煤、焦炭不能同时建仓，螺纹钢和热卷不能同时建仓，PTA 与 PVC 不能同时建仓等。同类品种走势极为相似，这样也就避免了同时交易几个品种时同时触发止损位的情况。

并且，即使建仓时出现了大幅盈利，最终也可能会以亏损离场。所以只要出现了大幅盈利，人们应尽量采用保本策略或百分比利润回吐策略来平仓。

通过以上几点的制约，止损幅度已经非常小了，剩下的问题就是盈利能力的问题，人们需要看一些回测的数据。

7.8　一些回测数据

1. 沪镍指数回测数据

样本：沪镍指数 2015 年 3 月 27 日至 2017 年 12 月 29 日。

起始资金：100 000 元。

总收益：74 223.5 元。

交易笔数：46 笔。

平均每笔收益：1613.55 元。

毛利润：108 170.9 元。

毛亏损：33 947.4 元。

盈亏比：3.19。

盈利笔数：24 笔。

亏损笔数：22 笔。

准确率：52.17%。

年复合收益率：22.37%。

收益曲线：如图 7-78 所示。

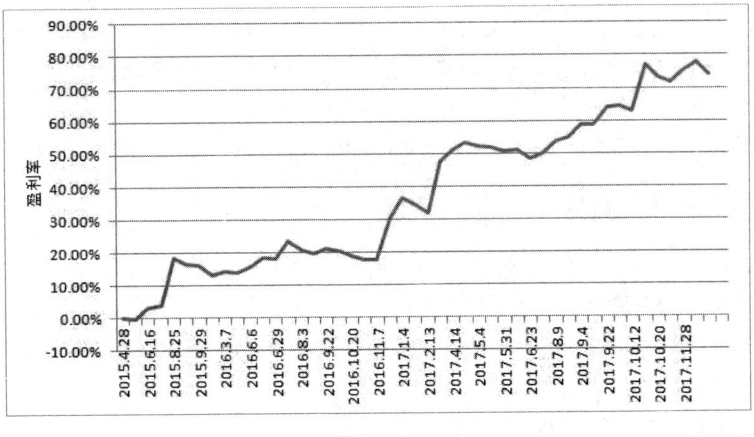

图 7-78

2. PP 指数回测数据

样本：PP 指数 2014 年 2 月 28 日至 2017 年 12 月 29 日。

起始资金：100 000 元。

总收益：99 183.94 元。

交易笔数：62 笔。

平均每笔收益：1599.74 元。

毛利润：15 0671.12 元。

毛亏损：51 487.18 元。

盈亏比：2.93。

盈利笔数：31 笔。

亏损笔数：31 笔。

准确率：50%。

年复合收益率：19.69%。

收益曲线：如图 7-79 所示。

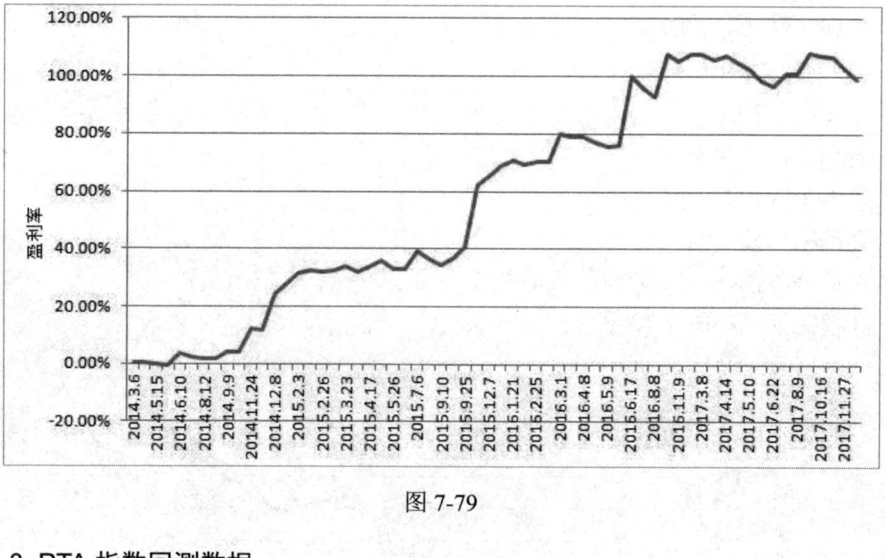

图 7-79

3. PTA 指数回测数据

样本：PTA 指数 2006 年 12 月 18 日至 2017 年 12 月 29 日。

起始资金：100 000 元。

总收益：756 420.58 元。

交易笔数：204 笔。

平均每笔收益：3707.94 元。

毛利润：1 387 358.02 元。

毛亏损：630 937.44 元。

盈亏比：1.2。

盈利笔数：79 笔。

亏损笔数：125 笔。

准确率：38.73%。

年复合收益率：21.56%。

收益曲线：如图 7-80 所示。

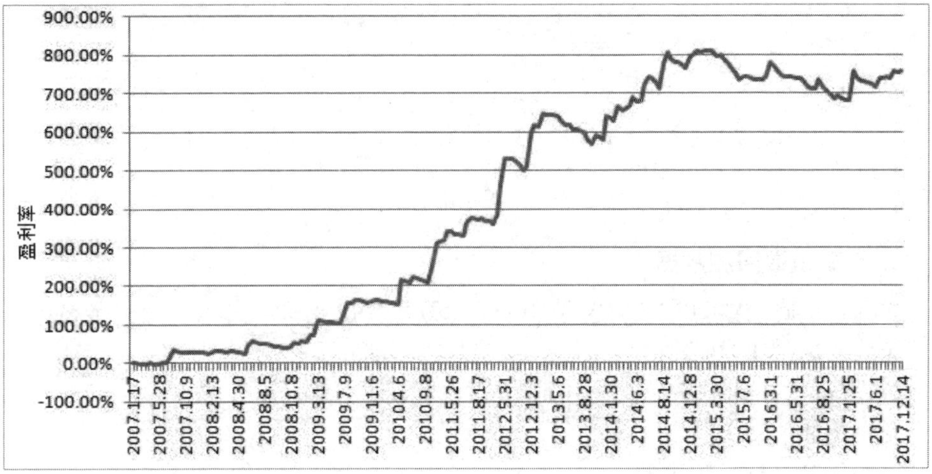

图 7-80

4. 甲醇指数回测数据

样本：甲醇指数 2011 年 4 月 15 日至 2017 年 12 月 29 日。

起始资金：100 000 元。

总收益：389 963.31 元。

交易笔数：98 笔。

平均每笔收益：3979.22 元。

毛利润：497 499.67 元。

毛亏损：107 536.36 元。

盈亏比：4.63。

盈利笔数：45 笔。

亏损笔数：53 笔。

准确率：45.92%。

年复合收益率：22.65%。

收益曲线：如图 7-81 所示。

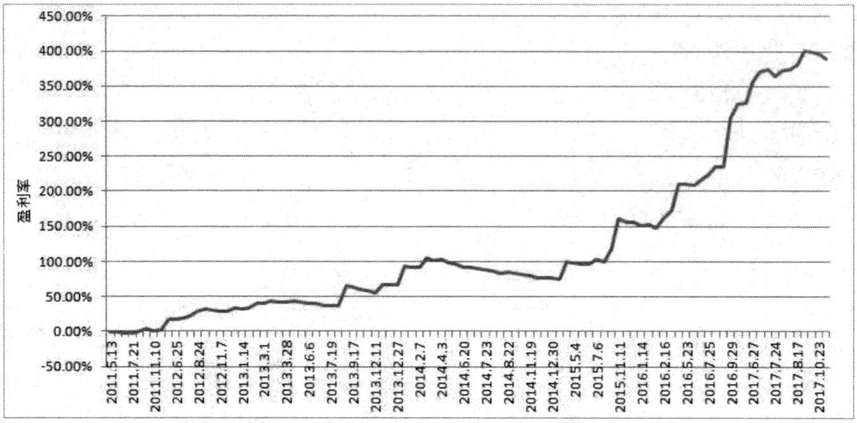

图 7-81

5. 铁矿指数回测数据

样本：铁矿指数 2013 年 10 月 18 日至 2017 年 12 月 29 日。

起始资金：100 000 元。

总收益：221 614.97 元。

交易笔数：55 笔。

平均每笔收益：4029.36 元。

毛利润：255 989.95 元。

毛亏损：34 374.98 元。

盈亏比：7.45。

盈利笔数：31 笔。

亏损笔数：24 笔。

准确率：56.36%。

年复合收益率：32.36%。

收益曲线：如图 7-82 所示。

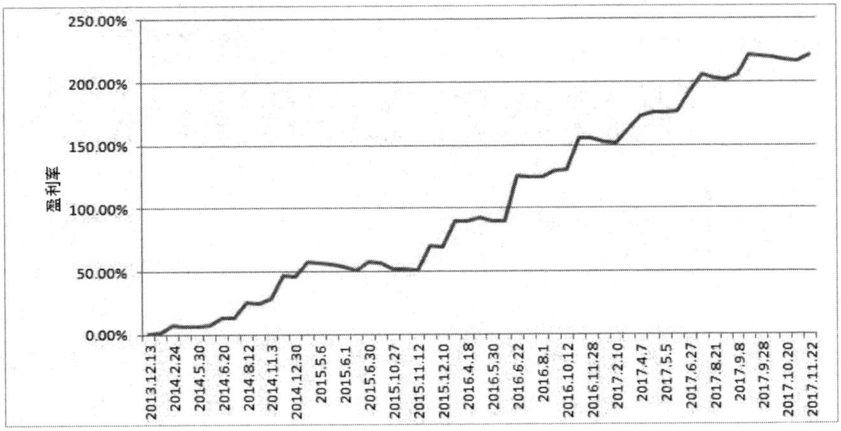
250.00%
200.00%
150.00%
100.00%
50.00%
0.00%
盈利率
2013.12.13
2014.2.24
2014.5.30
2014.6.20
2014.8.12
2014.11.3
2014.12.30
2015.5.6
2015.6.1
2015.6.30
2015.10.27
2015.11.12
2015.12.10
2016.4.18
2016.5.30
2016.6.22
2016.8.1
2016.10.12
2016.11.28
2017.2.10
2017.4.7
2017.5.5
2017.6.27
2017.8.21
2017.9.8
2017.9.28
2017.10.20
2017.11.22

图 7-82

第 8 章 大过滤器之副图指标

副图指标可分为两种：趋势线性指标与震荡性指标。副图指标中震荡性指标更多一些，趋势性指标一般像移动平均线一样依附于主图，所以本章所说的副图趋势性指标特指 MACD。几乎所有软件都将 MACD 称为摆指标，其实 MACD 是根据移动平均线计算而来的，它具有移动平均线的一切特性。因为人们不能把移动平均线称为摆指标，所以也不能把 MACD 称为摆指标。

副图摆指标有 KD、RSI 等，它们有着明确的不可逾越的上下边界，只能在特定的范围内摆动，因此它们更适用于在主要趋势中寻找次要趋势的结束点，而不是指引趋势方向。

8.1 MACD

MACD 称为指数平滑移动平均线，是从双指数均线发展而来的。MACD 的意义和双均线基本相同，即以快、慢的离散、聚合表征当前的多、空状态和价格可能的发展变化趋势。

8.1.1 MACD 的底层逻辑

为什么说 MACD 是根据移动平均线计算而来的指标呢？需要从它的公式开始看起。MACD 指标的计算公式如下：

$$\text{DIFF}=\text{EMA}(\text{CLOSE},\text{SHORT})-\text{EMA}(\text{CLOSE},\text{LONG})$$

$$\text{DEA}=\text{EMA}(\text{DIFF},\text{M})$$

$$\text{MACD}=2\times(\text{DIFF}-\text{DEA})$$

把它翻译成文字，其中 EMA 为指数移动平均线，它是算术移动平均线（MA）的一种变化，底层逻辑与算术移动平均线相当。

DIFF 是指短期收盘价平均值与长期收盘价平均值之差；DEA 是指 DIFF 值的 M 天平均值；将 DIFF 值与 DEA 值相差，再乘以 2。

Short 意为短期，通常情况下 short 的参数为 12，因为以前的交易是每周 6 天，12 代表着两周的时间。Long 意为长期，通常情况下 Long 的参数为 26，近似于 1 个月的时间。那么就可以理解为，DIFF 线为 12 日均线与 26 日均线的差。

既然是两条均线相减，如果差值为正数，说明 12 日均线在 26 日均线之上，为金叉、多头排列、上涨趋势。反之，差值为负数、死叉、空头排列、下跌趋势。

DIFF 线与零轴的关系为当 DIFF 线在零轴之上时，两均线之差为正值；当 DIFF 线在零轴之下时，两均线之差为负值。因此，副图中的一条 DIFF 线就可以代替主图中两条移动平均线，零轴之上为上涨趋势，零轴之下为下跌趋势。

DEA 线是将 DIFF 线再平均，M 的参数通常为 9，也就是说 DEA 线是 DIFF 值的 9 日移动平均线。

MACD 指标中，除了两条平滑的曲线之外，还有红、绿色的柱线。柱线就是 DIFF 值与 DEA 值的差值的 2 倍。差值为正，说明 DIFF 线在 DEA 线之上，在零轴之上的红色柱线；差值为负，说明 DIFF 线在 DEA 线之下，在零轴之下的绿色柱线。为什么要乘以 2 呢？其实无论乘以多少都没关系，只是为了放大一下，让柱线看起来更直观，更舒适。

若 DIFF 线在零轴之上，且处于 DEA 线之上，说明短期平均上涨速度大于再次的 9 天平均上涨速度，行情处于快速上涨的过程中。DIFF 线虽然还在零轴之上，但在 DEA 线之下，说明短期平均上涨速度小于再次的 9 天平均上涨速度，涨速变慢，快速上涨行情可能告一段落了。然而这并不意味着上涨趋势结束了，仅仅是变慢了而已，也有可能此时仅仅是大级别上涨趋势中一段方向相反的次要趋势，也就是说这可能是一波回调。真正的转势，要看 DIFF 线是否下穿了零轴。

因此，在 MACD 指标中，DIFF 线表示的是 12 日均线与 26 日均线的相对位置，用零轴加以区别；DEA 线是对 DIFF 线的再平滑处理；柱线是 DIFF 线与 DEA 线的相对位置，用零轴之上的红色柱线与零轴之下的绿色柱线加以区别。

8.1.2 MACD 的经典方法

MACD 的经典方法如下所示：

(1) 当 DIFF 线在零轴之上，上涨趋势，只做多，不做空；并且当 DIFF 线在 DEA 线之上时，做多；当 DIFF 线在 DEA 线之下时，平多。

(2) 当 DIFF 线在零轴之下，下跌趋势，只做空，不做多；并且当 DIFF 线在 DEA 线之下时，做空；当 DIFF 线在 DEA 线之上时，平空。

(3) 处于以上两点之外的情况时，观望。

用 MACD 的经典方法回测铁矿指数，回测数据如下（全样本，每次交易 1 手）。

收益总额：61 750 元。

交易笔数：46 笔。

平均每笔收益：1342.39 元。

毛利润：102 850 元。

毛亏损：41 100 元。

盈亏比：2.5。

盈利交易笔数：25 笔。

亏损交易笔数：21 笔。

准确率：54.35%。

由于没有资金管理，因此无法设定初始资金，收益曲线如图 8-1 所示。如果人们设定 10 倍保证金交易 1 手的话，铁矿上市价格为 974 元/吨，约 1000 元/吨，每手 100 吨，按 10%的保证金计算，每手保证金为 10 000 元，10 倍保证金为 100 000 元。上市日期为 2013 年 10 月，至 2017 年 12 月共 4.17 年，年复合回报率为 12%。

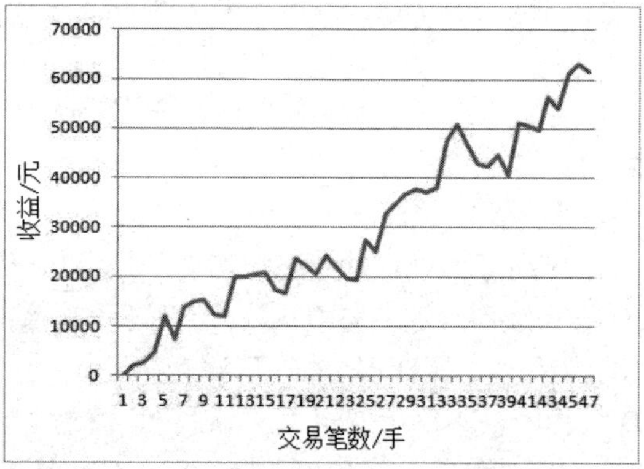

图 8-1

不过这么计算还是不够严谨，因为如果盈利之后，总金逐渐变多，价格下跌，保证金会不断变少，则交易总量不仅仅为 1 手，所以真实的收益曲线应如图 8-2 所示。回测数据如下。

收益总额：175 921.8 元。

交易笔数：46 笔。

平均每笔收益：3824.39 元。

毛利润：307 846.12 元。

毛亏损：131 924.34 元。

盈亏比：2.33。

盈利交易笔数：25 笔。

亏损交易笔数：21 笔。

准确率：54.35%。

年复合收益率：27.56%。

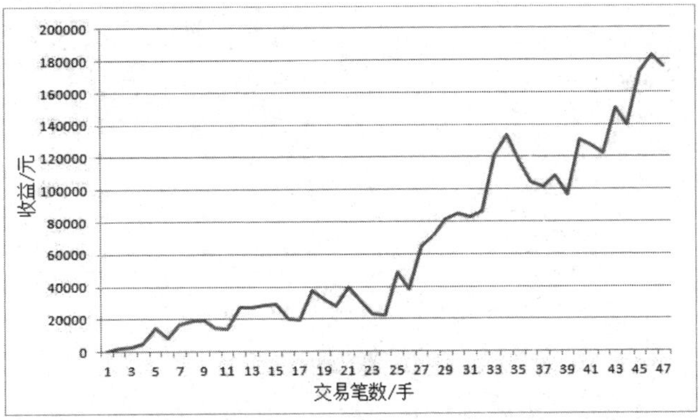

图 8-2

许多人可能考虑得更少一些，见到 MACD 金叉就做多，见到 MACD 死叉就做空，这是不对的。因为他们只看到了一维，只看见了涨或跌，而没有看到涨和跌之间也存在着级别。之所以 DIFF 线在零轴之上，即使 DIFF 线与 DEA 线形成死叉也不做空，只是平多，就是考虑到在零轴之上的死叉或许仅仅是大级别上涨的回调而已。回调行情不能做空，特别是根据 MACD 来抓回调做空的行情更是不可以，因为 MACD 由移动平均线转化而来，它有着移动平均线的一切优势与缺点，滞后性对于趋势来说是极大的优势，而对于回调行情来说则是致命的缺点。

还是要用数据来证明，如果不考虑经典用法，见到金叉就做多，见到死叉就做空。初始资金设为 100 000 元，并且 10 倍保证金来交易的回测数据如下。

收益总额：91 967.19 元。

交易笔数：69 笔。

平均每笔收益：1332.86 元。

毛利润：399 997.35 元。

毛亏损：308 030.16 元。

盈亏比：1.30。

盈利交易笔数：32 笔。

亏损交易笔数：37 笔。

准确率：46.38%。

年复合收益率：16.93%。

收益曲线如图 8-3 所示。

图 8-3

从回测数据可以看出，不论是收益总额还是年复合收益率，不论是准确率还是盈亏比，都比经典用法要差很多，并且最大回撤竟然达到了 62.5%。如果最大回撤出现在交易初期阶段，恐怕再过几年也难以赚回亏损，这就是没有考虑到级别的后果。当然，铁矿的走势相对于其他品种来说趋势性还是很强的，如果换成其他震荡走势更多的品种，这种差距还会加大。

如果我们再加入顶、底分形有序排列的必要条件，那就又回归到了双均线与顶、底分形的交易系统中去了。DIFF 指示方向与双均线指示方向无异，只是参数发生了变化而已，因此不再赘述。

8.1.3 MACD 与不同级别分时图的应用

除 MACD 的经典用法外，能不能再添加一些其他的必要条件呢？不能用 MACD 组合而成新交易系统吗？当然可以，这需要用到三重滤网的理念。

三重滤网的理念是用日线（周线）确定趋势方向，再由小时线（日线）寻找回调的低点买进，或是寻找反弹的高点卖出。我们用日线的 MACD 中的 DIFF 线来确定趋势方向，用小时线的 MACD 金叉或死叉来寻找回调低点或反弹高点。

图 8-4 所示为豆油 1805 合约 2017 年 11 月 9 日至 12 月 29 日日线走势图。2017 年 11 月 14 日，MACD 的 DIFF 线下穿零轴，标志着豆油的价格从这一天开始，进入由 MACD 所指示的下跌趋势中。那么只要 DIFF 线一直处于零轴之下，人们就要在小时线中寻找 MACD 的死叉来做空。

图 8-4

图 8-5 所示为豆油 1805 合约 2017 年 11 月 16 日至 21 日小时线走势图。在小时图中我们还是要连续分形，并且是随着每一根新的小时 K 线出现，都要重新调整一次。图中 MACD 在零轴下方出现了柱线，死叉开始，此时在这根 K 线收盘价 6064 点处放空。且以前期顶分形的高点 6170 点为止损位，止损金额为 1080 元。如果你有 100 000 元，按照资金管理公式可交易 1.85 手，向上取整，可以做 2 手。只要豆油价格不触发止损位，人们便一直持有，直至触发止损位止损，或是 MACD 出现金叉平仓。本例中未触发止损位，MACD 金叉时的小时线收盘价为 6090 点，平仓。2 手共亏损 520 元，本金为 99 480 元。

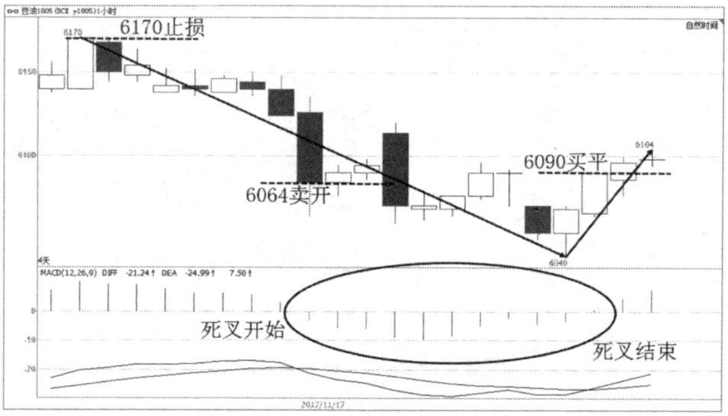

图 8-5

图 8-6 所示为豆油 1805 合约 2017 年 11 月 24 日至 30 日小时线走势图。死叉在小时线收盘价为 6080 点时开始，在 6080 点处放空，以前期最近的顶分形高点 6 140 点为止损位，止损金额为 600 元，根据资金管理公式可交易 3.32 手，向下取整放空 3 手。随着顶、底分形的不断出现，且都是向下有序排列，每出现一对新的顶、底分形

时，都以目前价格之前最近的一个顶分形的高点为推进止损位，直至止损位变为止盈位。本例未触发止盈位，当小时线以 6022 点为收盘价时，MACD 出现金叉，平仓。3 手共盈利 1740 元，本金共 101 220 元。

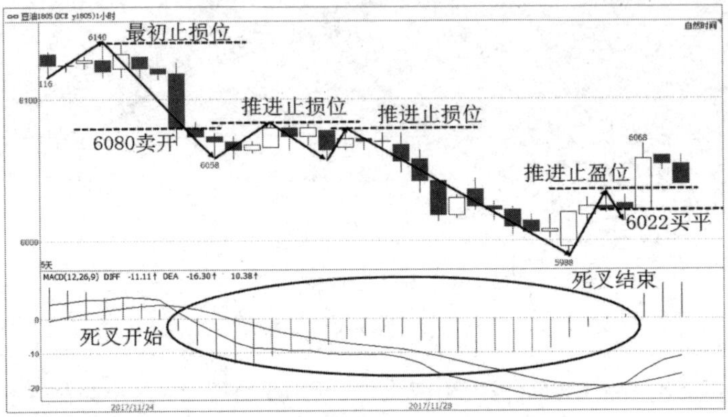

图 8-6

图 8-7 所示为豆油 1805 合约 2017 年 12 月 1 日至 11 日小时线走势图。在 6 012 点处卖开，在 6066 点处止损，止损金额为 540 元，根据资金管理公式可交易 3.75 手，向上取整放空 4 手。未触发止损位或止盈位，直至 MACD 出现金叉，在 5882 点处平仓。4 手共盈利 5200 元，本金共 106 420 元。

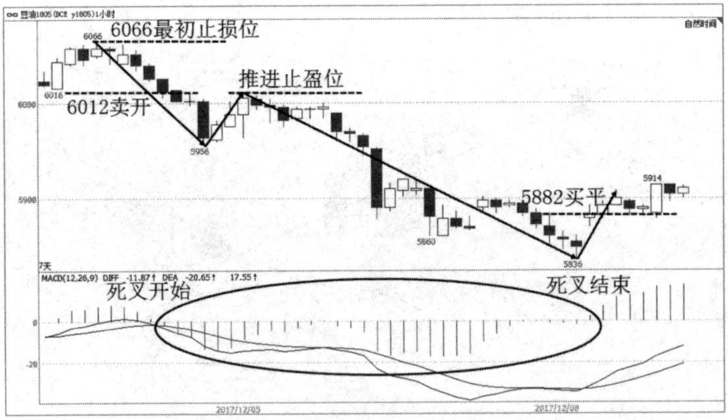

图 8-7

图 8-8 所示为豆油 1805 合约 2017 年 12 月 11 日至 18 日小时线走势图。本例中共出现三笔交易。

第一笔交易，MACD 出现死叉，在 5880 点处放空，在前期顶分形高点 5936 点处止损，止损金额为 400 元，根据资金管理公式可交易 5.32 手，向下取整放空 5 手。

随后，MACD 出现金叉，在 5896 点处买平。5 手共亏损 800 元，本金为 105 620 元。

第二笔交易，MACD 再次出现死叉，在 5888 点处放空，前期顶分形高点未变，在 5936 点处止损，止损金额为 480 元，根据资金管理公式可交易 4.4 手，向下取整放空 4 手。新的顶、底分形不断出现，最终突破最近的顶分形高点 5826 点，在 5828 点处买平。4 手共盈利 2400 元，本金为 108 020 元。

第三笔交易，下破前期最低的底分形低点，重归下跌走势，在 5804 点处放空，在最近的顶分形高点 5828 点处止损，止损金额为 240 元，根据资金管理公式可交易 9 手。小时线开盘以 5836 点突破止损位，在 5836 点处买平，9 手共亏损 2880 元，本金为 105 140 元。

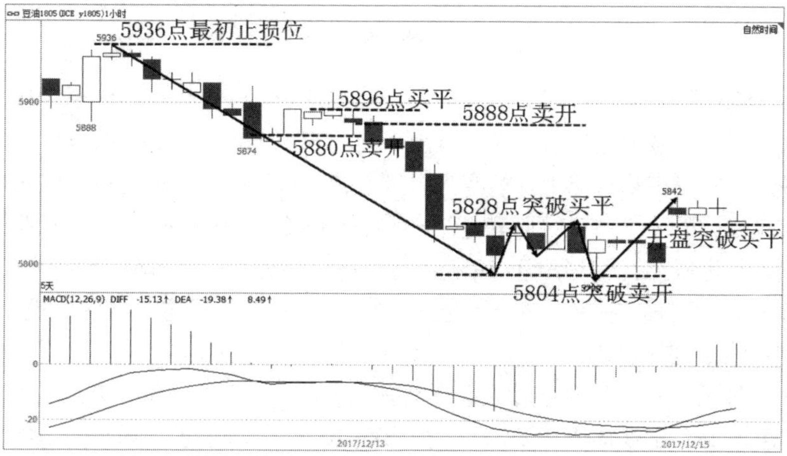

图 8-8

图 8-9 所示为豆油 1805 合约 2017 年 12 月 18 日至 25 日小时线走势图。图中共有两笔交易。

第一笔交易：MACD 出现死叉，在 5780 点处放空。以前期最近的顶分形高点 5838 点为止损位，止损金额为 580 元，根据资金管理公式可交易 3.63 手，向上取整放空 4 手。MACD 出现金叉，在 5796 点处买平，4 手共亏损 640 元，本金为 104 500 元。

第二笔交易：MACD 出现死叉，在 5740 点处放空。以前期最近的顶分形高点 5806 点为止损位，止损金额 660 元，根据资金管理公式可交易 3.17 手，向下取整放空 3 手。MACD 出现金叉，在 5628 点处买平，3 手共盈利 3360 元，本金为 107 860 元。

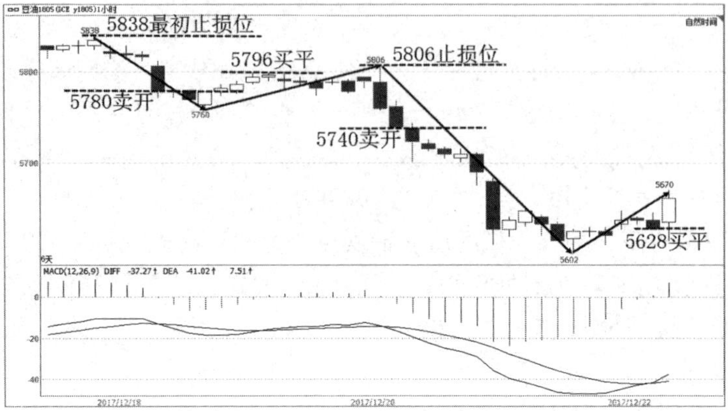

图 8-9

豆油 1805 合约从 2017 年 11 月 14 日直至 29 日 DIFF 线一直处于零轴之下，出现了 8 笔交易，共盈利 7.86%。当然其他品种有机会的时候，这 100 000 元本金也可以叠加使用。只要有趋势出现，顺应大级别趋势，只做一个方向，在小级别中出现与大级别方向相同的金叉或死叉时建仓，一旦发生变化，小级别 MACD 比大级别 MACD 反应更快。因此在大级别 MACD 还未转向之前，根据小级别 MACD 平仓了结，然后再找其他机会。这种方法就是把日线整段的交易，用小级别走势切割成更小的分段，从而达到短线盈利的目的。

当然这种做法，不如直接做大级别获取的利润多。豆油 1805 合约从 2017 年 11 月 14 日至 29 日，下跌幅度为 8.65%。如果按 10 倍保证金的本金计算，100 000 元可以交易 2 手，可获得的收益为 10 720 元。但大有大的难处，做日线持很久的仓，人们承受的心理压力会很大。如果变切割成小段，虽然盈利减少了 2860 元，但短期盈利即走，不参与震荡走势，还是非常轻松的。

8.1.4 MACD 的背离

一般的书中凡是讲到 MACD 的背离，都非常简单，无外乎价格一浪比一浪低，指标一浪比一高时，出现底背离。价格一浪比一浪高，指标一浪比一浪低时，出现顶背离。然后呢？然后就没有了。

人们不需要了解这些，人们需要了解的是出现背离的时候，价格是不是肯定会反向运行？如果并不绝对，概率是多少？在哪里建仓？在哪里止损？因此，只讲背离的特征，其他的都不管，是非常不负责任的行为。并且像 MACD 这样具有强烈滞后性的趋势性指标，二度背离、三度背离都很常见，甚至四度背离也经出现。如果几度背离都有可能，那么背离的应用也就失去了意义。

想讲清楚背离，一定要先证明什么情况才算真正的背离。当价格一浪比一浪低，指标却一浪比一浪高时，只能算是疑似背离，只有指标在底部出现金叉时，才是背离真正的开始，指标未出现金叉，底背离根本未形成。反之，真正的顶背离，要从指标的死叉开始。图 8-10 所示为玻璃指数 2017 年 6 月 13 日至 8 月 18 日日线走势图。

玻璃指数由前高 1442 点上升至新高 1448 点，但 MACD 却未创出新高，注意 MACD 在玻璃指数破出新高时，还处于金叉状态。虽然价格越来越高，但 MACD 并未跟随，这种状态不能称为背离，顶背离必须由 MACD 死叉开始。如图 8-11 所示，在 MACD 未出现死叉之前，玻璃指数还在上涨，最高达到 1465 点；当 MACD 死叉出现后，顶背离才真正地开始。

图 8-10

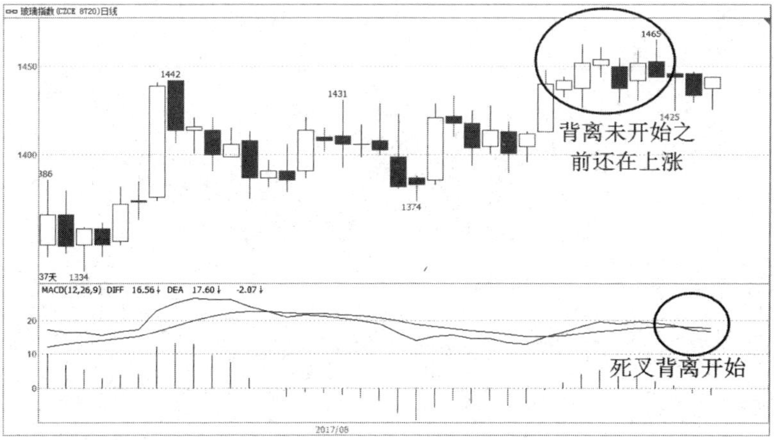

图 8-11

即使背离真正开始了，也不一定意味着价格一定会反向运行，可能出现二度背离、三度背离，甚至四度背离。如图 8-12 所示，商品期货化工板块共出现了三度底背离，直至最后一次才出现反向行情。如果人们贸然根据第一次底背离便建立多单，将会损失惨重。

图 8-12

那么，如何确定哪一次的背离真正起作用呢？那就要往里面加一些必要条件了。加入必要条件，可以有效过滤掉一些伪背离，但也不能做到百分之百的准确。我们将上图的细节部分放大，如图 8-13 所示。

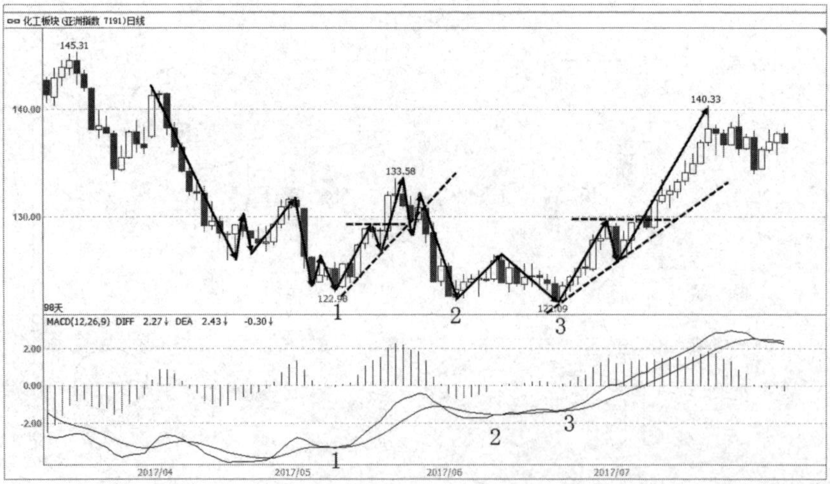

图 8-13

在图中连接顶、底分形，如果出现顶、底分形有序向上排列，则底背离的成功概率会更高。在图中第一次出现底背离时，出现了顶、底分形的有序向上排列，人们也可以把它理解为 123 原则，当指数向上突破前一个顶分形高点那一瞬间，顶、底分形有序向上排列出现，也就是 123 原则中的原则 3 形成，可以在此处建立多单，同时画出上涨趋势线用来止损。虽然第一次底背离失败了，但指数下破上涨趋势线时，还在建立多单的位置上，虽然盈利不多，但也算是止盈了。

第二次底背离时，指数只是简单的向上一跳，只有一对顶、底分形形成，无法达成两对或两对以上顶、底分形有序向上排列的条件，因此第二次底背离被成功地回避了。

第三次底背离，出现了顶、底分形有序向上排列，并且此次底背离成功了。

如图 8-14 所示，塑料指数虽然形成了顶背离，但并未形成向下有序排列的顶、底分形，只是简单地向下一跌，所以即使顶背离形成，也不做空。事实证明，我们加入的必要条件再次发挥了它的过滤作用，塑料指数在简单的回调之后，再次大幅上涨。

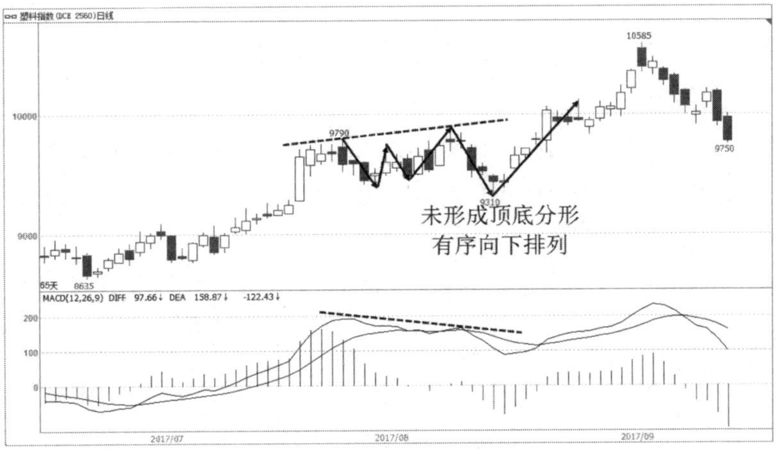

图 8-14

这再一次验证了，价格走势最底层、最基本的驱动力是顶、底分形的有序排列，没有顶、底分形的有序排列，将无法推进趋势。

MACD 指标的顶背离，与趋势线过滤器系统出现共振，如图 8-15 所示。铁矿 1801 合约价格下破大级别趋势线时，形成下跌 123 原则的原则 1，此时 MACD 也出现了顶背离。铁矿价格向上反弹，形成下跌 123 原则的原则 2，再次下破原则 1 低点时，形成下跌 123 原则的原则 3，放空。而此时的 MACD 因已形成顶背离，再次出现向下有序排列的顶、底分形，顶背离完全成立，两种分析方法产生共振，铁矿价格应声下跌，从原则 3 的 543 点下跌至 425.5 点。

图 8-16

8.2 ROC 与 MTM

ROC 指标称为变动率指标，如图 8-17 所示。它与 MACD 指标同样，都是根据移动平均线变化而来，虽然从 ROC 的计算公式来看并不属于一类，但底层逻辑却是一样的。

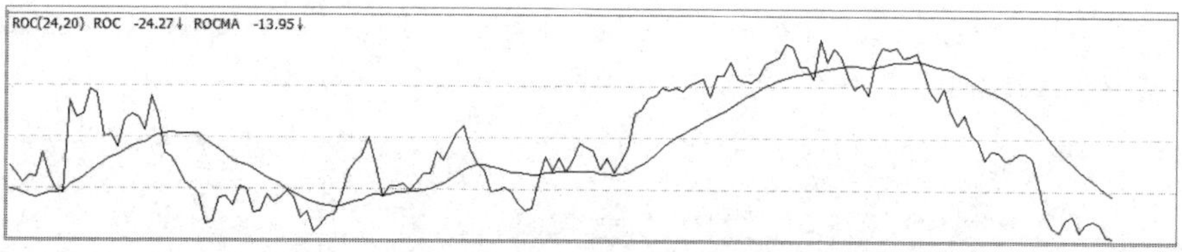

图 8-17

ROC 的计算公式如下：

ROC=(CLOSE-REF(CLOSE,N))/REF(CLOSE,N)×100

ROCMA=MA(ROC,M)

翻译成文字如下：

ROC 是指当日收盘价减去 24 个交易日之前的收盘价再除以 24 个交易日之前的收盘价再乘以 100 的值；ROCMA 是指 ROC 值的 20 天平均值。

为什么说 ROC 也是从移动平均线演变而来的呢？因为 ROC 线的分子是当日收盘价与 24 个交易日之前的收盘价之差，也就是说我们要比较现在的价格与 24 个交易日之前的价格谁更高。在讲移动平均线的时候，笔者提过移动平均线的斜率就是当日价格与前 N 日价格的比较。所以，ROC 线的分子是 24 日移动平均线斜率的变种。至于再除以什么，都无关紧要，ROC 所要比较的就是均线的斜率。

主导 ROC 线公式的主要部分，即为分子。也就是说，如果 24 日移动平均线的斜率为正，ROC 即在零轴之上，反之，则在零轴之下。ROCMA 是将 ROC 再度平滑化，就像 MACD 指标中，DEA 线是将 DIFF 线再度平滑化的结果一样。因此，ROC 的用法与 MACD 相同，只不过一个采用的是移动平均线的斜率，一个采用的是双均线的相对位置。

ROC 的经典用法如下所示：

（1）当 ROC 线在零轴之上，呈上涨趋势时，只做多，不做空；并且当 ROC 线在 ROCMA 线之上时，做多；当 ROC 线在 ROCMA 线之下时，平多。

（2）当 ROC 线在零轴之下，呈下跌趋势时，只做空，不做多；并且当 ROC 线在 ROCMA 线之下时，做空；当 ROC 线在 ROCMA 线之上时，平空。

（3）处于以上两点之外的情况时，观望。

MTM 较之于 ROC 更加直接，MTM 指标又称为动量指标，它考查的也是移动平均线的斜率问题，如图 8-18 所示。

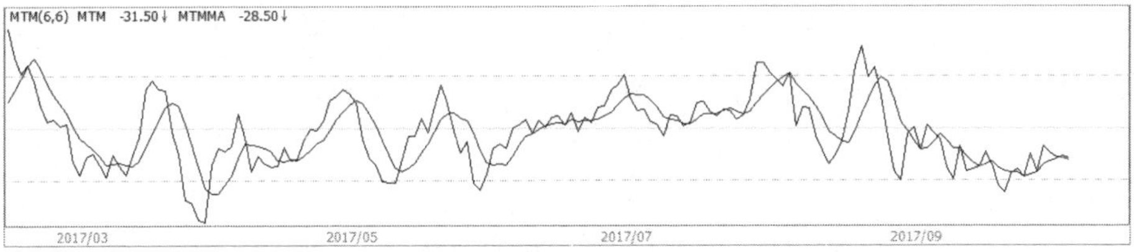

图 8-18

MTM 计算公式如下：

MTM=CLOSE-REF(CLOSE,N)

MTMMA=MA(MTM,N1)

翻译成文字如下：

MTM 是指当前收盘价与 6 个交易日前收盘价的差；MTMMA 是指 MTM 的 6 日移动平均线。

由此可见，MTM 考查移动平均的斜率比 ROC 更加简单。人们可以把 MTM 的分母看成 1，ROC 的分母是 24 天前的收盘价。虽然分线不同，但分子的意义都一样，所以 ROC 与 MTM 指标去除刻度以后，它们的曲线应该是相同的，并且笔者给出的 ROC 与 MTM 指标是同一品种在同一时段的指标截图，为什么两者却不一样呢？

因为 ROC 用的参数是 24 与 20，MTM 用的参数为 6 与 6。如果将 MTM 的参数也改为 24 与 20，在不看刻度的情况下，两指标的走势应该一模一样，如图 8-19 所示，请与图 8-17 对比。

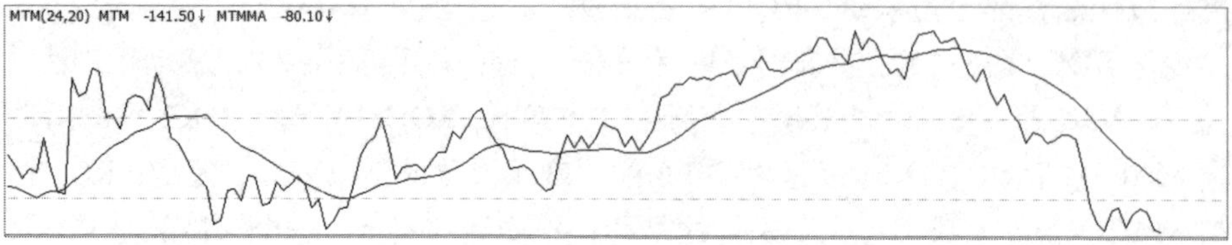

图 8-19

那么 MTM 与 ROC、MACD 指标的用法也都一样，如下所示：

（1）当 MTM 线在零轴之上，呈上涨趋势时，只做多，不做空；并且当 MTM 线在 MTMMA 线之上时，做多；当 MTM 线在 MTMMA 线之下时，平多。

（2）当 MTM 线在零轴之下，呈下跌趋势时，只做空，不做多；并且当 MTM 线在 MTMMA 线之下时，做空；当 MTM 线在 MTMMA 线之上时，平空。

（3）处于以上两点之外的情况时，观望。

不论是 MACD，还是 ROC 或 MTM，透过现象看本质，没有任何区别。所以看见各类指标无以计数时，不要怕，仔细研究一下它们的计算公式，你总能在其中找到经典技术分析的痕迹，并且将其归类。这些指标一旦可以归类，就再也没有神秘感了。从上述的例子，人们会发现 ROC 与 MTM 竟然是同一款指标。

8.3 KD

技术指标太多了，按一个右键，就会出现趋势指标一大排，摆动指标一大排。怎么用，用哪个，什么时候用。这些问题非常具有代表性，指标看起来很神奇，但人们一用就错，还不知道错在哪里了。而人们对于最普通的摆动指标，要么不知道怎么问，要么不好意思问。

8.3.1 为什么超买不跌、超卖不涨

KD 指标常见的第一个问题，为什么 KD 已经超买了，达到了 70 以上、80 以上甚至 90 以上，价格还在上涨呢？有人说，这是 KD 指标钝化了。其实这是逻辑混乱，无法给出真正的答案，只能用指标钝化来搪塞。即没有说清 KD 指标长期滞留超买区或超卖区的本质，也没给出任何指导意见。简单一句指标钝化并不能解决

实际问题。什么时候钝化解除？什么时候发生钝化？既然连判断条件都没有，说明指标钝化是一个伪命题。

要弄清楚这个问题，必须先知道 KD 指标在表达什么，这就要从 KD 指标的计算公式入手。KD 指标计算公式如下：

RSV=(CLOSE-LLV(LOW,N))/(HHV(HIGH,N)-LLV(LOW,N))×100

K=SMA(RSV,M1,1)

D=SMA(K,M2,1)

翻译成文字如下：

RSV 是指当日收盘价减去 9 天内最低价，再除以 9 天内最高价与最低价的差值；K 是指 RSV 的 3 日移动平均线；D 是指 K 的 3 日移动平均线。

第一段公式的分母，是 9 天内最高价与最低价的差值，分母的意思是“这是一个 9 天内价格运动的大区间”，以 9 天内的最高价与最低价为上下边界；分子为当前的价格减去 9 天内的最低价。整段公式表达了目前价格处于大区间的什么位置。

例如，9 天内最高价为 150 元/份，最低价为 100 元/份，那么这个大区间的高度为 50，即分母为 50。当前价格为 120 元/份，减去最低价 100 后的数值为 20，是分子。分子 20 除以分母 50，比值为 0.4，也就是说当前价格处于 9 天内大区间的 40%高度位置，如图 8-20 所示。

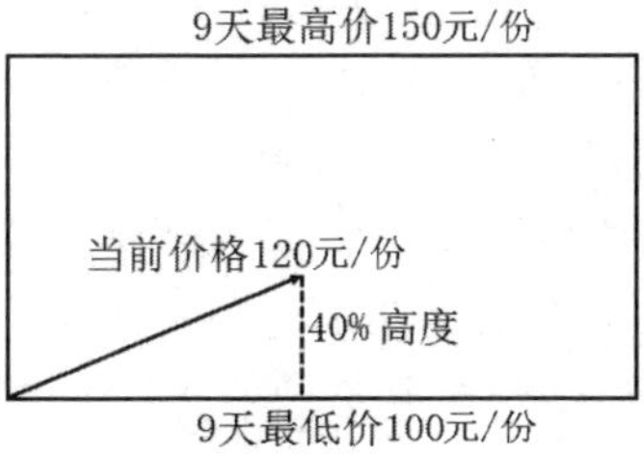

图 8-20

在创新高或新低时，第一段公式很容易得出 0 或 100 的数值。例如，上例中，当前收盘价为 100 元/份时，分子为 0，RSV 也为 0；最新价为 150 元/份时，分子为 50，RSV 值为 100%。

当价格窄幅变动时，RSV 会突然从 0 提升至 100，也可能突然从 100 下跌至 0，变化过大，RSV 就再无指导意义。所以要将 RSV 进行平滑处理。最简单的方法就是移动平均，将 RSV 进行 3 日移动平均化后得到 KD 指标中的 K 线，再将 K 线进行 3 日移动平均化，得到 D 线。

那么，K 值可以理解为 3 日内的平均价格处于 9 天高低大区间内的相对位置(%)。例如，KD 指标的 K 值为 48，说明三日内的平均价格处于 9 天内大区间的 48%的高度位置。

那么，大家再回头看第一个问题，为什么 KD 值已经达到了超买区，还在继续上涨？为什么 KD 值已经达到了超卖区后，还在继续下跌？

需要注意的是 9 天内的大区间，并不是固定不变的，它像移动平均线的计算方法一样，在出现一根新的蜡烛图后，最初的那根蜡烛图不再参与计算，以最新的蜡烛图为新的计算样本。例如，由 1 号至 9 号蜡烛图来计算大区间的范围，新增 10 号蜡烛图，则将 1 号蜡烛图去除。

当价格一直处于上涨中，一根阳线接着一根阳线的向上蹿，阳线的收盘价都一直处于蜡烛图的上部。那么三根连续不断向上破高的阳线出现后，KD 指标的 K 线必然会进入超买区。这种情况持续的时间越长，D 值冲进超买区的速度也会越快。这一切都是公式计算的结果，并没有什么值得大惊小怪的。

KD 指标连续处于超买区，意味着行情已经出现了连续上涨的单边市。趋势一旦出现，不断向上破高是十分正常的。偶尔出现一两根阴线的回调后，价格将继续上扬，收盘价继续处于阳线的上半部分，继续破高，KD 指标继续处于超买区。以上就是一连续事件出现的原因。

甚至会给人们造成这样的错觉：KD 指标怎么越是上涨，越是钝化呢？它怎么总在超买区呢？这个到底还管不管用了？不是说进入超买区就容易下跌了吗？其实趋势线具有趋势性，一旦形成趋势，KD 指标进入超买区后反而不会轻易下来。如果人们明白了 KD 指标的计算逻辑，这一切就显得简单多了。因果关系搞错了，不是越超买，价格越上涨，而是价格越上涨，指标越超买。

如果出现了超买，并且持续超买，人们应该赶快介入多单，而不是犹豫徘徊，并不可轻易放空。不要了忘了技术分析最基本的三大假设之一——趋势不会轻易发生改变。图 8-21 所示为 PP 指数 2017 年 8 月 7 日至 9 月 5 日日线走势图。

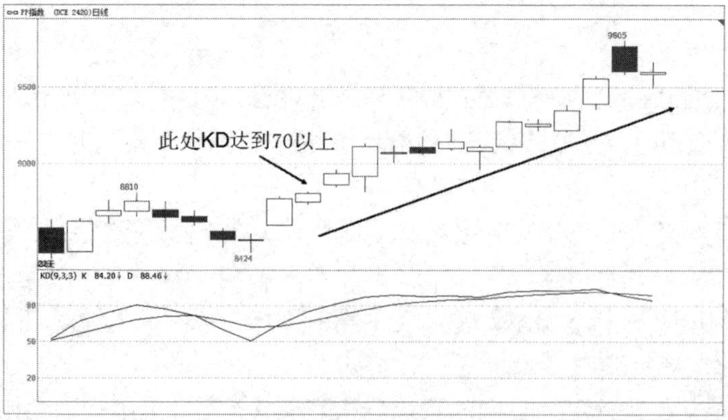

图 8-21

KD 指标达到 70 以上那一天的收盘价为 8806 元/份，并且至 9 月 5 日 KD 指标一直处于 70 以上的超买区，最高涨至 9805 元/份，涨幅为 11.34%。而本图中 KD 指标从最低点时的价位 8424 元/份，涨至 KD 指标达到 70 以上那一天的最高价 8820 元/份，涨幅为 4.7%，相差甚远。所以，超买是上涨的真正开始，而不是下跌的开始。

摆动指标只表示目前价格位于最近 N 个交易日内的相对高度，因此用它来指示方向，而不是它原本的用法。但人们还是想用它来指示方向怎么办呢？那么就要从它的底层逻辑说起。

既然是显示目前价格在最近走势中的相对高度，那么上涨趋势中，就不会回调过深，KD 值不能低于中位数 50。也就是说，当前价格的相对高度不能超过最近 N 个交易日涨幅的一半。所以 KD 值为 50，可以用来当作涨/跌趋势的分水岭，相当于用 50 刻度当作趋势性指标的零轴，其他用法相同。

KD 指标指示趋势的用法如下：

（1）当 KD 位于 50 之上，呈上涨趋势时，只做多，不做空；并且当 K 线在 D 线之上时，做多；当 K 线在 D 线之下时，平多。

（2）当 KD 位于 50 之下，呈下跌趋势时，只做空，不做多；并且当 K 线在 D 线之下时，做空；当 K 线在 D 线之上时，平空。

（3）处于以上两点之外的情况时，观望。

同样也可以用大周期图中的 KD 指标指示方向，用小周期图中的 KD 金叉、死叉来做短线交易。不过 KD 过于灵活，不如 MACD 稳重，相较于 MACD，交易次数会有所增加，并且会产生多次无谓的亏损。

8.3.2 KD 双高位和双低位的应用

用 KD 指标指示方向也是勉强为之，用来做短线，又过于灵活失于稳重，那么 KD 指标就没有任何用处了吗？当然不是。其作为必要条件的前提就是，回调或反弹到位。如果人们能确定前期的趋势方向，如三重滤网法中第一重滤网已经确定了上涨趋势，那么在更小的级别中，KD 指标反映当前价格位于前期上涨趋势的位置。如果它在特别低的位置出现了金叉，则说明，此时可能已经回调结束了。

虽然 KD 指标有这样的特性，但它太灵活了，随便就可以出现金叉，怎么解决这个问题呢？那我们就在低位出现两次金叉的时候，再用它来做指示器。这种方法称为 KD 双低（高）位法。

图 8-22 所示为豆油 1805 合约 2017 年 11 月 27 日至 2018 年 1 月 2 日小时线走势图，根据趋势线为过滤器的系统，当豆油价格走势形成原则 3 的时候，建立多单。

图 8-22

如果人们不想建仓过慢，想早一点在回调低点处建仓，此时就可以使用 KD 指标了。理论上，当豆油价格向上突破大级别下跌趋势线后形成原则 1，此时有两种可能：一种是继续下破前期低点，重归下跌走势；另一种在下跌趋势线之上形成上涨 123 原则。但这两种情况，哪种可能性大一些呢？这两种情况存在的概率各为 50%。因此，此时就需要 KD 指标登场了。

图 8-23 所示为上图豆油 1805 合约的 15 分钟图中 123 原则处的放大图。在小周期图表中原则 2 的位置上，KD 两次在 20 以下超卖区出现金叉，那么见底的可能性大一些，所以在 KD 第二次低位金叉时做多，并且以前期低点为止损位。

图 8-23

在可上可下的两种可能中，我们利用 KD 双低位法买进，也就是加入了一个必要条件后，赌它向上的可能性更高，并且止损幅度更小，用少量的止损来赌更早的建仓，很划算，但这里也存在着一个量化。

笔者之所以想在原则 2 处建仓，就是不想浪费行情。逢低买进，不是比突破买进更好吗？问题在于，逢低买进（原则 2 买进）是赌两种可能性中哪个更大，而突破买进（原则 3 买进）成功率更高。这就是要看人们自己的取舍了，是想要更大的确定性但放弃一部分利润，还是想要更多的利润但舍弃一部分确定性？

这需要细细地算一笔账，人们如果选择更多的利润，这些多出来的利润，值不值得人们用确定性来交换。那要先定义，多出来的利润在哪里，如图 8-25 所示。

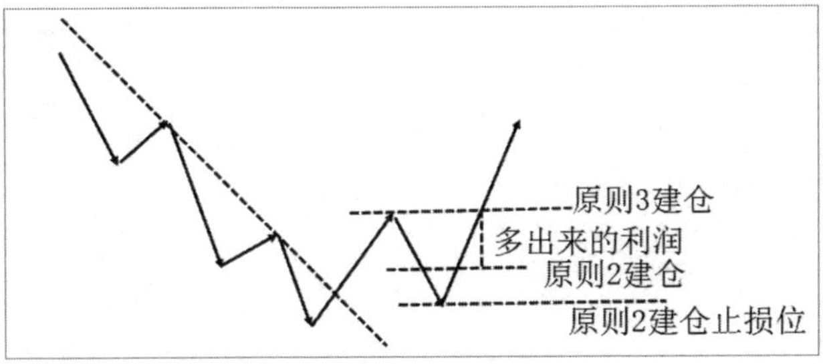

图 8-25

如果人们逢低做多，多赚的利润是 10 个点，而止损却是 30 个点，那么人们愿意冒 30 个点的风险去赚 10 个点吗？人们不会愿意的。

如果人们逢低做多，多赚的利润是 10 个点，而止损却是 10 个点，那么人们愿意冒 10 个点的风险去赚 10 个点吗？人们或许不愿意。

如果人们逢低做多，多赚的利润是 10 个点，而止损却是 3 个点，那么人们愿意冒 3 个点的风险去赚 10 个点吗？人们肯定愿意。

因此，人们不要一味地排斥非突破交易法，而是要把账算清楚，当这个风险收益比能达到 1∶3 以上时，人们为什么不去试试呢？

再来看豆油 1805 合约的 KD 双低位买进法的案例，原则 2 买进位置为 5658 点，原则 3 买进位置为 5736 点，多出来的利润为 78 点。止损位为 5642 点，止损幅度为 16 点。16∶78=1∶4.88，风险收益大于 1∶3，因此人们愿意冒 16 个点的风险来赚取多出来的 78 点利润。

KD 双低（高）位法，本质上来说是提前在原则 2 处建仓，那么要建多少仓合适呢？最简单的方法是在原则 2 处建一半仓，在原则 3 处建一半仓。在原则 2 处建仓，赚得多；在原则 3 处建仓，赚得稳。根据资金管理公式，如果通过计算可以建仓 10

手，那么在原则 2 处建仓 5 手，至原则 3 达成时，再建仓 5 手。这样既不会踏空一波可见的利润，也不会因为它又回归原趋势而亏损过大。

同样根据分仓原则，在使用反出击日线止损法时，也可以用反出击日线法止损一半持仓，以最终止损位（趋势线）止损另一半持仓。这样既可以避免过多的损失，也可以避免在它无意擦枪走火时贸然平仓，以至于踏空。

第 9 章
交易系统配合下的期权

期权交易在我国市场刚刚起步，到目前为止并未造成太大的影响。但从全球范围来看，期权交易总额，比股票、期货、外汇的总额还要多。因为股票、期货都可以衍生出期权。期权最大的优点在于亏损有限，而盈利无限。未来几十年，期权交易在我国定会大行其道。

9.1 期权

人们可以把期权理解为某种意义上的保险。

假设，某人认为某只股票或某种商品要涨价，但是又不是非常确定它会上涨，但不买又怕踏空。那么此人就可以为这只股票或这种商品买一份保险，如果它确实上涨了，那么不论它涨到什么位置，此人都有权利以保险约定的价位买进它；如果它没涨，此人则只损失了一份保险金而已。

反过来，如果某人手中持有某只股票，在上涨一段时间后，担心它会下跌；但卖掉手中的股票，又担心它不会真的下跌，反而涨得更高。那么此人就可以为这只股票买一份保险，如果它确实跌了，那么不论它跌到什么位置，此人都有权利以保险约定的价位卖出它；如果它没跌，此人则只损失了一份保险金而已。

9.1.1 期权的构成要素

股权的构成要素有三种。首先是标的。它是我们做期权交易的对象，期权不是凭空出现的，它需要一个载体来承载它。如果人们做某只股票的期权交易，这只股票便是期权的标的。

期权的标的大约可分为三种：一种为股票，另一种为指数合约，还有一种为期货合约。我国现在上市的期权品种有两类七种，两类是指商品期货类期权与股票指数

ETF 期权，七种分别为豆粕期权、玉米期权、棉花期权、铜期权、橡胶期权、白糖期权和 50ETF 期权。

其次是到期日，是指期权的最后有效时限。即使人们交了保险费，也不是交一次费就永远有效的，而是有期限的。例如，交一年的火灾保险，是指在这一年中遭遇火灾中可以得到赔付，在这一年之外没有赔付。

期权的到期日写在具体的合约中，通常为该合约月份的第四个星期三，如沪深 300 股指期权，如果遇到法定休息日，要按时间顺延。在期权到期日前，期权的买方有权利，期权的卖方有义务。如果在到期日之前，期权的买方没有行使权利，到期日之后，期权的买方与卖方的权利与义务关系自动解除。

到期日的规定主要有两种：一种为英式，另一种为美式。英式到期日规定就像电影票，必须在到期日那一天，才可以行使权利，如电影票写着 8 月 8 日观影，8 月 8 日之前与之后都不能观影。而美式期权就像月饼票，在到期日之前，随时都可以行使权利。

还有一种百慕大期权结合了英、美两种方式，它是一种可以在到期日之前，规定一系列行使权利时间的期权。即在到期日之前人们也可以行使权利，但只能在到期日之前规定的某些时间才可以行使权利。

最后是行权价（格），行权价也可以称为执行价（格）、约定价（格）。行权价是买方与卖方在交易之前便约定好的交易标的的价格。

例如，50ETF 的价格为 2.9 元/份，我们预测它会上涨，但不确定。所以我们买进看涨期权，并且约定这份期权的行权价为 2.9 元/份。不论 50ETF 上涨至多少，在到期日之前，我们都有权利按 2.9 元/份买进 1 份 50ETF。

即使 50ETF 的价格为 2.9 元/份，其也不仅仅只有 2.9 元/份一种行权价。在 50ETF 的合约当中规定，至少存在以 2.9 元/份为中心的 5 个不同行权价的期权合约。如果 50ETF 的价格上涨至 3 元/份，也会存在至少 5 个以 3 元/份为中心的不同行权价的期权合约。

如果 50ETF 的价格为 3 元/份以下，如 2.9 元/份，那么它的行权价间距为 0.05 元/份。即以 2.9 元/份为中心，行权价分别为 2.8 元/份、2.85 元/份、2.9 元/份、2.95 元/份和 3 元/份。如果 50ETF 的价格为 3～5 元/份（含），如 3.3 元/份，那么它的行权价间距为 0.1 元/份，行权价分别为 3.1 元/份、3.2 元/份、3.3 元/份、3.4 元/份和 3.5 元/份。

如果 50ETF 的价格为 5～10 元/份（含），则行权价间距为 0.25 元/份。如果 50ETF 的价格为 10～20 元/份（含），则行权价间距为 0.5 元/份。如果 50ETF 的价格为 20～50 元/份（含），则行权价间距为 1 元/份。如果 50ETF 的价格为 50～100 元/份（含），行权价间距为 2.5 元/份。如果 50ETF 的价格为 100 元/份以上，则行权价间距为 5 元/份。

9.1.2　双向选择之上的双向选择

普通的标的走势只有两种选择：一种为上涨；一种为下跌。但期权在双向选择之上，还有双向选择。上涨即看涨，可以买进看涨，也可以卖出看涨。下跌即为看跌，可以买进看跌，也可以卖出看跌。

看涨期权，也称为认购期权。预期它会上涨，因此我们买进一份保险，即买进看涨期权。作为保险的买方，只要价格上涨了，便可按照约定行使权利。也可以理解为，买入某事件的保险，只要该事件发生即可获得赔付。例如，买入火险，只要火灾发生便可获得赔付。

将身份转换一下，我们变成了保险的卖方，卖出保险即卖出看涨期权。作为保险的卖方，只要价格没有上涨，便可坐收保险金。也可以理解为，卖出某事件的保险，只要该事件没有发生，便无偿获取保险金。例如，卖出火险，只要火灾没发生便不用赔付。

作为看涨期权的买方来说，若价格没有上涨，也就是该事件没有发生，便亏损了保险金，对应着看涨期权卖方无偿收取保险金。看涨期权的买方，即便发生了亏损，最大的亏损金额也就是保险金的金额，如果上涨的话，理论上收益无限大。

作为看涨期权的卖方来说，若价格上涨了，就是该事件发生了，期权买方要行使权利，从卖方按约定的价格（低价）买进。但市场上的真实情况是该标的价格上涨了，卖方只能从市场上以高价买进，再低价卖给买方，履行合同中规定的义务。因此，作为期权的卖方，若事件没有发生，最大的收益为期权买方的保险金；若该事件发生，履行义务要高价买、低价卖，理论上亏损无限大。

假设 50ETF 的价格为 2.85 元/份。如果张三预期 50ETF 将会上涨，那么他会买进行权价为 2.85 元/份的看涨期权，每份权利金为 0.05 元。同时李四认为 50ETF 不会上涨。那么张三和李四达交易，张三以 0.05 元/份的价格买进看涨期权，李四以 0.05 元/份的价格卖出看涨期权。

情况一：50ETF 在到期日之前，其价格一直处于 2.85 元/份以下，张三放弃行使权利，亏损 0.05 元/份。李四坐收 0.05 元/份的权利金。

情况二：50ETF 在到期日之前，价格上涨至 3.3 元/份，张三要求行使权利，则李四必须履行义务。张三从李四手中以 2.85 元/份的价格买进 50ETF，再以 3.3 元/份的价格卖出，获得利润为 0.45 元/份，再减去买进看涨期权的（保险）费用，总利润为 0.4 元/份。李四为了履行义务，必须从市场上以 3.3 元/份的价格买进 50ETF，再将其以 2.85 元/份的价格卖给张三，亏损 0.45 元/份，但由于收了 0.05 元/份的保险金，总亏损为 0.4 元/份。

看跌期权，也称认沽期权，预期它会下跌。预期下跌则可以买进看跌期权，而预期不会下跌则可以卖出看跌期权，其意义与看涨期权为镜像关系。认为期权较难理解的部分，便是看跌期权的部分，下面举一个镜像案例。

若 50ETF 的价格为 2.85 元/份，行权价为 2.85 元/份的看跌期权价格为 0.6 元/份。张三认为 50ETF 会下跌，而李四认为不会下跌。所以张三以 0.6 元/份的价格买进看跌期权，李四以 0.6 元/份的价格卖出看跌期权。

情况一： 50ETF 在到期日之前，价格一直处于 2.85 元/份以上，张三放弃行使权利，亏损 0.06 元/份。李四坐收 0.06 元/份的权利金。

情况二：50ETF 在到期日之前，价格下跌至 2.3 元/份，张三要求行使权利，李四则必须履行义务。张三从市场中以 2.3 元/份的价格买进 50ETF，再以 2.85 元/份的价格将其卖给李四，获取 0.55 元/份的利润，再减去看跌期权的（保险）费用，总利润为 0.49 元/份。李四为了履行义务，虽然市价为 2.3 元/份，但必须以 2.85 元/份的价格从张三手中买进 50ETF。此时李四的账面亏损 0.55 元/份，但由于收取了 0.06 元/份的权利金，账面总亏损为 0.49 元/份。如果李四以现价卖出，实际亏损为 0.49 元/份。如果李四想再看看市场的情况，则亏损或收益不确定。

如果还是很难理解看涨期权和看跌期权的买进、卖出，我们可以将买、涨设为“正”，将卖、跌设为“负”。

买进看涨期权，为正正得正，意欲看涨。付出权利金，拥有权利。

卖出看涨期权，为负正得负，意欲看不涨（包含震荡或下跌）。收到权利金，拥有义务。

买进看跌期权，为正负得负，意欲看跌。付出权利金，拥有权利。

卖出看跌期权，为负负得正，意欲看不跌（包含震荡和上涨）。到权利金，拥有义务。

9.1.3 50ETF 期权合约

期权依附于期货，因此要了解期权合约，要先了解期货合约。例如，50ETF 交易的最小单位是 100 份，而 50ETF 期权每一张合约对应的却是 50ETF 的 10 000 份，并不是期货与期权合约的各种数据都是相同的。50ETF 期权合约内容如表 9-1 所示。

9-1 50ETF期权合约内容

合约标的	上证 50 交易型开放式指数证券基金（50ETF）
合约类型	看涨期权和看跌期权
合约单位	10 000 份
合约到期月份	当月、下月及随后两个季月
行权价格	5 个（1 个平值合约、2 个虚值合约、2 个实值合约）

续表

行权价间距	3 元/份以下为 0.05 元/份；3～5 元/份（含）为 0.1 元/份，5～10 元/份（含）为 0.25 元/份，10～20 元/份（含）为 0.5 元/份，20～50 元/份（含）为 1 元/份，50～100 元/份（含）为 2.5 元/份，100 元/份以上为 5 元/份
行权方式	到期日行权（欧式）
交割方式	实物交割（业务规则另有规定的除外）
到期日	到期月份的第四个星期三（遇法定节假顺延）
行权日	同全约到期日，行权指令提交时间为 9:15～9:25，9:30～11:30，13:30～15:30
交收日	行权日次一交易日
交易时间	上午 9:15～9:25，9:30～11:30（9:15～9:25 为开盘集合竞价时间）；下午 13:00～15:00（14:57～15:00 为收盘集合竞价时间）
委托类型	普通限价委托、市价剩余转限价委托、市价剩余撤销委托、全额即时限价委托、全额即时市价委托以及业务规定的其他委托类型
买卖类型	买入开仓、买入平仓、卖出开仓、卖出平仓、备兑开仓、备兑平仓以及业务规则规定的其他买卖类型
最小报价单位	0.000 1 元/份
申报单位	1 张或其整数倍
涨/跌幅度限制	看涨期权最大涨幅=max｛合约标的前收盘价×0.5%，min【（2×合约标的前收盘价-行权价格），合约标的前收盘价】×10%｝ 看涨期权最大跌幅=合约标的前收盘价×10% 看跌期权最大涨幅=max｛行权价格×0.5%，min【（2×行权价格-合约标的前收盘价），合约标的前收盘价】×10%｝ 看跌期权最大跌幅=合约标的前收盘价×10%
熔断机制	连续竞价期间，期权合约盘中交易价格较最近参考价格涨/跌幅度达到或者超过 50%且价格涨跌绝对值达到或者超过 5 个最小报价单位时，期权合约进入 3 分钟的集合竞价交易阶段
开仓保证金最低标准	看涨期权期权义务仓开保证金=【合约前结算价 max（12%合约标的前收盘价-看涨期权虚值，7%×合约标的前收盘价）】×合约单位 看跌期权义务仓开仓保证金=min【合约前结算价 max（12×合约标的前收盘价-看跌期权虚值，7%×行权价格），行权价格】*合约单位
维持保证金最低标准	看涨期权义务仓维持保证金=【合约结算价 max（12×合约标的收盘价-看涨期权虚值，7×合约标的收盘价）】×合约单位 看跌期权义务仓维持保证金=min【合约结算价 max（12%×合约标的收盘价-看跌期权虚值，7%×行权价格），行权价格】×合约单位

合约名称：上证 50ETF（上证 50 交易型开放式指数证券投资基金）。

合约类型：任何一种期权合约的类型都分为两种：一为看涨期权、一为看跌期权。它的代码不是统一的，而是每一份期权合约都有一个不同的代码。因为它是股票类的期权，所以它的各种特征与股票极其相似，而沪深 300 是期权合约，它的各种特性与期权相似。

合约单位：10 000 份。它的合约名称为 50ETF 购 3 月 2200，这里的 50ETF 是指标的合约，3 月代表的是 3 月到期，2200 是行权价格。但上证 50ETF 每份的报价是 2 点多元，怎么相差这么大？因为合约单位不是 1 份而是 10 000 份，2015 年 2 月 27 日的 3 月期权报价为 0.2296 元/份，乘以 10 000，总价为 2296 元，与 3 月行权价格 2200 保持一致了。

合约到期月份：当月、下月及随后两个季月，共四个月，比沪深 300 少一个月。现在的时间为 2015 年 3 月，那么当月合约为 3 月，下月合约为 4 月，随后的两个季月为 6 月和 9 月。

行权价格：共有 5 个行权价格，包括一个平值期权、两个虚值期权和两个实值期权，详细内容请参考上文中讲到的沪深 300 的行权价格。

行权价格间距：由于每份合约的价值很小，所以它的间距设置也都非常小。行权价间距随着价格变化而变化，最小为 0.05 元/份，最大为 5 元/份。

行权方式：欧式。只有在到期日才可以行权，到期日之前不能行权。

交割方式：实物交割。它以上证 50ETF 开放式基金为标的，那就是以此基金的持有单位进行交割。

买卖类型：多出了"备兑开仓"及"备兑平仓"两个新的术语，其实所有的期权都可以进行这样的操作，只不过这份标准化合约里解释得比较详细而已。什么是备兑？就是准备兑现的意思。

例如，某人持有 1 手某股票，现价 13 元/股，并且认为它上涨的空间并不大。那么他可以选择卖出看涨期权。如果在到期日时这只股票的价格涨至 13 元/股以上，他的对手可能会行权，那么他就要履行义务，所以不论这只股票价格有多高，他都要将持有的股票以每股 13 元的价格卖给对手。如此，此人手中持有的股票就是在期权生效期间准备兑现的东西，这就叫备兑开仓或备兑平仓交易。

申报单位：1 张或其他正整数张。人们去菜市场买烤鸭可以买半只，但在这里人们只能买一张或两张或其他正整数张，绝对不能出现买一张半的情况。

涨/跌幅度限制：人们可以按表格里的公式计算，行情软件或委托交易软件中也会给出当天涨/跌幅度的数据。

熔断机制：是指为某一合约在达到涨/跌停板之前设置一个熔断价格，使合约买卖报价在一段时间内只能在这一价格范围内交易的机制。

这是控制风险的一种手段，在达到当日涨跌最大限度之间，先给趋势一个缓冲，就像学校门口公路上的减速带，到这儿趋势先慢下来，过去了之后再快。例如，期权价格的熔断价格为前一个交易日结算价的正负 6%，如果当天价格触及了熔断价格，并且保持了几分钟（看具体的规定），则熔断机制启动。在随后的一段时间内，买卖双方申报价格只能在前一个交易日结算价的 6%之内，并且可以继续成交。熔断时间过后，价格限制放大到 10%。

白糖合约内容如表 9-2 所示。

表 9-2 白糖期权合约内容

交易品种	白糖期权合约
合约标的物	白糖期货合约
合约类型	看涨期权、看跌期权
交易单位	1 手（10 吨）白糖期货合约
报价单位	元/吨
涨跌停板幅度	上一交易日结算价±4%（与白糖期货合约涨/跌停幅度相同）
合约月份	1、3、5、7、9、11 月
交易时间	每周一至周五上午 9:00～11:30，下午 13:30～15:00，晚 21:00～23:30，以及交易所规定的其他交易时间
最后交易日	标的期货合约交割月份前二个月的倒数第 5 个交易日，以及交易所规定的其他日期
到期日	同最后交易日
行权价格	以白糖期货前一交易日结算价格为基准，按行权价格间距挂出 5 个实值期权、1 个平值期权和 5 个虚值期权。行权价格≤3000 元/吨，行权价间距为 50 元/吨；3000 元/吨<行权价格≤10 000 元/吨，行权价间距为 100 元/吨；行权价格>10 000/吨，行权价间距为 200 元/吨
行权方式	美式：买方可在到期日前任一交易日的交易时间提交行权申请；买方可在到期日 15:30 之前提交行权申请、放弃申请。
交易代码	看涨期权：SR-合约月份-C-行权价格；看跌期权：SR-合约月份-P-行权价格
上市交易所	郑州商品交易所

白糖期权合约内容与 50ETF 期权合约内容大同小异，要补充的是期权的写法。例如，2018 年 3 月到期的、行权价格为 3.1 元/份的 50ETF 看涨期权，可以写成 50ETF1803-C-3.1。先后顺序如下：标的名称、到期时间、看涨/看跌期权和行权价格。其中的 C 为英文中的 Call，表意为看涨。看跌，为英文中的 Put，简写为 P。例如，2018年6月到期的、行权价格为2.8元/份的50ETF看跌期权，应写为50ETF1806-P-2.8。

9.2 交易期权

期权又称选择权，是在期货的基础上产生的一种衍生性金融工具，也指在未来一定时期可以买卖的权利，即买方向卖方支付一定数量的金额（权利金）后拥有在未来一段时间内（美式期权）或未来某一特定日期（英式期权）以事先规定好的价格（行权价）向卖方购买或出售一定数量的特定标的物的权利，但不负有必须买进或卖出的义务。

从其本质上讲，期权实质上是在金融领域中将权利进行定价，使权利的受让人在规定时间内对于是否进行交易行使权利，而义务方必须履行。在期权的交易时，购买期权的一方称为买方，而出售期权的一方则称为卖方。买方即权利的受让人，而卖方则是必须履行买方行使权利的义务人。

9.2.1 买进看涨期权

图 9-1 所示为上证 50ETF2017 年 11 月 20 日至 2018 年 1 月 3 日日线走势图。50ETF 向上穿越了趋势线，形成原则 1，向下回调未破前期低点为原则 2，再次突破原则 1 高点，形成原则 3，在此时做多，即于 2018 年 1 月 3 日以当日的收盘价 2.912 元/份买进 10 000 份，因此成本为 29 120 元。

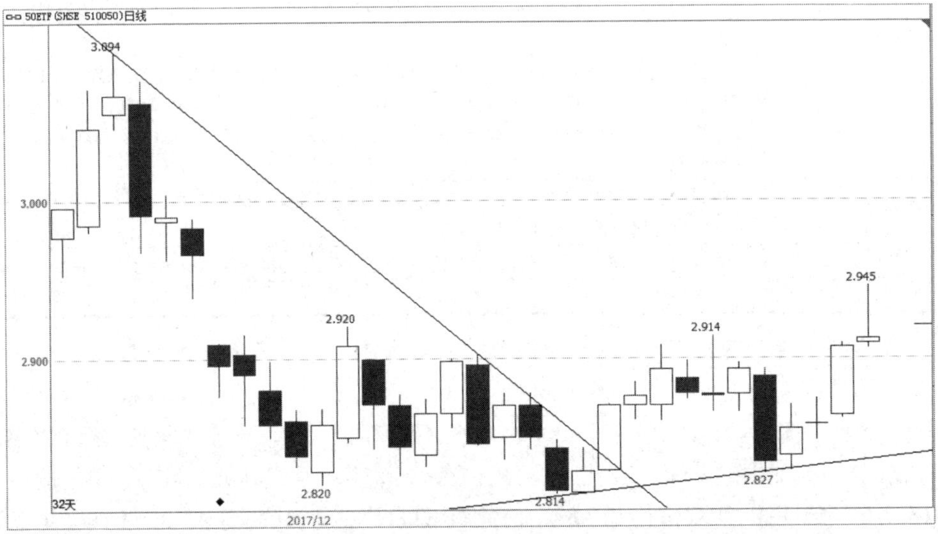

图 9-1

随着 50ETF 的上涨，我们不断地调整大小级别趋势线，2018 年 1 月 25 日 50ETF 下破小级别趋势线，如图 9-2 所示，卖出平仓。我们以 2018 年 1 月 25 日的收盘价 3.15 元/份为平仓价，收益率为 8.17% [(3.15-2.912) /2.912]。

如果直接交易期权的话，收益率会更多。因为 50ETF 给出了做多信号，所以我们预期它会上涨，从而买进相应的看涨期权。突破位置为 2.912 元/份，我们在 50ETF 形成原则 3 当日收盘时，买进 2018 年 6 月到期的行权价格为 2.9 元/份的看涨期权。并且在 50ETF 下破小级别趋势线当日，将手中看涨期权卖出。

图 9-2

图 9-3 所示为 2018 年 6 月到期的行权价格为 2.9 元/份的看涨期权走势图。图中左侧第一根 K 线为 2018 年 1 月 3 日，最后一根 K 线为 2018 年 1 月 25 日，对应着 50ETF 给出买进信号与平仓信号的时间。50ETF 期权每张合约对应着 10 000 份 50ETF，1 月 3 日收盘价为 0.1797 元/份，1 月 25 日收盘价为 0.3576 元/份。收益率为 99%［(0.3576-0.1797）/0.1797］。

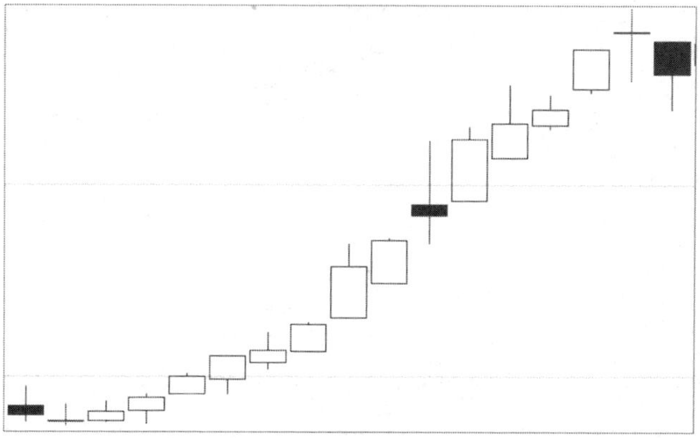

图 9-3

虽然直接交易 50ETF 可以获得利润 2380 元，但收益率只有 8.17%。改为交易 50ETF 期权，虽然真实收益只有 1779 元，减少 601 元，但期权的收益率更高，达到 99%。交易期权的成本更少，这是期权的成本优势。

9.2.2 卖出看跌期权

按照上文的案例，因为 50ETF 已经给出了上涨的信号了，根据本书的技术分析方法论，它很大概率要上涨。一种操作是买进看涨期权，另一种操作是卖出看跌期权。卖出为负，看跌为负，负负得正，即看不跌。因为它有可能上涨，也有可能在这个位置震荡下去，卖出看跌期权，也不失为一种选择。

2018 年 1 月 3 日，50ETF 给出上涨信号，那么我们选择在 2018 年 1 月 3 日卖出 2018 年 6 月到期的、行权价格为 2.9 元/份的看跌期权。2018 年 1 月 25 日，50ETF 下破小级别趋势线，给出多单平仓信号，我们选择在这一天卖出看跌期权平仓。图 9-4 所示为 2018 年 6 月到期的、行权价格为 2.9 元/份的 50ETF 看跌期权 2018 年 1 月 3 日至 25 日走势图。

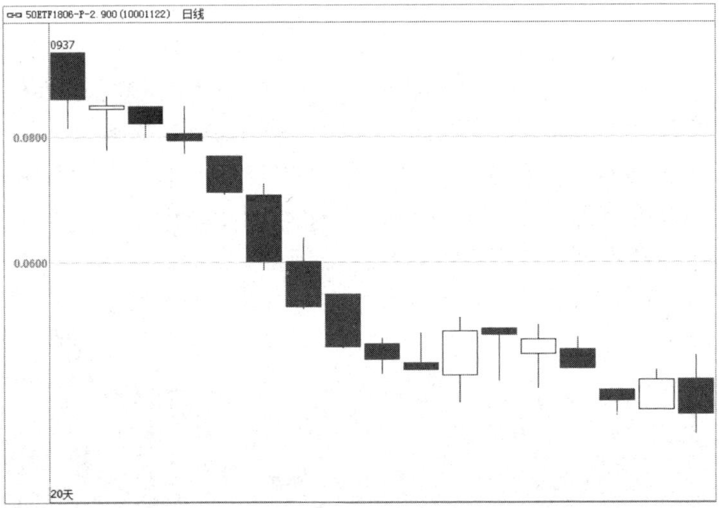

图 9-4

2018 年 1 月 31 日的收盘价为 0.0861 元/份，2018 年 1 月 25 日的收盘价为 0.0358 元/份，收益为 503 元 [(0.0861-0.035 8) ×10 000]。因为我们是卖出权利，所以要防备着某一天 50ETF 下跌，我们要被迫履行义务，所以我们手中必须时刻准备着足够买 10 000 份 50ETF 的资金，行权价格为 2.9 元/份，则购买 10 000 份 50ETF 需要 29 000 元。收益为 503 元，收益率为 1.73%。

相对于买进看涨期权来说，这份收益过低了。即使是这份看跌期权跌至 0，最多也只能赚到 861 元而已。当标的给出方向性信号时，采取主动策略才能将盈利最大化，而像卖出权利这种被动策略，盈利相对较小。

9.2.3　买进看跌期权

2018 年 2 月 9 日，50ETF 日线 MACD 指标中的 DIFF 线下破零轴，按 MACD 系统来看，50ETF 进入了空头趋势当中，如图 9-5 所示。

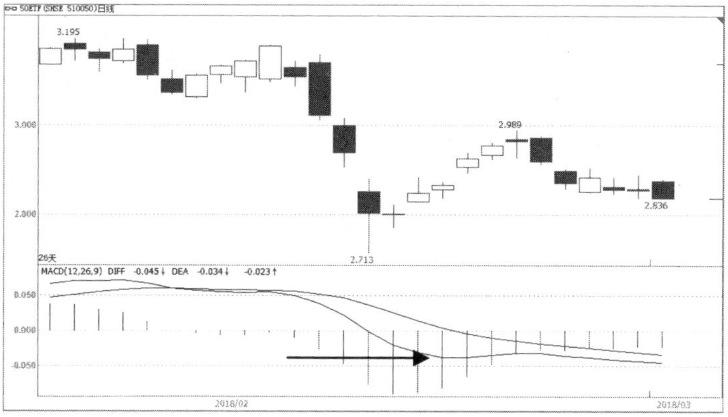

图 9-5

此时我们可以在小时图寻找 MACD 的死叉，卖出开仓。如图 9-6 所示，2018 年 2 月 28 日 50ETF 小时线中的 MACD 出现死叉，给出了卖出信号，该小时 K 线收盘价为 2.886 元/份。

图 9-6

既然标的 50ETF 给出了做空信号，那么在相应的 50ETF 看跌期权中，选择 3 月到期、行权价格接近 2.886 元/份的 2.9 元/份买进看跌期权。如图 9-7 所示，同期 50ETF 期权收盘价为 0.0766 元/份，至 2018 年 3 月 6 日收盘价为 0.0880 元/份，盈利 114 元，收益率为 14.88%。

图 9-7

9.2.4 卖出看涨期权

同样的案例，既然 50ETF 给出了下跌的信号，也就是说 50ETF 不仅不会上涨，还有可能震荡。看跌，也可以理解为看不涨，所以也可以卖出相应的看涨期权，如图 9-8 所示。同期 50ETF 看涨期权 2018 年 2 月 28 日的收盘价为 0.0710 元/份，2018 年 3 月 6 日的收盘价为 0.0379 元/份，收益为 331 元。

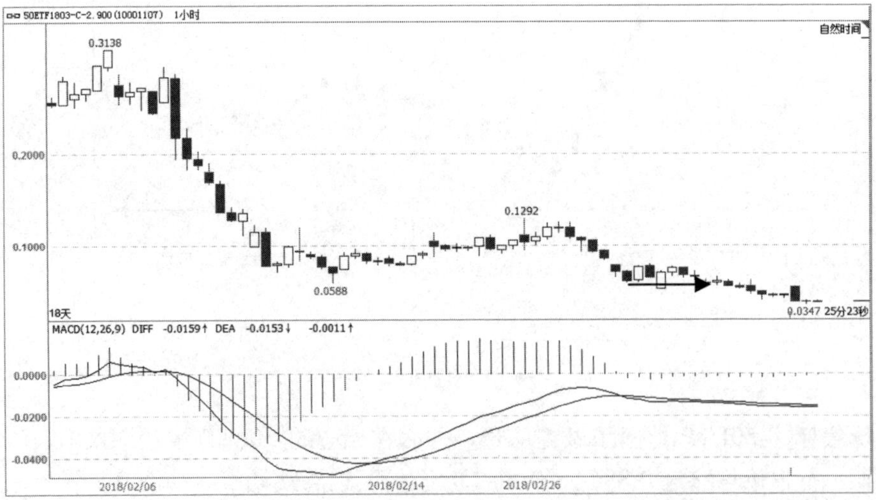

图 9-8

9.2.5　行权成本与履约焦虑

先来看一个案例，图 9-9 所示为豆粕 1805 合约 2017 年 12 月 6 日至 2018 年 3 月 7 日日线走势图。按照方法论，豆粕形成 123 原则时买进（2841 元/吨），如果直接买进豆粕，并且在图中最后一根 K 线收盘价（3136 元/吨）处平仓，可以获得 2950 元［(3136-2841）×10］的收益。

图 9-9

若在形成 123 原则时，以同期收盘价 63.5 元/吨买进 M1805-C-2850，并在同期以 295 元/吨的价格平仓，可以获得 2886.5 元［(295-63.5)×10］的收益。虽然收益绝对值相对于直接交易豆粕期货要少 63.5 元，但期货最少需要占用 2273 元的资金，期权仅用 635 元即可，期权的收益率更大。

以上是仅交易期货和仅交易期权的收益对比。如果我们两者结合，能通过期权行权，进而进入期货交易的话，收益有什么样的变化呢？

豆粕期权采用的是美式期权，可以在任意时间行权。假设在上图中最后一根 K 线处，我们要求行权，则可以按照 M1805-C-2850 的约定，以 2850 元/吨的价格买进豆粕，然后再以市场价格 3136 元/吨卖出。期货部分可获得 2860 元［(3136-2850）×10］的收益，期权部分因为行使了权利，所以要减掉行使权利的费用 635 元，总收益为 2225 元。

行权的收益要比仅交易期权的收益少 641.5 元（2886.5-2 225），所以不行权要比行权更划算一些。

我们来设想一种极端的情况，转换身份后反过来考虑，如果期权市场只有一笔成效，而我们是期权的卖方，当豆粕的价格走势对我们不利的时候，买方因要让利润最大化，所以买方想直接在期权市场中平仓，不想行权。我们是否可以一直不参与交易，直接持有到最后呢？

因为卖方不参与交易，不给出报价，市场上又仅有我们一笔交易，所以买方就找不到对手来平仓，那么作为卖方是否可以在这种走势对自己不利的情况下，还能坐收权利金呢？当然不可以，因为期权的买方如果找到对手平仓，也不会放弃自己的权利。如果买方放弃了权利，他的损失为 635 元，为了避免出现亏损，买方一定会在找不到平仓对手的情况下，要求行使权利，只不过他的收益比直接将期权平仓会少一些而已。

我们再设想一下另一种极端的情况，如果豆粕价格下跌了 1 元，降至 2840 元/吨，而且市场中只有一笔交易，并且卖方不给出报价参与交易，买方会不会行权？出于利益最大化的考虑，买方不会行权。

如果买方行权，他将按照约定，以 2850 元/吨的价格买进豆粕，再以市场价格 2840 元/吨卖出，亏损 100 元。并且因为他行权了，还要丧失权利金 635 元，共亏损 735 元。如果买方不行权，买方仅亏损权利金 635 元。

所以，作为期权的买方，在走势对买方有利，并且市场中有充足的流动性的情况下，不会行权；在走势对买方有利，并且市场中没有充足的流动性的情况下，会行权；在走势对买方不利的情况下，不会行权。那么作为期权的卖方，只要走势对买方不利，就不必怀有履约焦虑。

9.3 期权的时间就是金钱

如果白糖现价为 5000 元/吨，那么行权价格为 4500 元/吨的看涨期权价格绝对不会低于 500 元/吨。假设该看涨期权的价格为 400 元/吨，那么买进该看涨期权的成本为 400 元/吨，立刻行权可以在 4500 元/吨的位置买进白糖，再以市价 5000 元/吨卖出，即可获得 100 元的利润。这样的套利空间理论上不会存在。

那么行权价格为 4500 元/吨的看涨期权的价格必定会高于 500 元/吨，假设其看涨期权价格为 600 元/吨。那么其中 500 元/吨是弥补行权价与现价的差，称为内在价值。多出来的 100 元/吨为时间价值。

9.3.1 内在价值与时间价值

按照上例，多出来的 100 元/吨为看涨期权的时间价值。因为期权是预期商品会涨还是会跌，所以在美式行权方式下，在到期日之前价格必然会发生变动，时间越长，价格变动的可能性就越多、越大，所以多出来的这 100 元/吨，是付给时间的，时间越长，机会越多，付给时间的钱也越多。因此在期权交易中，时间就是金钱。

如果白糖的现价为 5000 元/吨，行权价格为 5500 元/吨的看跌期权的价格也必然会大于 500 元/吨，假设为 600 元/吨。其中 500 元/吨为内在价值，多出来的 100 元/吨为时间价值。

如果我们是期权的买方，随着时间的流逝，距离到期日会越来越近，时间越来越短，每一天都在丧失一点机会，所以手中的期权会一天比一天贬值。即便价格未发生变动，期权买方的期权价格也会越来越低。

如果我们是期权的卖方，因为时间越来越短，变化的可能性也就越来越小，该事件不会发生的概率也会越来越小，所以即便价格不发生变动，期权卖方的期权价格也会越来越高。

时间，对于期权的买方来说是敌人，对于期权的卖方来说是朋友。

9.3.2　实值期权、平值期权和虚值期权

若白糖的市价为 5000 元/吨，行权价格小于 5000 元/吨的看涨期权为实值期权、行权价格为 5000 元/吨的看涨期权为平值期权、行权价格大于 5000 元/吨的看涨期权为虚值期权。

若白糖的市价为 5000 元/吨，行权价格大于 5000 元/吨的看跌期权为实值期权、行权价格为 5000 元/吨的看跌期权为平值期权、行权价格小于 5000 元/吨的看跌期权为虚值期权。

如果市价与行权价格之间有内在价值，便为实值期权；如果市价与行权价格相等，两者价值相等，为平值期权；如果市价与行权价格之间没有内在价值，全部为时间价值，则为虚值期权。

相对来说，平值期权的价格大于实值期权的价格，而实值期权的价格大于虚值期权的价格。

9.4　垂直价差期权的套利组合

单一的敞口期权交易，属于入门阶段的交易，四种期权交易（买入看涨、买入看跌、卖出看涨、卖出看跌）就像一块块单独的积木，如果将这些基本交易组合在一起，则会形成强大的套利组合，构建起一座雄伟的大厦。

9.4.1 牛市看涨价差期权

如果后市看涨，并且预估了上涨的目标价位，则可以采用牛市看涨价差期权来进行套利交易。

例如，50ETF于2018年3月6日的价格为2.888元/份，预期近一个月内将要上涨，并且预期上涨目标价位为3.3元/份。此时，我们以0.055元/份的价格买进50ETF1803-C-2.9，并以0.0021元/份的价格卖出50ETF1803-C-3.3，其中两笔期权的成交价格为2018年3月6日的期权收盘价，价格变动情况如表9-3所示。牛市看涨价差期权收益线图如图9-10所示。

表9-3 牛市看涨价差期权价格变动情况表

50ETF的价格（元/份）	收　益（元）
2.75	-499［(0.011-0.055)×10 000+（0.0021-0.008)×10 000］
2.8	-439［(0.021-0.055)×10 000+（0.0021-0.012)×10 000］
2.85	-166［(0.038-0.055)×10 000+（0.0021-0.0017)×10 000］
2.9	68［(0.062-0.055)×10 000+(0.0021-0.0023)×10 000］
2.95	350［(0.091-0.055)×10 000+(0.0021-0.0031)×10 000］
3	700［(0.127-0.055)×10 000+(0.0021-0.0041)×10 000］
3.05	1098［(0.168-0.055)×10 000+(0.0021-0.0053)×10 000］

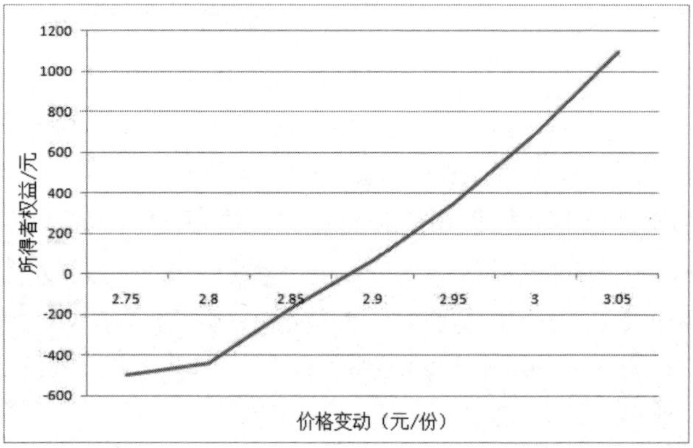

图9-10

因为50ETF是英式期权，只有在到期日才可以选择是否行权，所以在到期日之前，我们不考虑行权与履约的问题。当50ETF的价格下跌至2.75元/份时，50ETF1803-C-2.9的价格由0.055元/份下跌至0.011元/份，50ETF1803-C-3.3的价格由0.0021元/份下跌至0.0008元/份，每张50ETF期权合约对应10 000份50ETF，总收益为-499元。

当 50ETF 的价格变动至其他价格时，我们都可以从期权计算器中计算出对应的期权价格，以上价格皆由期权计算器计算得出。当 50ETF 的价格上涨至 2.9 元/份或以上时，我们的收益为正值。

最坏的情况是 50ETF 不断下跌，我们理论上最大的损失为买进 50ETF1803-C-2.9 所付出的权利金 550 元，但是我们还收到了卖出 50ETF1803-C-3.3 的权利金 21 元，理论总损失为 529 元。但如果 50ETF 价格不断上涨，买进 50ETF1803-C-2.9 的价格上涨速度要大于卖出的 50ETF1803-C-3.3 的价格上涨速度，那么只要它不断上涨，理论上的收益将会无限大。

当然，套利就意味着收益有限、亏损也有限。为什么本例中给出的结论是理论上收益无限大呢？其根源在于 50ETF 为英式期权，不到到期日不可以行使权利。那么我们卖出的 50ETF1803-C-3.3 不论亏损多少，只要不到期，就可以一直拿在手中，直到最后一刻，两张期权同时平仓，即不行权，也不履行义务，如此则收益可以尽可能地放大。

当然也有另一种情况存在，如上涨趋势已成，已经不需要卖出的 50ETF1803-C-3.3 作为保护了，则可以将其先行平仓，让手中的看涨期权收益无限放大。

如果是美式期权，在随时可以行权的情况下，卖出的 50ETF1803-C-3.3 发生一定程度的亏损时，对于期权的买方来说是有利可图的。如果对手想要行权，那么我们必须履行义务。在履行义务的同时，我们也要行使买进 50ETF1803-C-2.9 的权利，则收益被锁定，即两份期权行权价之间的差再加减权利金的流出、流入。

那么既然 50ETF 本身已经看涨了，为什么还要卖出 50ETF1803-C-3.3 呢？因为在最坏的情况下，如果仅仅买入 50ETF1803-C-2.9，理论最大亏损为 550 元，但卖出 50ETF1803-C-3.3 的话还能为我们收回 21 元。这就是期权组合的作用。

9.4.2 熊市看涨价差期权

如果后市看跌，并且预估了下跌的目标价位，则可以采用熊市看涨价差期权来进行套利交易。

例如，50ETF 于 2018 年 3 月 6 日的价格为 2.888 元/份，预期一个月内将要下跌，并且预期下跌目标价位为 2.65 元/份。此时，我们以 0.055 元/份的价格买进 50ETF1803-C-2.9，并以 0.249 元/份的价格卖出 50ETF1803-C-2.65。其中两笔期权的成交价格为 2018 年 3 月 6 日的期权收盘价，价格变动情况如表 9-4 所示。熊市看涨价差期权收益线图如图 9-11 所示。

表 9-4 熊市看涨价差期权价格变动情况表

50ETF 的价格（元/份）	收　益（元）
2.65	1 330［(0.002-0.055) ×10 000+(0.249-0.063)×10 000］
2.7	1 060［(0.005-0.055) ×10 000+(0.249-0.093)×10 000］
2.75	770［(0.011-0.055) ×10 000+(0.249-0.128)×10 000］
2.8	460［(0.021-0.055) ×10 000+(0.249-0.169)×10 000］
2.85	190［(0.038-0.055) ×10 000+(0.249-0.213)×10 000］
2.9	-40［(0.062-0.055) ×10 000+(0.249-0.26)×10 000］
2.95	-230［(0.091-0.055) ×10 000+(0.249-0.308)×10 000］
3	-360［(0.127-0.055) ×10 000+(0.249-0.357)×10 000］

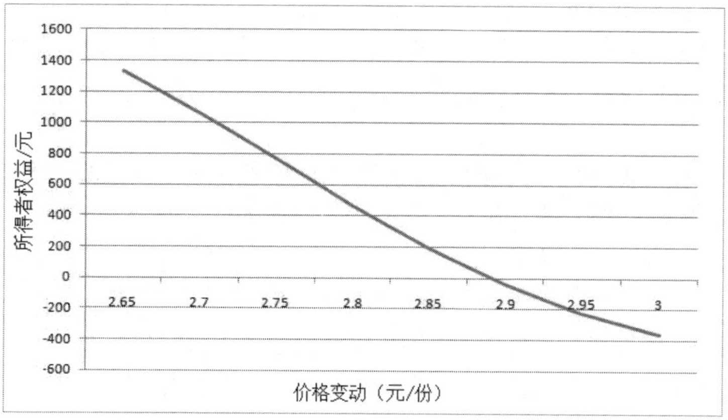

图 9-11

本例与上例相反，上例中有最大理论亏损，而本例为最大理论盈利。假设 50ETF 不断下跌，致使 50ETF1803-C-2.65 的价格下跌至 0，收益为收到的权利金 2490 元，还要再减掉购买 50ETF1803-C-2.9 付出的权利金 550 元，所以理论最大盈利为 1940 元。

若 50ETF 的价格不断上涨，虽然买进的 50ETF1803-C-2.9 价格也在不断上涨，但它的上涨速度，小于卖出的 50ETF1803-C-2.65 价格的上涨速度，即买进期权的盈利速度，赶不上卖出期权的亏损速度，所以看似亏损无限大。

但考虑到 50ETF 是英式期权，只有在到期日才能行权或履约，那么如果发生亏损的话，可以坚持到最后的行权日。假设 50ETF 已经涨到了 10 元，我们也不会发生巨额亏损，理论上亏损也是有限的。

首先我们要行权，即按照 50ETF1803-C-2.9 的约定，以 2.9 元/份的价格买进 50ETF，然后以 10 元/份的价格卖出，盈利 7.1 元/份。然后我们还要履约，即按照 50ETF1803-C-2.65 的约定，以 10 元/份的价格买进，再以 2.65 元/份的价格卖出，亏损 7.35 元/份。两次交易的总亏损为 0.25 元/份，10 000 份共亏损 2500 元。买入 50ETF1803-C-2.9 时付出权利金 550

元，卖出 50ETF1803-C-2.65 时收到权利金 2490 元，总收益为-560 元（2490-550-2500）。

那么，通过套利组合，这份看似收益有限而亏损无限的交易，最大理论盈利为 1940 元，最大亏损为 560 元，最大理论盈亏比为 3.46。

9.4.3　牛市看跌价差期权

如果后市看涨，并且预估了上涨的目标价位，则可以采用牛市看跌价差期权来进行套利交易。

例如，50ETF 于 2018 年 3 月 6 日的价格为 2.888 元/份，预期一个月内将要上涨，并且预期下跌目标价格为 3.3 元/份。此时，我们以 0.059 元/份的价格买进 50ETF1803-P-2.9，并以 0.4082 元/份的价格卖出 50ETF1803-P-3.3。其中两笔期权的成交价格为 2018 年 3 月 6 日的期权收盘价，价格变动情况如表 9-5 所示。如牛市看跌价差期权收益线图如图 9-12 所示。

表 9-5　牛市看跌价差期权价格变动情况表

50ETF 的价格（元/份）	收　益（元）
2.65	-478［(0.245-0.059)×10 000+(0.4082-0.642) ×10 000］
2.7	-448［(0.198-0.059) ×10 000+(0.4082-0.592) ×10 000］
2.75	-398［(0.154-0.059) ×10 000+(0.4082-0.543) ×10 000］
2.8	-298［(0.114-0.059) ×10 000+(0.4082-0.493) ×10 000］
2.85	-148［(0.08-0.059) ×10 000+(0.4082-0.444) ×10 000］
2.9	52［(0.053-0.059) ×10 000+(0.4082-0.397) ×10 000］
2.95	322［(0.033-0.059) ×10 000+(0.4082-0.35) ×10 000］
3	632［(0.019-0.059) ×10 000+(0.4082-0.305) ×10 000］
3.05	972［(0.01-0.059) ×10 000+(0.4082-0.262) ×10 000］

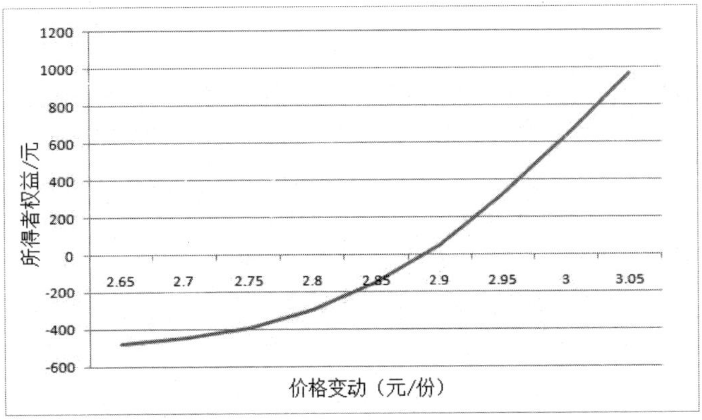

图 9-12

本例与上例基本相同，从套利组合的名字中即可看出。上例为熊市中用看涨期权来套利，本例中为牛市中用看跌期权来套利，市场走向与期权方向是相反的，意味着此套利方法以收取权利金为主要盈利模式。

如果 50ETF 的价格上涨，则买进的 50ETF1803-P-2.9 的价格会以相对较慢的速度下跌，而卖出的 50ETF1803-P-3.3 的价格会以相对较快的速度下跌。当 50ETF1803-P-2.9 的价格跌至 0 时，最多损失权利金 590 元，而坐收卖出的 50ETF1803-P-3.3 权利金 4082 元，理论最大收益为 3492 元。

如果 50ETF 的价格下跌，则两份期权的价格都会上涨，卖出 50ETF1803-P-3.3 的收益，已经无法覆盖买进 50ETF1803-P-2.9 的亏损，最终形成亏损。如果亏损巨大，我们可以要求行使权利，并且履行义务。假设 50ETF 的价格下跌至 1 元/份，首先行使权利，按 50ETF1803-P-2.9 的约定，以市场价格 1 元/份买进，并以 2.9 元/份卖出，收益为 1.9 元/份。随后履行义务，按 50ETF1803-P-3.3 的约定，以 3.3 元/份的价格买进，并以市场价格 1 元/份卖出，亏损为 2.3 元/份。两笔交易共亏损 0.4 元/份。收到权利金 4082 元，付出权利金 590 元，总收益为-508 元（4082-590-4000）。

综上，理论最大盈利为 3 492 元，理论最大亏损为 508 元，理论最大盈亏比为 6.87。

9.4.4 熊市看跌价差期权

如果后市看跌，并且预估了下跌的目标价位，则可以采用能市看跌价差期权来进行套利交易。

例如，50ETF 在 2018 年 3 月 6 日的价格为 2.868 元/份，预期一个月内将要下跌，并且预期下跌目标价位为 2.6 元/份。此时，我们以 0.0481 元/份的价格买进 50ETF1803-P-2.85，同时以 0.0064 元/份的价格卖出 50ETF1803-P-2.6。其中两笔期权的成交价格为 2018 年 3 月 7 日的期权收盘价，价格变动情况如表 9-6 所示。熊市看跌价差期权收益线图如图 9-13 所示。

表 9-6 熊市看跌价差期权价格变动情况表

50ETF 的价格（元/份）	收 益（元）
2.65	1093［(0.199-0.0481) ×10 000+(0.0064-0.048) ×10 000］
2.7	823［(0.156-0.0481) ×10 000+(0.0064-0.032) ×10 000］
2.75	533［(0.116-0.0481) ×10 000+(0.0064-0.021) ×10 000］
2.8	283［(0.083-0.0481) ×10 000+(0.0064-0.013) ×10 000］
2.85	63［(0.056-0.0481) ×10 000+(0.0064-0.008) ×10 000］
2.9	-97［(0.036-0.0481) ×10 000+(0.0064-0.004) ×10 000］
2.95	-227［(0.021-0.0481) ×10 000+(0.0064-0.002) ×10 000］
3	-307［(0.012-0.0481) ×10 000+(0.0064-0.001) ×10 000］

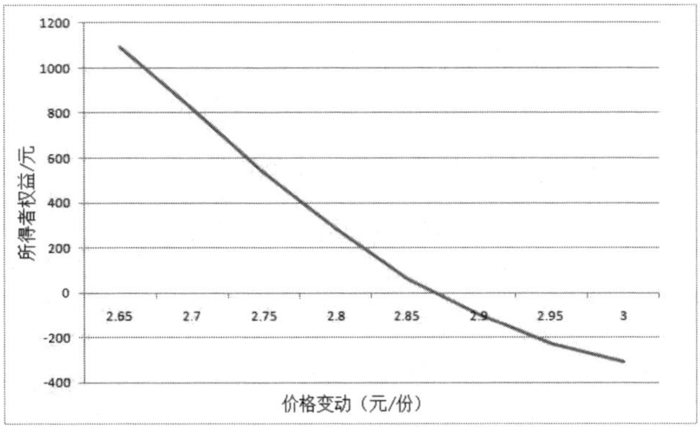

图 9-13

本例与垂直价值差期权的第一个例子相同，都是顺势交易。因为看跌，所以买进看跌期权。为了给看跌期权一份保护，我们还要卖出在下跌目标价位处的看跌期权，卖出看跌，负负得正，即此处为看不跌，期权看涨。一正一反互相对冲。购买权利付出 481 元，卖出权利获得 64 元，即使是最坏的情况发生，理论上最大亏损为 417 元。

9.4.5　垂直策略总结

垂直策略无外乎四点特征，首先，买进一份期权的同时，再卖出一份同向期权。其次，两份交易的期权到期日是相同的。再次，若是牛市看涨价差期权和牛市看跌价差期权，买入期权的行权价格要高于卖出期权的行权价格；若是熊市看涨价差期权与熊市看跌价差期权，买入期权的行权价格要低于卖出期权的行权价格。最后，凡是带有看涨二字的，都是以交易看涨期权来构建投资组合；凡是带有看跌二字的，都是以交易看跌期权来构建投资组合。

同向顺势交易，都是借方交易。什么是同向顺势交易？牛市与看涨相搭配的牛市看涨价差期权、熊市与看跌相搭配的熊市看跌价差期权，都是通过付出更多的权利金、收到相对较少的权利金，来博取无限定的更大的顺势利润。

逆向逆势交易，都是贷方交易。什么是逆向逆势交易？牛市与看跌相搭配的牛市看跌价差期权、熊市与看涨相搭配的熊市看涨价差期权，都是通过付出较少的权利金、收到相对较多的权利金，来换取有限定的相对固定的利润。

但是有些书中不是说过，垂直策略的套利组合不是亏损和利润同时锁定的吗？为什么我们所学习的垂直策略却是同向顺势交易没有锁定利润呢？因为基础入门交易的书中，都是以静态来分析期权交易行为，而我们要了解的是实战中的动态行为。

静态分析都是假定最终期权的买方会行权。例如，豆粕 1805 合约于 2018 年 3 月 7

日的收盘价为 3124 元/吨，预计未来一个月内将会上涨至 3400 元/吨。根据垂直策略，以 80 元/吨的价格买进 M1805-C-3100，同时以 10.5 元/吨的价格卖出 M1805-C-3400。按照静态分析的假设，只要豆粕价格高于行权价即行权，只要豆粕价格低于行权价即放弃行权，价格变动情况如表 9-7 所示。垂直策略静态收益折线图如图 9-14 所示。

表 9-7 静态分析垂直策略价格变动

M1805 的价格（元/吨）	是否行权	是否履约	收 益（元）
3000	放弃行权	不必履约	-695［(10.5-80)×10］
3050	放弃行权	不必履约	-695［(10.5-80)×10］
3100	放弃行权	不必履约	-695［(10.5-80)×10］
3150	行权	不必履约	-195［(3150-3100)×10-80×10+10.5×10］
3200	行权	不必履约	305［(3200-3100)×10-80×10+10.5×10］
3250	行权	不必履约	805［(3250-3100)×10-80×10+10.5×10］
3300	行权	不必履约	1305［(3300-3100)×10-80×10+10.5×10］
3350	行权	不必履约	1805［(3350-3100)×10-80×10+10.5×10］
3400	行权	不必履约	2305［(3400-3100)×10-80×10+10.5×10］
3450	行权	履约	2305［(3450-3100)×10-80×10+10.5×10+(3400-3450) ×10］
3500	行权	履约	2 305［(3500-3100)×10-80×10+10.5×10+(3400-3500) ×10］

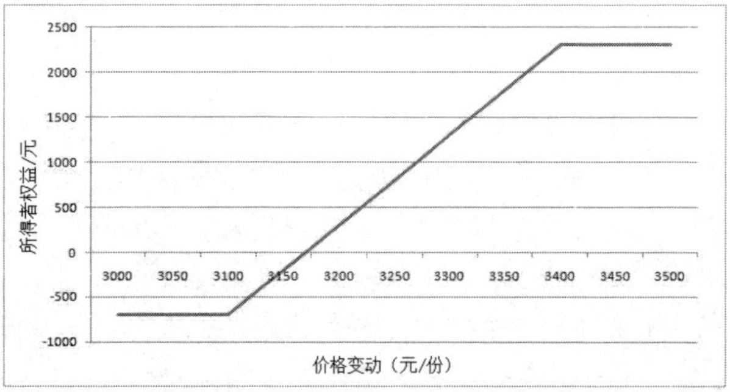

图 9-14

静态分析中，每个人都不考虑收益最大化的问题，也不考虑行权成本的问题。所以一买一卖的两份期权，一份要求行权，另一份也必然会被要求履约。垂直策略的收益，即锁定了最大收益与最大亏损。最大收益为 3150～3400 元之间的价差与付出的权利金及收到的权利金的总和。最大亏损为付出的权利金与收到的权利金的总和。

但在交易的真实情况中，每位参与交易的人，必然会考虑到行权成本的问题，所以静态分析中的这种情况，通常不会出现，这就是笔者给出的垂直策略与普通入门级别书中的垂直策略的不同之处。

9.5　垂直策略与交易系统相结合

交易期权不能纯粹依靠分析期权的涨/跌，期权依附于标的，标的的走势是期权最主要的引导因素。所以对于标的的走势，我们要有一套相应的交易系统，根据交易系统给出的信号，再来交易期权。

9.5.1　趋势线为过滤器的交易系统中的垂直策略

（1）当标的给出上涨信号时，相应地买进看涨期权。如图 9-15 所示。

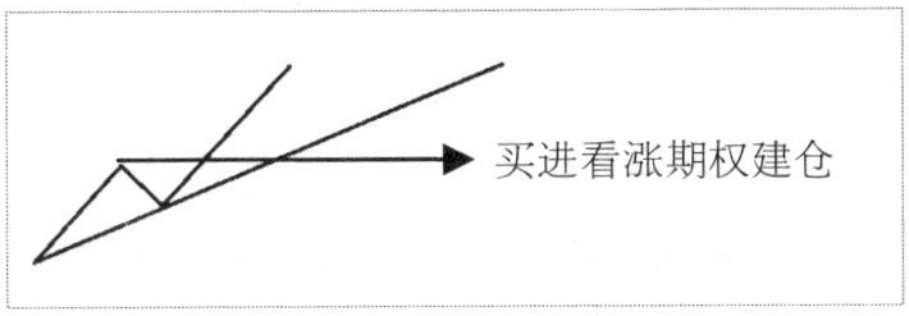

图 9-15

（2）当标的下破趋势线时，卖出看涨期权平仓。同时，买进看跌期权建仓，并在前低处卖出看跌期权建仓，构建垂直策略套利组合，意为下破趋势线看跌，下跌目标为前期低点，如图 9-16 所示。

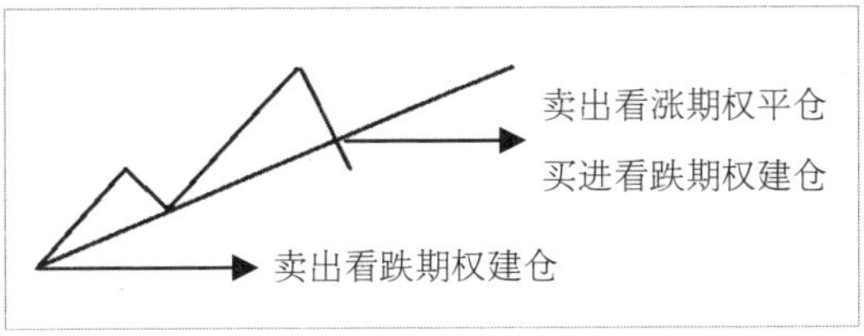

图 9-16

（3）若标的继续下跌，并且下破形成下跌趋势，则买进前低处的看跌期权平仓，并继续持有高位的看跌期权，如图 9-17 所示。

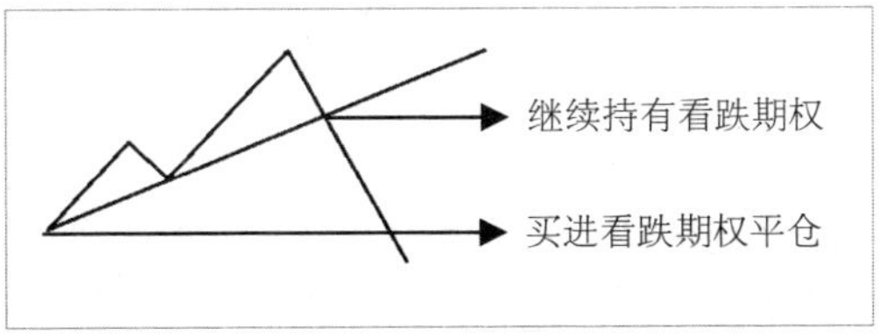

图 9-17

(4) 或者在下方形成下跌 123 原则时，买进前低处看跌期权平仓，并且继续持有高位看跌期权，如图 9-18 所示。

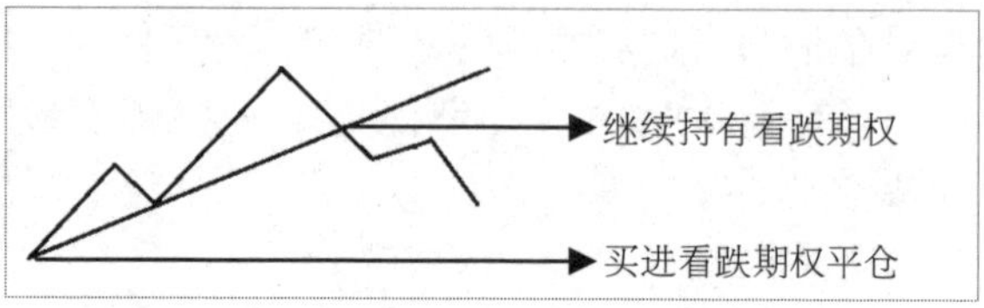

图 9-18

(5) 当标的给出空单平仓信号时，卖出原高位看跌期权平仓。同时，在平仓位买进看涨期权建仓，在后势理论买进信号处卖出看涨期权，构建垂直策略期权套利组合，如图 9-19 所示。

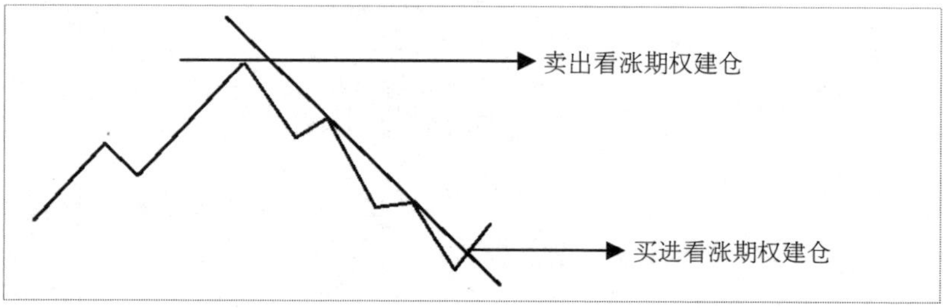

图 9-19

(6) 当标的再次下破前低，回归下跌趋势时，两份期权同时平仓，并在下破前低给出卖出信号时，买进看跌期权建仓，如图 9-20 所示。

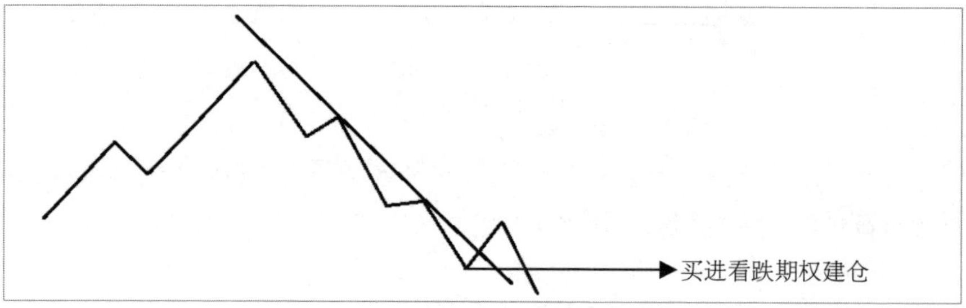

图 9-20

(7) 在 (5) 的基础之上形成上涨 123 原则时，在高位买进看涨期权平仓，并继续持有低位看涨期权，如图 9-21 所示。

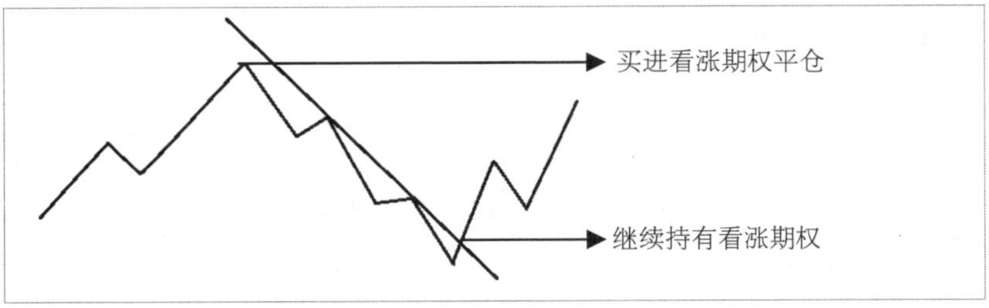

图 9-21

（8）在仅有一根趋势线的情况下，循环往复（1）～（7）。若在大小级别趋势线之间，当下破小级别趋势线时，买进原低位看涨期权平仓。同时，在该低位买进看跌期权建仓，在相应的大级别趋势线的位置卖出看跌期权建仓，构建看跌期权垂直策略，如图 9-22 所示。

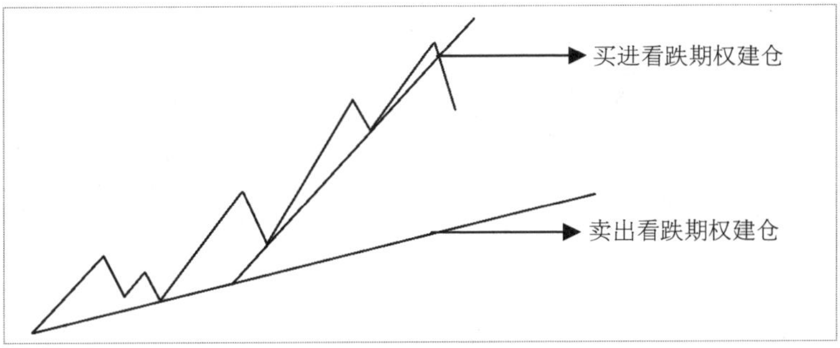

图 9-22

（9）若下破大级别趋势线，则买进低位看跌期权平仓，并继续持有高位看跌期权，循环（3）和（4），如图 9-22 所示。

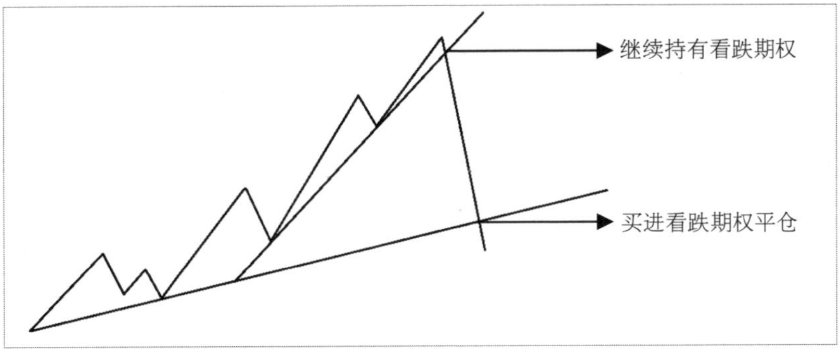

图 9-22

（10）若在下跌趋势中上破小级别趋势线，则在两线之间卖出原看跌期权平仓。

同时，买进看涨期权建仓，并在大级别趋势线处卖出看涨期权建仓，如图 9-23 所示。

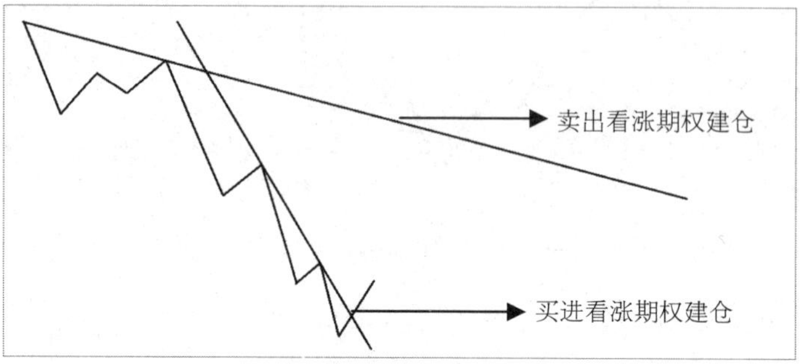

图 9-23

（11）若上破大级别趋势线，则买进高位看涨期权平仓，继续持有低位看涨期权，如图 9-24 所示。

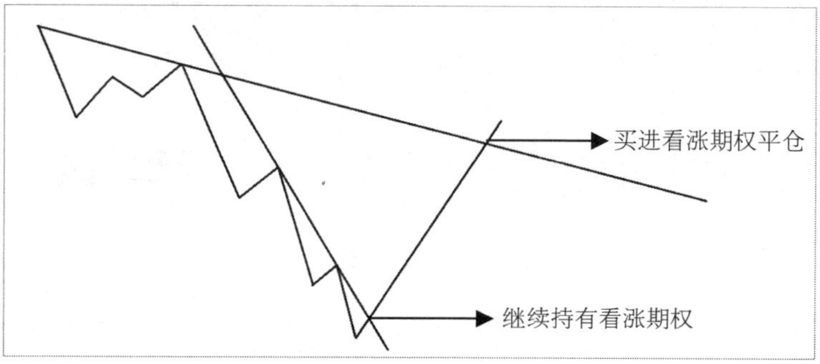

图 9-24

9.5.2 50ETF 实操案例

图 9-25 所示为 50ETF2017 年 11 月 20 日至 2018 年 1 月 3 日日线走势图。50ETF 价格上穿下跌趋势线后，形成上涨 123 原则，意味着给出了买进信号；2018 年 1 月 3 日 50ETF 的收盘价为 2.912 元/份，此时买进 50ETF1806-C-2.95，50ETF1806-C-2.95 当日收盘价为 0.1797 元/份。

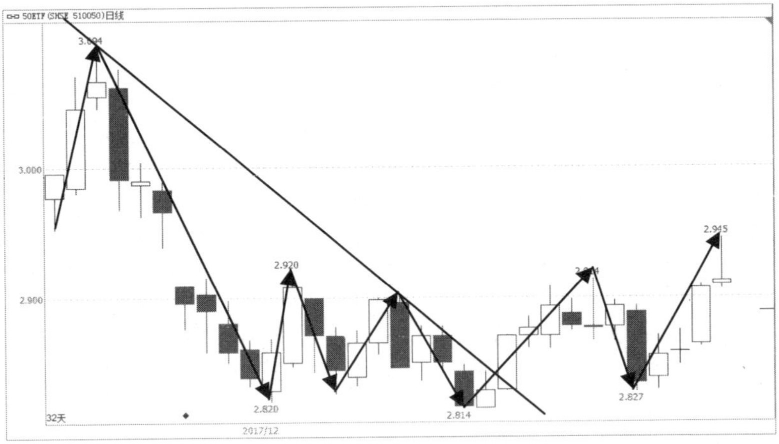

图 9-25

图 9-26 所示为 50ETF2017 年 4 月 25 日至 2018 年 1 月 25 日日线走势图。随着 50ETF 价格的不断上涨，画出大小级别趋势线。在 2018 年 1 月 25 日 50ETF 价格下破小级别趋势线时，卖出 50ETF1806-C-2.9 平仓，2018 年 1 月 25 日 50ETF1806-C-2.9 收盘价为 0.3576 元/份，盈利 1779 元［(0.3576-0.1797）×10 000］。我们以 30 000 元本金为例，图 9-27 所示为此段时间的收益曲线。

图 9-26

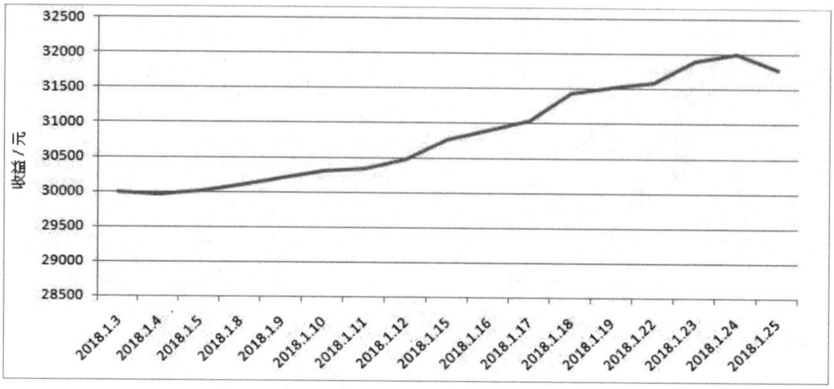

图 9-27

根据我们制定的期权策略，当 50ETF 下破小级别趋势线，并且处于大小级别趋势线之间时，买进行权价处于高位的看跌期权，再计算出相对应的大级别趋势线的价格，卖出以该价格为行权价的看跌期权，经过计算，相对应的大级别趋势线的价格在 2.9 元/份附近，所以具体交易细节为买进 50ETF1809-P-3.2，卖出 50ETF1809-P-2.9，构建以看跌期权为核心的垂直策略。

截至 2018 年 2 月 8 日，50ETF 一直处于大小级别趋势线之间，图 9-28 所示为 2017 年 5 月 11 日至 2018 年 2 月 9 日日线走势图。2018 年 2 月 8 日，50ETF 下破大级别趋势线，此时买进 50ETF1809-P-2.9 平仓，并且继续持有 50ETF1809-P-3.2。图 9-29 所示为 50ETF2018 年 1 月 3 日至 2 月 8 日收益曲线图。

图 9-28

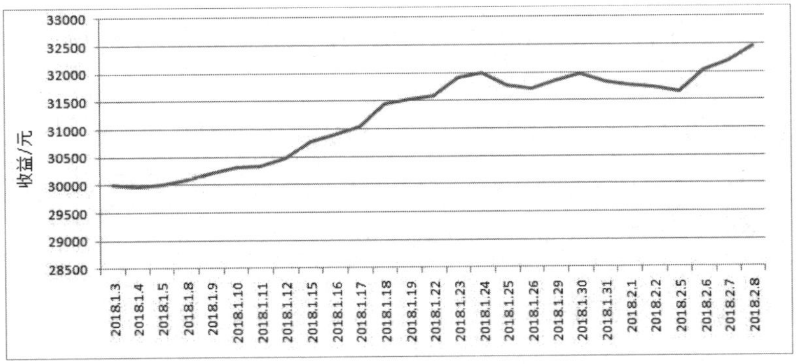

图 9-29

图 9-30 所示为 50ETF2017 年 4 月 6 日至 2018 年 3 月 8 日日线走势图。2018 年 2 月 8 日至 3 月 8 日，50ETF 即未形成上涨趋势，也未形成下跌趋势，继续持有 50ETF1809-P-3.2。图 9-31 所示为 50ETF2018 年 1 月 3 日至 3 月 8 日收益折线图。

图 9-30

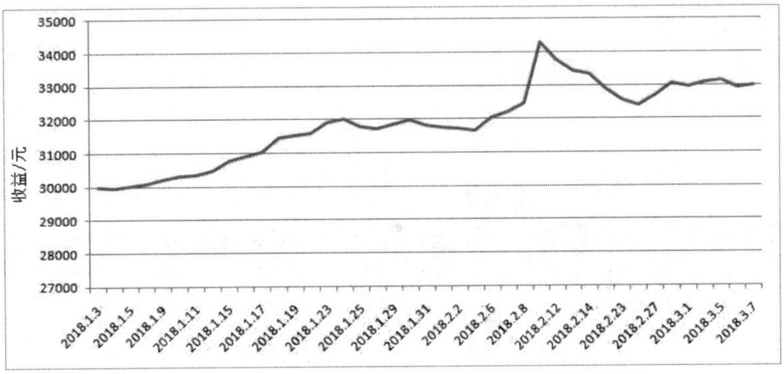

图 9-31

9.6 其他种类的期权套利组合

期权套利组合的种类特别多，垂直套利是其中最简单的一项。常见的套利组合还有水平套利组合、对角水平套利组合，跨式套利组合，宽跨式套利组合，蝶式套利组合，铁鹰式套利组合等。

9.6.1 对角水平套利组合

对角水平套利组合是从垂直策略中演变而来的，除了两份期权的到期日不相同之外，其他都相同。例如，50ETF 于 2018 年 3 月 7 日的收盘价为 2.871 元/份，预估将会上涨至 3.3 元/份。按照垂直策略，以 0.1245 元/份的价格买进 50ETF1806-C-2.9 建仓，并以 0.0308 元/份的价格卖出 50ETF1806-C-3.3 建仓。

但是对角水平套利组合，卖出建仓的期权到期日比买进的建仓期权更近一些。对角水平套利组合的交易为以 0.1245 元/份的价格买进 50ETF1806-C-2.9 建仓，并以 0.0020 元/份的价格卖出 50ETF1803-C-3.3 建仓。

为什么将卖出的期权合约到期日调近呢？因为时间对于买方来说是敌人，对于卖方来说则是朋友。时间离到期日越近，对方卖方越有利。我们完全可以用对角水平套利组合替代垂直策略。

（1）当标的给出上涨信号时，相应地买进远期看涨期权建仓，如图 9-32 所示。

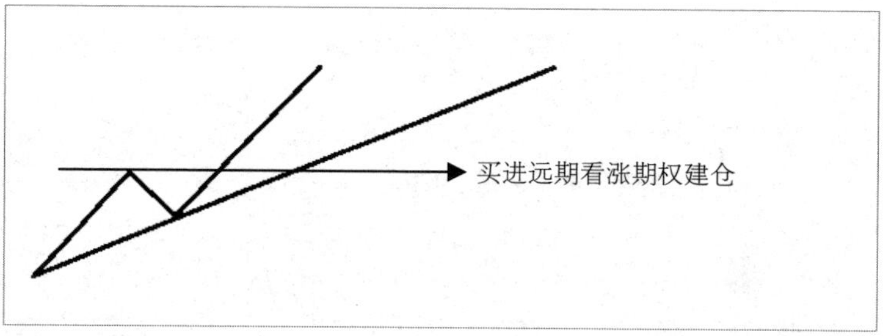

图 9-32

（2）当标的下破趋势线时，在卖出看涨期权平仓的同时买进较远期看跌期权建仓，并在前低处卖出较近期的看跌期权建仓，构建对角水平策略套利组合，意为下破趋势线看跌，下跌目标为前期低点，如图 9-33 所示。

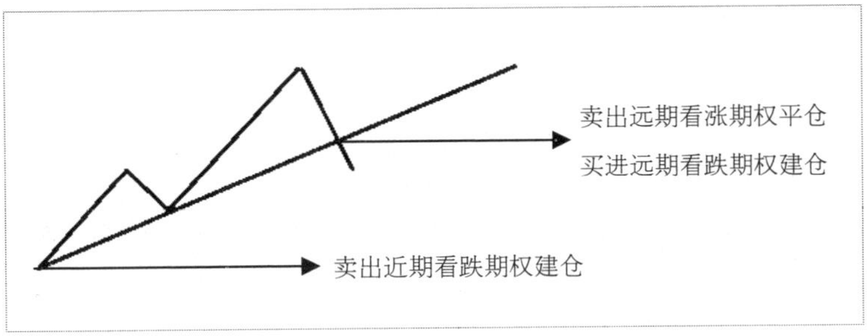

图 9-33

（3）在下方形成下跌 123 原则时，买进前低处近期看跌期权平仓，并且继续持有远期高位看跌期权，如图 9-34 所示。

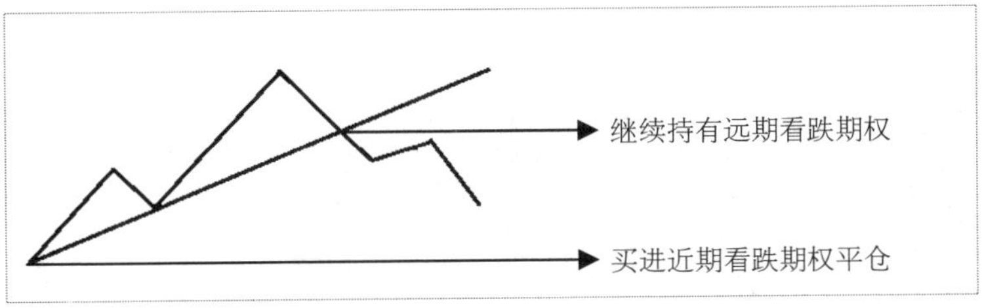

图 9-34

（4）当标的给出空单平仓信号时，卖出原高位远期看跌期权平仓。同时，在平仓位买进远期看涨期权建仓，在后势理论买进信号处卖出近期看涨期权，构建对角水平策略期权套利组合，如图 9-35 所示。

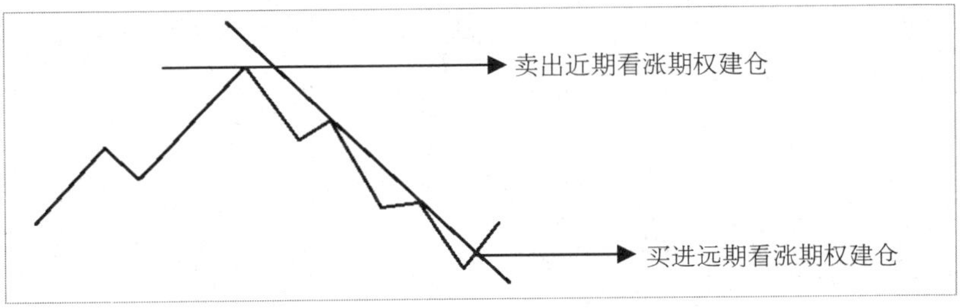

图 9-35

（5）当标的再次下破前低，回归下跌趋势时，两份期权同时平仓，并在下破前低给出卖出信号时，买进远期看跌期权建仓，如图 9-36 所示。

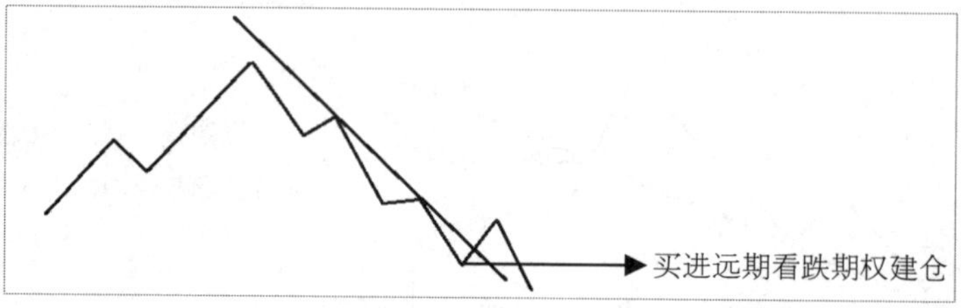

图 9-36

（6）在（4）的基础之上形成上涨 123 原则时，在高位买进近期看涨期权平仓，并继续持有低位远期看涨期权，如图 9-37 所示。

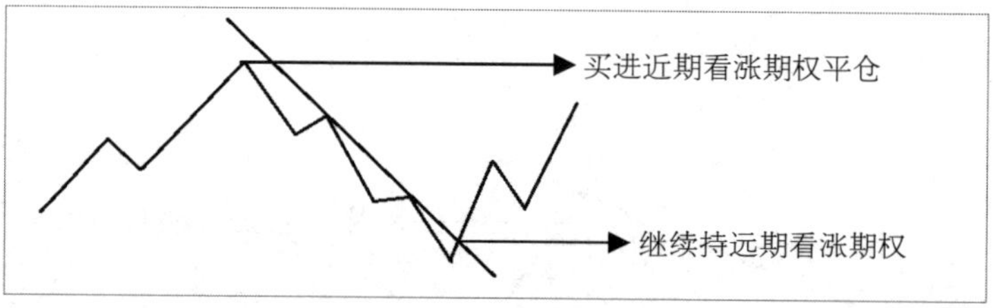

图 9-37

（7）在仅有一根趋势线的情况下，循环往复（1）～（6）。若在大小级别趋势线之间，当下破小级别趋势线时，原低位远期看涨期权平仓。同时，在该位买进远期看跌期权建仓，在相对应的大级别趋势线的位置卖出近期看跌期权建仓，构建看跌期权对角水平策略，如图 9-38 所示。

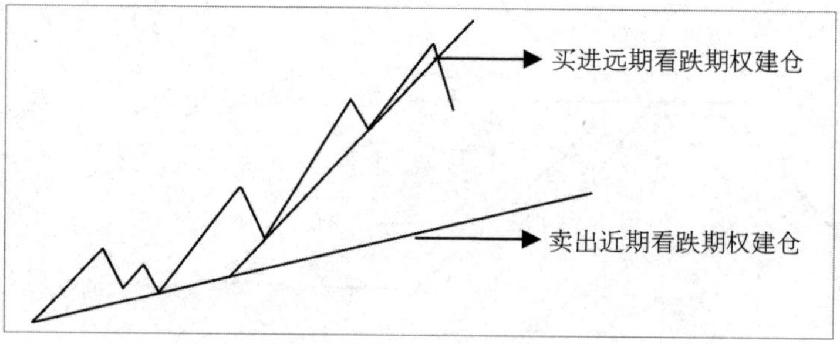

图 9-38

（8）若标的下破了大级别趋势线，则买进低位近期看跌期权平仓，并继续持有高位远期看跌期权，循环（3）和（4），如图 9-39 所示。

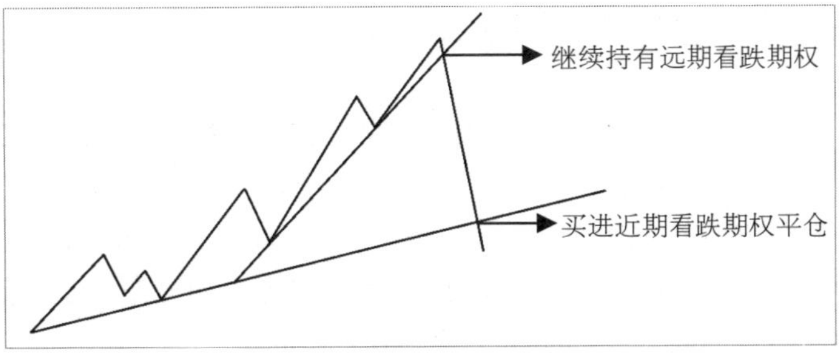

图 9-39

(9) 若标的在下跌趋势中上破了小级别趋势线，则在两线之间卖出远期看跌期权平仓。同时买进远期看涨期权建仓，并在大级别趋势线处卖出近期看涨期权建仓，如图 9-40 所示。

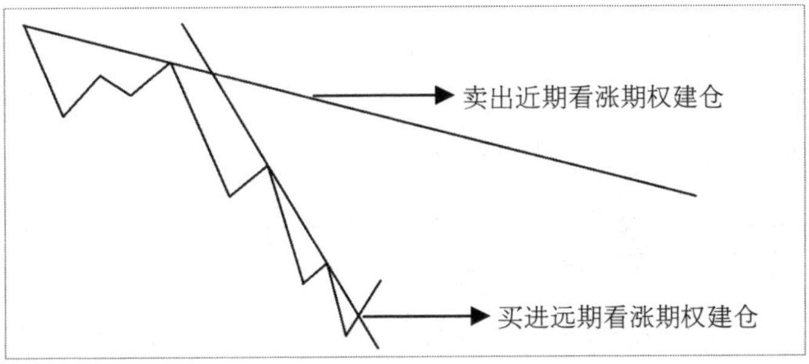

图 9-40

(10) 若标的上破了大级别趋势线，则买进高位近期看涨期权平仓，并继续持有低位远期看涨期权，如图 9-41 所示。

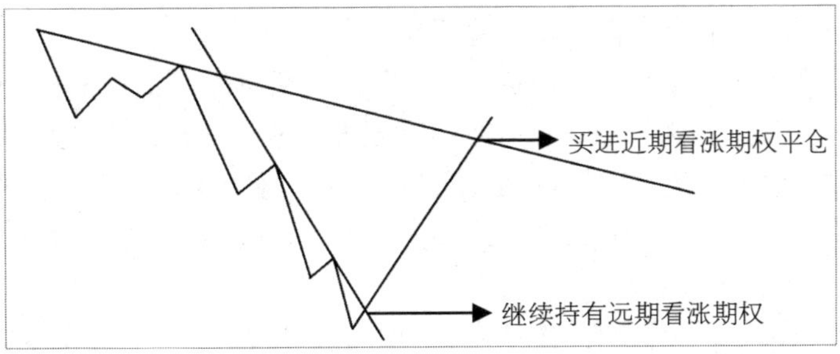

图 9-41

如果用对角水平策略，取代垂直策略，以 50ETF2018 年 1 月 3 日至 3 月 8 日的交易为例，每份合约多赚取 99 元的利润。

9.6.2 跨式套利组合与宽跨式套利组合

跨式套利是期权套利组合中最简单的一种，在期权界有一句话：跨式套利组合是你早晚会用到的一种套利组合。如果人们不确定行情怎么走，即有可能向上，也有可能向下，那么最好使用跨式套利组合。

例如，50ETF 于 2018 年 3 月 8 日的收盘价为 2.893 元/份，预计此处会有大行情出现，或者大幅向上，或者大幅向下，那么我们可以即“赌”它涨，又“赌”它跌。此时我们分别以 0.055 元/份和 0.054 元/份的价格买进 50ETF1803-P-2.9，即在同一价位同时买进看涨期权和看跌期权。那么，只要 50ETF 的价格向任何一个方向上涨或下跌，只要上涨幅度或下跌幅度的盈利可以覆盖两笔期权的成本，即可盈利。

而宽跨式套利组合，便是同时买进看涨、看跌虚值期权。例如，50ETF 的价格是 2.893 元/份，正常情况下的跨式套利组合的交易，应选择的行权价格为 2.9 元/份。但宽跨式套利组合的交易会以 0.0072 元/份的价格买进 50ETF1803-C-3.1，并同时以 0.007 5 元/份的价格买进 50ETF1803-P-2.7。虚值期权更便宜，但需要标的 50ETF 的涨幅和或跌幅更大一些，才能覆盖成本。

9.6.3 套利策略总结

套利在金融学中的定义是在两个不同市场中，以有利的价格同时买进或卖出同种或本质相同的证券的行为。投资组合中的金融工具可以是同种类的，也可以是不同各类的。在市场实践中，套利一词有着与定义不同的含义。实际中，套利意味着有风险的头寸，它是一个也许会带来损失，但更可能带来收益的头寸。

在定义中体现的几个套利的因素分别是同时买进和卖出；不同的市场、不同的标的或不同的合约；可能带有损失，但更可能带来收益。

同时买进或卖出的作用在于相互担保。如前文所举的 50ETF 的例子，在震荡的行情中，我们可买进看涨期权，并卖出不是行权价格且不同合约的看涨期权。如果 50ETF 的价格上涨，那么手中的看涨期权会上涨，覆盖卖出看涨期权的亏损；如果 50ETF 的价格下跌，那么手中的看涨期权会下跌，但卖出看涨期权会盈利。因此，同时买进和卖出，锁定的是风险。

虽然期权看起来盈利有限，亏损无限。但这种无限只是一种比喻性的说辞。即使我们买进了看涨期权，并且标的也随之上涨了，但涨幅是受限制的。即便每天涨停板，毕竟还是有天花板，所以盈利并非是真正无限的。

如果仅仅将期权作为主观交易的补充，而没有量化后的交易系统的配合，风险通常会随着贪婪的心性而不断放大。例如，某人拥有 1 000 000 元的资金，对应 50ETF

期权可以进行 33～35 笔交易，可是因为期权的亏损有限，如果随性扩大交易量，还是会产生巨额亏损。

交易系统最大的作用在于它能帮助人们定义市场目前处于什么位置，是单边趋势还是横向震荡？虽然这种定义并非绝对客观的，但我们总归要去定义。如果不了解行情的方向就去定义，就会陷入盲目的主观交易当中。而有了定义，单边时敞口交易，震荡时套利交易。因为交易系统并不是绝对客观的，所以它有时会给出错误的交易信号，但是一整套完善的交易系统配合资金管理，可以截断人们的亏损，再加上期权亏损有限这一前提条件，更能显示出期权交易的优势

反侵权盗版声明

电子工业出版社依法对本作品享有专有出版权。任何未经权利人书面许可，复制、销售或通过信息网络传播本作品的行为；歪曲、篡改、剽窃本作品的行为，均违反《中华人民共和国著作权法》，其行为人应承担相应的民事责任和行政责任，构成犯罪的，将被依法追究刑事责任。

为了维护市场秩序，保护权利人的合法权益，我社将依法查处和打击侵权盗版的单位和个人。欢迎社会各界人士积极举报侵权盗版行为，本社将奖励举报有功人员，并保证举报人的信息不被泄露。

举报电话：(010)88254396；(010)88258888

传　　真：(010)88254397

E-mail：dbqq@phei.com.cn

通信地址：北京市万寿路173信箱　电子工业出版社总编办公室

邮　　编：100036